Mathew D. Rose

Korrupt?

Mathew D. Rose

KOR RUPT?

Wie unsere Politiker und Parteien
sich bereichern – und uns verkaufen

HEYNE

FSC
www.fsc.org
MIX
Papier aus verantwortungsvollen Quellen
FSC® C014496

Verlagsgruppe Random House FSC-DEU-0100
Das für dieses Buch verwendete FSC-zertifizierte Papier
EOS liefert Salzer Papier, St. Pölten, Austria.

http://www.heyne.de
Umschlaggestaltung: Nele Schütz Design, München
Satz und Lithos: EDV-Fotosatz Huber/
Verlagsservice G. Pfeifer, Germering
Druck und Bindung: GGP Media GmbH, Pößneck
Printed in Germany 2011

ISBN-13: 978-3-453-18614-9

Der Gesellschaftsvertrag ist (...) eine Partnerschaft nicht nur zwischen Lebenden, sondern zwischen ihnen und den Toten und denen, die noch geboren werden.[1]

– Edmund Burke

Unser Jahrhundert zeigt, dass der Sieg von Idealen wie Gerechtigkeit und Gleichheit stets flüchtig ist, doch es lehrt uns auch, dass es überall einen neuen Anfang gibt, wenn es uns gelingt, die Freiheit zu bewahren (...). Es gibt also keinen Grund zu verzweifeln, selbst in den scheinbar ausweglosesten Situationen nicht.[2]

– Leo Valiani

INHALT

VORWORT:

INNENANSICHTEN EINES AUSSENSEITERS

Als ich dieses Buch begann, fragte mich ein junger parlamentarischer Assistent der Linken Fraktion im Bundestag: »Wofür braucht man denn noch ein Buch über Politik in der Bundesrepublik?«

Es gibt mehrere Gründe. Zunächst haben sich die Machtstrukturen in der Bundesrepublik seit der Wahl der SPD-Grünen-Regierung im Jahr 1998 neu formiert: Es ist ein virulentes Netzwerk entstanden. Der öffentliche, kritische Diskurs in Deutschland ist jedoch immer noch stark von den zum Teil überholten Analysen von Erwin und Ute Scheuch sowie Hans Herbert von Arnim aus den Bonner Zeiten geprägt. Die Welt und die politischen Zusammenhänge in der Bundesrepublik haben sich seitdem aber weiterentwickelt. Diese Änderungen darzustellen und zu analysieren ist die eine Aufgabe dieses Buches.

Die neu entstandenen Machtstrukturen in Deutschland haben auch den politischen Diskurs und dessen Rezeption erheblich verändert. Es liegt in der Natur dieses politischen Netzwerks, dass die neuen Machtstrukturen, trotz der Bemühungen von einigen wenigen, in der Öffentlichkeit zu oft verschwiegen werden sollen. An diesen unterdrückten Diskurs anzuschließen, ihn zu ergänzen und voranzutreiben ist das andere Ziel dieses Buches. Und einen Überblick über diese neuen Zusammenhänge zu verschaffen, der meines Erachtens bislang fehlt.

Doch was kann ein Ausländer, ein US-Amerikaner, zum Thema Politik in Deutschland anbieten? Viel.

Mittlerweile wohne ich seit rund 35 Jahren, über die Hälfte meines Lebens also, in der Bundesrepublik. Heimat ist sie jedoch nie für mich geworden. Jeden Morgen, wenn ich wach werde, habe ich das Gefühl, im Ausland zu sein. Deutschland ist mein Zuhause geworden, aber nicht meine Heimat. Jede Rückkehr nach Deutschland ist wie die Rückkehr in eine Diaspora. Man könnte sagen, dass ich zu den »Integrationsverweigerern« zähle, wie das der ehemalige CDU-Innenminister Thomas de Maizière einmal genannt hat.

Für die Arbeit eines Journalisten ist diese Situation nicht unbedingt eine schlechte Voraussetzung. Die Außenseiterrolle lässt einen über gesellschaftlichen Selbstverständlichkeiten stehen, sie emanzipiert gewissermaßen, denn die Sozialisation ist eine andere. Man neigt dazu, alles in diesem Land, in dem man zwar lebt, aber nicht verwurzelt ist, kritischer zu betrachten und zu bewerten. Vielleicht weil man nichts verteidigen und nichts schönreden muss, nicht vor sich und nicht vor anderen. Es ist eine merkwürdige Rolle, in die man auf diese Weise gerät – man ist inländischer Auslandskorrespondent oder ausländischer Inlandskorrespondent, je nachdem, wie man es sehen möchte.

Die vielen Jahre Erfahrung als investigativer Journalist prägen ebenfalls dieses Buch. Meine journalistischen Sporen hierzulande verdiente ich mir über ein Jahrzehnt bei der Aufdeckung des Berliner Sumpfs. Die Muster des Machtmissbrauchs sind jedoch universal. Bei diesen Recherchen bin ich oft in die Niederungen, in die Kloaken des politischen und wirtschaftlichen Alltags der Bundesrepublik Deutschland hinabgestiegen. Gleichzeitig hatte ich die Gelegenheit, viele der Gegenspieler dieser Schattenseite der Bundesrepublik kennenzulernen: integre Frauen und Männer, die sich ihr Land anders wünschen und mit einem hohen Einsatz dafür kämpfen. Man kann also sagen, dass ich in die ungewöhnliche Situation kam, die meiste Zeit mit der besten Seite Deutschlands in Kontakt zu stehen: Menschen, die noch an ein besseres Deutschland glauben – und an den Wert von Ethik und Moral in der Gesellschaft. Die meisten aus den herrschenden und politischen Klassen wollten nicht mit mir reden. Anfragen blieben unbeantwortet oder beschränkten sich auf Jas und Neins. Termine waren öfters nicht möglich – selbst innerhalb eines ganzen Jahres nicht. Rechenschaft abzulegen steht nicht auf ihrer Tagesordnung.

Zuletzt war das Leben mir gegenüber immer sehr großzügig. Ich hatte das Glück, häufig zur richtigen Zeit am richtigen Ort zu sein und bei vielen Ereignissen zum Zeitzeugen zu werden. Damit meine ich keineswegs Staatsakte oder Pressekonferenzen, sondern die scheinbar nebensächlichen Begebenheiten, die niemals in einem Geschichtsbuch oder in den Medien erscheinen werden und in keinem Protokoll Erwähnung finden, aber dessen ungeachtet höchst bedeutsam und signifikant sind.

Doch dieses Buch ist auch aus der Perspektive des Historikers geschrieben. Mein Studium der europäischen Geschichte trägt wesentlich zum Inhalt dieses Buches bei. Der analytische Blick für das Heute bleibt wertlos, wenn man die Entwicklungen und Einflüsse von gestern nicht in Betracht zieht.

Zwar macht uns die Geschichte keinesfalls zu Hellsehern, doch kann sie einem helfen, die Gegenwart besser zu verstehen. Und sie kann Fakten liefern, mit deren Hilfe man aktuelle gesellschaftliche Prozesse einzuordnen und einzuschätzen vermag, denn die Vergangenheit ist ein integraler Bestandteil des Heute.

Es gibt auch solche Menschen, die die Vergangenheit am liebsten abschaffen würden. Es sind vor allem jene Kräfte in Wirtschaft und Politik, die einer zügellosen Marktwirtschaft das Wort reden oder die nach und nach die Demokratie auszuhöhlen versuchen. Den einen geht es darum, soziale Ungerechtigkeit dauerhaft gesellschaftlich akzeptabel zu machen, indem sie die bereits erlebten Lügen und Ungerechtigkeiten des Marktes ins Reich des Vergessens verbannen, den anderen ist daran gelegen, das Wissen um die demokratischen Traditionen, einen der wichtigsten Teile unseres kulturellen Erbes, aus der kollektiven Erinnerung zu löschen.

Ich versuche, in diesem Buch eine Synthese dieser vier Perspektiven (Fremder, investigativer Journalist, Zeitzeuge und Historiker) zu erreichen, auch wenn ihre Gewichtung in den verschiedenen Kapiteln unterschiedlich ist.

Ich lernte die Bundesrepublik erstmals 1974 als Student kennen – in einer Zeit des Übergangs. Wie damals unter Jugendlichen üblich, reiste ich per Anhalter durch West-Deutschland. Die Gespräche während der Reisen trugen immens zu meinen Deutschkenntnissen bei, und ich lernte dabei auch viel über die Bundesrepublik. Diese Gespräche hatten eine gewisse Unmittelbarkeit, weil sie völlig anonym waren. Man würde sich nach dem Abschied nie wiedersehen.

Die Männer, die mich mitnahmen – eine Frau war nicht darunter –, lassen sich in drei Kategorien einteilen. Bei der ersten handelte es sich um einige wenige ältere Männer mit grauem Haar. Sie fuhren Mercedes und hatten mich offenbar mit dem Ziel mitgenommen, mir eine Botschaft mitzuteilen. Es dauerte nicht lange, bis sie auf das Thema des Zweiten Weltkriegs kamen. Selbstverständlich hatte keiner von ihnen an der Westfront gekämpft – ich bin ja US-Amerikaner. Opfer seien sie gewesen. Höchst merkwürdig war die immer gleiche Geschichte, die von ihnen erzählt wurde: Sie seien angeblich nach dem Krieg nach Auschwitz gefahren, hätten die Gaskammern und Öfen ausgemessen und alles nachgerechnet. Sie könnten eindeutig sagen, dass die Judenvernichtung in dem Ausmaß wie behauptet nie hätte stattfinden können. Nachdem ich diese Geschichte von dieser Handvoll Männer wiederholt gehört hatte, konnte ich mir nur noch vorstellen, dass tagtäglich Dutzende deutsche Kriegsveteranen mit Maßbändern und Zollstöcken über das Gelände von Auschwitz geschwärmt waren und Maß genommen hatten.

Die zweite Gruppe bestand aus Lastwagenfahrern im Alter zwischen ungefähr 30 und 45 Jahren. Männer aus dem Arbeitermilieu, die vom deutschen Wirtschaftswunder profitiert hatten. Einige hatten sich, angeblich zusammen mit ihren Ehefrauen, dazu entschlossen, ganz auf Kinder zu verzichten, um sich einen gewissen Wohlstand zu ermöglichen. Diese Gesprächspartner waren besonders stolz darauf, dass sie etwa jeden Tag mit einem Mercedes zur Arbeit fuhren – genau wie ihre Chefs. Als Amerikaner fand ich diese Erzählung verblüffend, nicht wegen der Autos als Statussymbole, sondern weil bei uns alle kinderreiche Familien hatten. Ich war 18, als ich zum ersten Mal ein Einzelkind kennenlernte. Kinder gehörten da, wo ich herkam, zum Alltag und galten kaum als Luxus.

Dann waren da als dritte Gruppe die Lehrlinge und Studenten. Sie beschäftigten hauptsächlich zwei Themen: der Radikalenerlass von 1972, der im öffentlichen Dienst ein Berufsverbot für Mitglieder von als verfassungsfeindlich eingestuften Organisationen erlaubte, und das gesellschaftliche Solidaritätsprinzip, das vehement verteidigt wurde. Für mich als Amerikaner eine erstaunliche Erfahrung, galt und gilt für viele in meinem Land doch schon eine staatliche Krankenversicherung beinahe als

Symptom einer kommunistischen Unterwanderung. Mir wurde eine neue Welt eröffnet.

Jetzt im Rückblick kann man sagen, dass diese Gruppen drei Generationen – man kann fast von Epochen sprechen – Deutschland verkörperten. Es war eine Zeit des wachsenden Wohlstands für alle, aber auch eines wachsenden gesellschaftlichen Optimismus. Beide sind im Lauf der Zeit irgendwie verloren gegangen.

Inzwischen sind die meisten aus der ersten Gruppe sicherlich verstorben. Aus der zweiten Gruppe sind heute viele in Rente oder kurz davor. Die dritte Gruppe hat das Stadium im Leben erreicht, wo sie auf die Gesellschaft einen besonderen Einfluss ausübt. Viele haben sich in den Hierarchien hochgearbeitet, leiten Unternehmen oder eigene Betriebe, unterrichten in Schulen und Hochschulen, tragen Verantwortung, die mit der Lebenserfahrung kommt. An sie habe ich öfters gedacht, als ich dieses Buch schrieb, daran, was sie heute wohl denken und glauben und was sie von der Entwicklung ihres Landes halten mögen. Doch dieses Buch wurde ebenfalls für die Folgegenerationen geschrieben, besonders die, die die Frage stellen: »Was hat Politik mit mir zu tun?« Meine Antwort und der Inhalt dieses Buches ist: alles. Und damit meine ich nicht die Parteienpolitik, sondern die Politik, die das Volk selber, unmittelbar, jenseits der Wahlkabine, bestimmt.

Dieses Buch beschäftigt sich jedoch nicht nur mit der formellen Politik, sondern auch mit dem Erinnern. Nicht belanglose Sentimentalitäten, sondern Momente und Geschehnisse, die prägend waren – die uns zu dem gemacht haben, was wir heute sind. Ich weiß, dass die Reizüberflutung durch Werbung und Konsum ebenso wie die rasanten technischen Entwicklungen und die Omnipräsenz der Medien die Entstehung einer schnelllebigen

Gesellschaft begünstigt haben, in der sich Vergangenes scheinbar verschleißt. Doch es ist keinesfalls verschwunden, sondern nur verschüttet, denn dem Erinnern wohnt eine ungeahnte Kraft inne. Es kann eine Quelle der Inspiration darstellen, die wir nutzen sollten, weil es uns nur so möglich sein wird, unsere Zukunft und die der nachfolgenden Generationen sinnvoll und lebenswert zu gestalten.

Als ich dieses Buch konzipierte, trug es den Arbeitstitel »Politik als Big Business«. Vorgesehen war hauptsächlich ein investigatives Werk, doch ich wusste, dass ein weiteres Buch à la »Auf die Politik eindreschen« würde zu kurz greifen. Immerhin kann die Bundesrepublik Deutschland eine reichhaltige demokratische Tradition vorweisen, und die politische Klasse besteht durchaus auch aus integren Mitgliedern, auch wenn sie leider eine Minderheit darstellen. Nötig ist eine Analyse und Bestandsaufnahme, was die gegenwärtige bundesrepublikanische Politik und ihre Machtstrukturen angeht. Darin bestärkte mich der Verlag mit einem zusätzlichen Arbeitstitel: »Die käufliche Republik«. Und so stellte sich mir die Frage: Was für eine Republik wird verkauft, wie und an wen? Es stellte sich damit auch die Frage nach der Demokratie, ein Begriff, der oft benutzt wird, ohne dass man präzise weiß, was damit gemeint ist.

Die Arbeit zu diesen Fragen beinhaltete viel Lesen und Recherchieren – und ebenso eine Fülle von Gesprächen. Dabei spielten zwei Werke eine wesentliche Rolle: *Postdemokratie* von dem britischen Soziologen Colin Crouch und *Setting the People Free*, ebenfalls von einem Briten, dem Politikwissenschaftler John Dunn. Beide werden oft von mir zitiert und beeinflussten den Inhalt dieses Buches stark. Doch als ich meine Bücherregale weiter durchsuchte, fand ich viele andere Werke, die bis zu meiner Schulzeit zurückgingen. Das Ganze mündete in einer extensiven Einführung, die dem restlichen Werk einen Rahmen geben sollte. Der Verlag, immer bereit, mich vor meiner eigenen Tollkühnheit zu schützen, und Kenner der lesenden Öffentlichkeit, befürchtete, dass ich damit sämtliche potenzielle Leser, wenn sie diese Einführung am Anfang lesen sollten, abschrecken würde. Wahrscheinlich hat er recht. Dieser Text befindet sich jetzt am Ende des Buches als »Epilog«. In einer Zeit des zunehmenden Kommerzes, in der wir uns längst über den »Director's Cut« eines Films freuen, werden wir uns vielleicht auch an einen »Author's Cut« eines Buches gewöhnen. Also lade ich die hartgesottenen Intellektuellen ein, vielleicht doch mit dem Epilog anzufangen.

Mathew D. Rose
Berlin, im Juli 2011

Der Niedergang jeder Regierung beginnt mit dem Verfall der Prinzipien, auf denen sie aufgebaut ist.[3]

– Charles de Montesquieu

Es gibt zwei Dinge, die in der Politik wichtig sind: Das erste ist Geld, und an das zweite kann ich mich nicht erinnern.[4]

– Marcus Alonzo Hanna

Kapitel 1

POLITIK ALS BIG BUSINESS

Kein Zweifel, die politischen Parteien der Bundesrepublik haben sich in den letzten Jahren gewandelt. Sie haben immer weniger mit Gesellschaftgestaltung oder Ideologien zu tun, sondern sind ein Wirtschaftszweig geworden, eine gewinnorientierte Dienstleistung, die einen Service anbietet: die Umsetzung von Partikularinteressen in Gesetze. Im Angebot sind Förderungen, Subventionen, Steuerbegünstigungen und wirtschaftlich vorteilhafte Bestimmungen. Außerdem haben die Parteien als Bundes-, Landes- und Kommunalregierungen Milliarden an Aufträgen zu vergeben. Laut neuesten Daten waren es im Jahr 2009 allein rund 40 Milliarden Euro.[5] Nicht zu vergessen die vielen Arbeitsplätze, die die deutschen Parteikonzerne intern und in den öffentlichen Verwaltungen zu besetzen haben. Das Geschäftsfeld dieser Parteiunternehmen ist nicht nur die Bundesrepublik – Bund, Länder und Kommunen –, sondern reicht in die Europäische Union und in viele internationale Organisationen hinein.

Es sind nicht allein die politischen Parteien Deutschlands, die sich transformiert haben, sondern die gesamte politische Klasse. Sie besteht nicht mehr ausschließlich aus Politikern und Verbandsvertretern, sondern hat sich stark ausgedehnt. Neu haben sich in das Heer der Politik-Dienstleister eingereiht: Lobbyisten jedweder Provenienz, Berater, Public-Relations-Experten, Anwälte, Wissenschaftler, Medienmanager und Journalisten. Diese neue politische Klasse ist ein Netzwerk von Menschen – ständig im Fluss –, die von einem Bereich in den anderen wechseln können. In dem gegenwärtigen aufgeblähten politischen Wirtschaftskreislauf kann man in allen Bereichen gleichermaßen gute Erträge erwirtschaften. Für viele Mitglieder der neuen politischen Klasse gibt es keine Seiten der Barrikaden mehr, sondern nur noch verschiedene Profitcenter.

Doch es geht nicht nur um Funktionäre. Hat die Partei Wahlerfolge, steigen die Aktien der Partei und der Marktwert von vielen Managern dieses Betriebs. Wer es zum Bundeskanzler, Ministerpräsidenten, Minister, Staatssekretär oder einflussreichen Parlamentarier gebracht hat, weiß diese Macht bis in die Millionenhöhe zu verwerten – während und nach der politisch aktiven Zeit. Beschäftigte der Parteikonzerne, jedoch auch die restlichen Aktienbesitzer, die einfachen Parteimitglieder, erhalten ebenfalls eine Dividende in Form von gut bezahlten Stellen, Vorteilen, Förderungen und Aufträgen.

Heute ist die Motivation, in eine politische Partei einzutreten, zunehmend wirtschaftlicher Natur. Wie oft habe ich in den letzten Jahren von Freunden und Bekannten gehört, dass sie in einer politischen Partei aktiv geworden sind, um ihre beruflichen oder finanziellen Interessen zu fördern. Wie oft habe ich in den letzten Jahren von anderen Freunden und Bekannten erfahren, dass sie aus ihrer Partei ausgetreten sind, da es darin ausschließlich um Privatinteressen und Machterhalt geht.

Diese Kommerzialisierung der Politik ist nicht ausschließlich eine deutsche Entwicklung, sondern gilt für die meisten westlichen Demokratien. Die Zeit, in der Politik eine gerechtere Umverteilung, also eine Verbesserung von Bildung, Gesundheit und Wohlstand der gesamten Gesellschaft anstrebte, ist in den Industrienationen lange vorbei. Dieser Wandel setzte in der Bundesrepublik im Jahr 1998 ausgerechnet mit der SPD-Grünen-Regierung ein. Damit begann eine zunehmend radikale Umverteilung des gesellschaftlichen Reichtums an große Unternehmen und Wohlhabende durch die politische Klasse.

Seinen definitiven Höhepunkt erreichte dieser Prozess zehn Jahre später bei der Finanzkrise, die im Jahr 2007 begann und sich bis heute, Stichwort »Eurokrise 2011«, fortschreibt. Bis dahin hatte die politische Klasse in den westlichen Demokratien sich mit ihrer fanatischen Hingabe an die freie Marktwirtschaft, die Ralf Dahrendorf einmal als »fundamentalistischen Irrglauben«[6] bezeichnete, regelrecht als Hüter des kapitalistischen Grals gebärdet und zudem durch eine unverantwortliche Liberalisierung der Gesetze für den Finanzmarkt die Konzentration von Vermögenswerten in den Händen einer winzigen Minderheit noch gefördert. Begründet wurde diese Lockerung der Regeln mit einer angeblichen Inkompetenz, Ineffizienz und Ignoranz der öffentlichen Kontrollbehörden. Es war die Politik, die die Schleusen aufmachte, was in einem Desaster endete. Man setzte einfach darauf, dass die freie Marktwirtschaft schon alles regeln würde. Was sie dann in der Tat auch getan hat. Leider.

Nachdem der Finanzsektor implodiert war, schnürte die damalige Große Koalition in Berlin, ohne mit der Wimper zu zucken, hektisch milliardenschwere Rettungspakete für die durch eigenes Verschulden in Schieflage geratenen Banken und verpfändete damit die Zukunft kommender Generationen. In den meisten Fällen gab es keine Gegenleistung oder wesentlichen Zugeständnisse seitens des Finanzsektors. Ein Markt, den der Wirtschaftsprofessor und ehemalige Chefökonom des Internationalen Währungsfonds, Simon Johnson, folgendermaßen beschrieben hat: »Er trägt nicht zur Produktivität bei und auch nicht zum wirtschaftlichen Wachstum. Er trägt überhaupt zu nichts bei, außer dass die Finanzinstitute Geld machen.«[7] Schlimmer noch, stellte er fest, sei, dass dieses Geld zumeist von den kleinen Anlegern käme und die Finanzmärkte darüber hinaus weitgehend reformresistent seien. Die verpasste Gelegenheit, das spekulative Kapital wieder in geordnete Bahnen zu führen, wird heute von der politischen Klasse mit Unterstützung der Medien als Erfolg verkauft.

Die Krise der Privatverschuldung der Finanzinstitutionen und Reichen hat die Politik damit in eine Krise der öffentlichen Verschuldung umgewandelt. Die Rettung des Finanzsektors und die darauf folgenden Konsequenzen brauchen die Reserven des Staates auf. Jetzt muss die Rechnung bezahlt werden, und die staatlichen Sparprogramme werden aufgelegt.

Dafür aufkommen werden keinesfalls die Profiteure der Finanzwelt: die Finanzunternehmen, ihre vermögenden Kunden oder ihre Beschäftigten, die, wie jeder erfahren hat, über Jahre üppige Saläre und Boni erhielten. Die Last dieses gesellschaftlich unverantwortlichen Spekulationsbacchanals werden die Bürger tragen, die während der »goldenen Zeiten« der Finanzbranche mit stagnierenden oder sogar sinkenden Reallöhnen leben mussten. Die Maxime »Enjoy now, pay later« hat eine neue Interpretation bekommen: »We'll enjoy now, and you'll pay later.«

»Der Bankencrash aber zeigte noch einmal, dass die Finanzwirtschaft ihre Risiken gefahrlos externalisieren kann. Die Rechnung begleichen die Steuerbürger in Form astronomisch kostspieliger Bankenrettungspakete – nichts anderes als ein marktkonformer Staatsinterventionismus, der am Ende nicht Banken gerettet hat, sondern Aktionäre und die Kontinuität risikoloser Spitzenrenditen«,[8] resümiert der Soziologe Sighard Neckel.

Der Vorwurf des amerikanischen Journalisten Bill Moyers vom Dezember 2006 bezüglich einer »falschen Freiheit«, damals auf die Vereinigten Staaten bezogen, gilt heute für die meisten westlichen Demokratien, auch für Deutschland: Er meint damit »die Freiheit, Reichtum ohne soziale oder demokratische Verantwortung anzuhäufen oder sie als Lizenz zu betrachten, das politische System kaufen zu können (...), sodass die Demokratie nicht länger imstande ist, den Kapitalismus auf die Prinzipien von Fairness und Gerechtigkeit zu verpflichten«[9].

Um die komplizierten Verflechtungen der neuen politischen Klasse zu verstehen, müssen wir uns erst einmal einen Überblick über die wirtschaftlichen Strukturen der Parteikonzerne selber verschaffen. Schwer genug, die Zusammenhänge zu durchschauen. Beginnen wir mit den im Bundestag vertretenen Parteien.

Da sind zunächst einmal die Bundesgeschäftsstellen – die Konzernzentralen, die sich zumeist in Berlin befinden. Das Konrad-Adenauer-Haus der CDU, das Willy-Brandt-Haus der SPD, das Thomas-Dehler-Haus der FDP, das Karl-Liebknecht-Haus der Linken. Die Grünen haben eine Berliner Immobilie erworben, der allerdings noch eine Namensgebung fehlt, während die CSU sich fern von Berlin im Münchner Franz-Josef-Strauß-Haus befindet.

Diese Konzerne machten 2008 zusammen einen »offiziellen« Umsatz von insgesamt rund 450 Millionen Euro.[10] Spitzenreiter war dabei die SPD mit 167,5 Millionen Euro, gefolgt von der

CDU, die Einkünfte von 148 Millionen Euro verbuchen konnte. 27 Prozent dieser Einnahmen erzielten die Parteien über Mitgliedsbeiträge (121 Millionen Euro), 15 Prozent durch legale Spendenaufkommen (66,9 Millionen Euro) und weitere 12 Prozent (53,8 Millionen Euro) aus Zahlungen von verschiedenen Politikern, die als Mandatsträgerbeiträge an die Parteizentralen überwiesen wurden. Der höchste Anteil der Einnahmen, nämlich 28,5 Prozent (128,3 Millionen Euro), kam jedoch auf dem Wege der Parteienfinanzierung vom Steuerzahler.

Diesen Einnahmen von knapp über 450 Millionen Euro im Jahr 2008 standen Ausgaben in Höhe von 425 Millionen Euro entgegen. Davon flossen unter anderem 28 Prozent (118,8 Millionen Euro) für Personalkosten ab, während 25 Prozent (105,3 Millionen) für politische Arbeit und 21,5 Prozent (91,6 Millionen) für den Wahlkampf ausgegeben wurden. Zwar verringerte sich der Jahresgewinn 2008 auf 25,5 Millionen Euro im Vergleich zu 72,2 Millionen im Vorjahr, doch konnten die Parteien ihr Vermögen trotz Finanzkrise von 382 Millionen Euro auf rund 407 Millionen Euro steigern, gesunde 6,5 Prozent immerhin.[11] Der einzige Negativposten für das Jahr war ein Verlust an Mitgliedern (insgesamt 1,7 Prozent), was allerdings nur die SPD und Union betraf, denn FDP, Grüne und Linke konnten leicht zulegen.

Im Jahr 2009, einem Wahljahr, setzte sich diese Tendenz fort. Die Jahresumsätze der Parteien wuchsen um weitere 6,5 Prozent und nähern sich nun einer halben Milliarde Euro. Aber auch der rasante Mitgliederschwund bei der Union und SPD dauert an. Wenn der Trend sich nicht umkehrt, wird die Zahl jeweils bald unter einer halben Million sein. Die kleinen Parteien, vor allem die FDP, konnten weiteren geringen Zulauf verzeichnen.[12]

Trockene Zahlen, zugegeben, doch bei näherem Betrachten erzählen sie eine spannende Geschichte. Nämlich die, dass das Vermögen der Parteikonzerne im Verlauf von zehn Jahren, zwischen 1998 und 2008, um sage und schreibe fast 60 Prozent gewachsen ist,[13] und das angesichts beträchtlicher Probleme in der Wirtschaft und auf dem Arbeitsmarkt und trotz aller Börsenturbulenzen jener Jahre, die so manchen an den Rand des Ruins oder mitten hinein trieben. Die Parteien aber machten Kasse – trotz eines Mitgliederschwunds von rund 22 Prozent insgesamt[14] und trotz rapide sinkender Wahlbeteiligung (bei den Bundestagswahlen von 1998 gaben 82,2 Prozent der Wahlberechtigten ihre Stimme ab, 2009 waren es nur noch 70,8 Prozent[15]). Trotz ausgemachten Politiküberdrusses der Bevölkerung, trotz der Tatsache, dass heute viele Entscheidungen in Brüssel fallen und viele Gesetze vom EU-Parlament beschlossen werden; ferner trotz der Dotcom- und Subprime-Krisen; trotz stagnierender Wirtschaft und Löhne. Und selbst wenn wir noch die Inflation jener Jahre von 8,5 Prozent[16] in Betracht ziehen, ist das wirtschaftliche Ergebnis eindeutig positiv. Das Reinvermögen der CDU ist in diesem Zeitraum um mehr als 150 Prozent gewachsen, von 50 auf 131 Millionen Euro, das der CSU von 17 auf rund 27 Millionen Euro, das der SPD von 125 auf 189 Millionen Euro, das der Grünen von 18 auf fast 26 Millionen Euro, das der Linken von 15 auf 25 Millionen und das der FDP von 4 auf 7 Millionen Euro.[17]

Man sollte sich bei der Betrachtung solcher Zahlen ins Gedächtnis rufen, dass gleichzeitig zur Sanierung der Staatsfinanzen die Axt ans soziale System der Republik gelegt wurde und die Bürger darüber hinaus durch allerlei neue Belastungen und die Streichung alter Vergünstigungen gewaltig zur Kasse gebeten worden sind.

Trotz Haushaltslöchern lässt der Staat den Parteien Millionen im Rahmen der Parteienfinanzierung zukommen. Wobei, um das klarzustellen, das Geld natürlich eigentlich vom Steuerzahler kommt. Eine sehr praktische Maßnahme ist diese staatliche Parteienfinanzierung, auf die sich bereits 1959 Bundesregierung, Bundestag und Bundesrat einigten und als Gesetz verabschiedeten. Erstmals wurde ersichtlich, dass die politische Klasse sich als Teil des Staates begriff oder sich mit dem Staat als Ganzem gleichsetzte. Eine gefährliche Identifikation, denn die Grenze, ob Steuergelder nun für Staatszwecke oder für Parteibelange aufgewendet wurden, begann seitdem zu verschwimmen. Und das Grundgesetz hilft bei solchen Gewissensfragen in der Regel auch nicht weiter.

Offensichtlich dämmerte diese Problematik dem Bundesverfassungsgericht, als 1966 angesichts wachsender Gier der Politiker nach Steuergeldern Handlungsbedarf bestand. Karlsruhe entschied, dass die Parteien nicht vom Staat subventioniert werden dürfen. Doch das Gericht öffnete ein Hintertürchen für die politischen Parteien: »Parteien«, so das Verfassungsgericht, »die an der politischen Willensbildung des Volkes in erster Linie durch Beteiligung an den Parlamentswahlen mitwirken, sind aus Haushaltsmitteln die notwendigen Kosten eines angemessenen Wahlkampfes zu erstatten«[18]. Und was angemessen ist, entscheidet damals wie heute die Politik selber. Ursprünglich noch bei bescheidenen 2,5 Millionen Euro, lag die Obergrenze zuletzt bei 133 Millionen Euro,[19] die jährlich unter den Parteien verteilt werden. Laut Hans Herbert von Arnim, Professor für öffentliches Recht an der Deutschen Hochschule für Verwaltungswissenschaften in Speyer, war die Parteienfinanzierung anfangs mit dem Argument gerechtfertigt worden, dass auf diese Weise gewährleistet sei, dass sich die Parteien finanziell nicht in Abhängigkeit von Großspenden begeben müssten, die »im Dunstkreis der Korruption« angesiedelt seien.[20] Die zahlreichen Skandale der folgenden Jahre – die Flick-Affäre, die Antes-Affäre in Berlin, die CDU-Spendenaffäre um Helmut Kohl und Wolfgang Schäuble, die »jüdischen Vermächtnisse« der CDU in Hessen, die Möllemann-Spendenaffäre der FDP und die SPD-Müllaffäre in Köln – haben eindrucksvoll belegt, dass dieses Ziel vollends verfehlt wurde.

Auch die neueste Affäre nach der Reduzierung der Mehrwertsteuer für die Hotellerie nach massiven Spenden aus der Branche an die CSU und vor allem die FDP scheint keinen Eindruck zu machen. Die Union, SPD, FDP und Grüne haben trotzdem die Wahlkampferstattung-Obergrenze im Juli 2011erneut erhöht, und zwar auf 141,9 Millionen Euro im Jahr 2011, 150,8 im folgenden Jahr und danach immer weiter an die Entwicklung des Preisindex angepasst.[21]

Ein schwerwiegender Skandal, den die Medien noch nicht entdeckt haben und den die Politik keinesfalls selber ans Licht bringen will, wird unter der harmlos klingenden Rubrik »Einnahmen aus Veranstaltungen, Vertrieb von Druckschriften und Veröffentlichungen und sonstiger mit Einnahmen verbundener Tätigkeit« bei den Einkünften der Parteien verbucht. Hier sind die Umsätze zwischen 1999 und 2009 um fast 800 Prozent förmlich explodiert – von 5,8 Millionen auf rund 44,5 Millionen Euro.[22] Bei den anderen Einkünften der politischen Parteien verzeichnet sich im selben Zeitraum ein Wachstum von nur wenigen Prozent. Aber wie so oft in der Politik ist auch dieser Bereich der Parteienfinanzen völlig intransparent, und weder bei Schwarz noch Rot, weder bei Gelb noch Grün gibt der jährliche Rechenschaftsbericht nähere Auskunft, woher diese Millionen stammen. Zumindest in dieser Hinsicht scheint Eintracht zu herrschen.

Auf meine Anfrage bei der SPD, der größten Empfängerin solcher Gelder, gab eine Pressesprecherin folgende Erklärung ab: »Unter dem Einnahmeposten ›Einnahmen aus Veranstaltungen, Vertrieb von Druckschriften und Veröffentlichungen und sonstiger mit Einnahmen verbundener Tätigkeit‹ werden neben

Einnahmen aus Sponsoring alle Einnahmen aus wirtschaftlicher Betätigung wie Verkauf von Speisen und Getränken, Eintrittsgelder, Verkauf von Werbematerialien usw. gezeigt.«[23] In Anbetracht von über 18 Millionen Euro,[24] die die SPD 2009 unter dieser Position verbuchte, ist es schwer vorstellbar, wie man so viel für Speisen, Getränke, Eintrittsgelder und Werbematerialien kassieren kann. Aber vielleicht durch Sponsoring?

Über Sponsoring reden die Parteien ungern. Sogar die Grünen, die mir mündlich zugesichert hatten, dass sie ihre Einkünfte aus dem »Sponsoring« für das Jahr 2009 (fast eine Million Euro) offenbaren würden, haben am Ende einen Rückzieher gemacht.[25] Das Einzige, was ich mündlich von ihnen erfuhr, war, dass zu den »Sponsoren« das Staatsunternehmen Deutsche Bahn AG zählte, das bei Parteitagen Ständer in der Vorhalle mietete.

Sponsoring ist ein weites Feld: Es beginnt mit einer Anzeige in einer Parteizeitung und geht weiter über Mietgebühren für Werbe- oder Präsentationsflächen auf Parteitagen, Sommerfeste und Beach Partys. Soviel wir bisher wissen – und das ist sehr wenig. Und das Beste an dieser Form der Einflussnahme besteht darin, dass der Sponsor die gesamte Summe als Betriebsausgabe von der Steuer absetzen kann. Jedenfalls ist es erheblich attraktiver als eine konventionelle Spende, die höchstens zu 50 Prozent absetzbar ist und bei der, ab einer gewissen Höhe, der Name des Gebers öffentlich gemacht werden muss. Sponsoren bilden dagegen eine Art Geheimgesellschaft.

Kein Wunder also, dass sich dieses Geschäftsfeld solch wachsender Beliebtheit erfreut. Wie lukrativ das vor sich gehen kann, wurde besonders signifikant Anfang 2010 bei der nordrhein-westfälischen CDU, als wieder einmal einer ihrer »Zukunftskongresse« stattfand. Dessen Zweck bestand angeblich darin, eine Diskussion zwischen »Spitzenpolitikern, Führungskräften der Wirtschaft, Wissenschaftlern und namhaften Vertretern der

Gesellschaft und Medien über die Investitionspotenziale des Wirtschaftsstandorts Nordrhein-Westfalen«[26] zu ermöglichen. Dazu wolle man, so die Ankündigung, Wirtschaftsvertretern die Möglichkeit bieten, »in unmittelbaren Kontakt mit politischen Entscheidungsträgern zu treten«[27] – ausschließlich solchen aus den Reihen der CDU, versteht sich.

Im Angebot waren Pakete zwischen 5000 und 20.000 Euro, die neben den zu vermietenden Werbeflächen und Infoständen, je nach Preiskategorie, auch Fototermine oder sogar Privatgespräche mit dem damaligen Ministerpräsidenten Jürgen Rüttgers beinhalteten. Alles an der Öffentlichkeit vorbei, alles voll steuerabzugsfähig, alles vom Bürger über entfallene Steuern großzügig subventioniert.

Die CDU und ihre Sponsoren waren wohl zufrieden mit dem Ergebnis, und andere kopierten das Modell. Etwa die sächsische CDU, die noch im gleichen Jahr die »Denkfabrik Sachsen« veranstaltete, wenn auch mit etwas bescheideneren Preisen, die zwischen 500 bis 8000 Euro lagen. Allerdings muss man davon ausgehen, dass Praktiken wie in Nordrhein-Westfalen und Sachsen nur die Spitze eines Eisbergs darstellen.

Bleibt die Frage, warum eine politische Partei überhaupt Veranstaltungen wie Zukunftskongresse und Denkfabriken organisiert. Eigentlich ist die wirtschaftliche Zukunft Nordrhein-Westfalens oder Sachsens Landessache und fällt in den Aufgabenbereich der jeweiligen Regierung und keineswegs in den einer Partei, selbst einer Regierungspartei nicht. Und wenn solche Veranstaltungen sogar einen Gewinn abwerfen, dann könnte der Steuerzahler davon profitieren. Warum also wird die Fantasie für solch aufwendige Projekte nicht im Interesse der Landeskasse eingesetzt, sondern für das Vermögen der Regierungspartei?

Diese Praxis erinnert an eine unausgesprochene Erpressung. Sponsoring wie Spenden – legale und illegale – sind der Schlüssel zum Tor der politischen Gefälligkeit, der Garant für lukrative Aufträge, für eine unternehmerfreundliche Politik. Gib mir was, damit ich an der Macht bleibe beziehungsweise an die Macht komme, und ich zeige mich erkenntlich. Ohne diese Vorsorge könnte man den Zutritt zu diesem Zirkel, in dem eine Hand die andere wäscht, verpassen oder zumindest zu spät kommen. In der Politik und Wirtschaft nennt man dieses Geschäft politisches Engagement, anderswo heißt es Landschaftspflege, Versicherungspolice, oder »Schutzgelder«, wie Eberhard von Brauchitsch es ausdrückte.

Brauchitsch sollte es wissen. Der Industrielle, der in den Achtzigerjahren im Mittelpunkt der Flick-Spendenaffäre stand, die sicherlich als der gewichtigste politische Skandal in der Geschichte der Bundesrepublik gilt. Brauchitsch, Cheflobbyist dieser Geldschleuse von der Wirtschaft zu den politischen Parteien, fand den Begriff »Parteispende« unpassend, da Spenden ja freiwillig seien. In seinem Buch *Der Preis des Schweigens*, das er mehr als ein Jahrzehnt später schrieb, erklärte er: »Die Wirtschaft zahlte Schutzgelder, um sich vor Repressionen in Form wirtschaftsfeindlicher Politik zu schützen.«[28]

Wie absurd und verlogen sich dieses Verhältnis von Partei und Sponsoren darstellt, hat anschaulich der außerordentliche SPD-Parteitag vom 26. September 2010 in Berlin vor Augen geführt. Während ein Redner nach dem anderen gegen den Konsens der schwarz-gelben Regierung zur Verlängerung der Laufzeiten für Atomkraftwerke wetterte, floss in die SPD-Kasse vermutlich viel Geld, und zwar dank der großen Aufsteller von E.ON, RWE und Vattenfall in der Vorhalle. Auch ansonsten zeigten sich die Unternehmen großzügig: In einem gesonderten Bereich, der für das einfache Fußvolk nicht zugänglich war, wurden ausgewählte Gäste von Partei und Presse mit Essen und Trinken kostenlos bewirtet. Als Sponsor firmierte »Erdgas«. Laut der SPD steckte dahinter die Firma »Erdgas Mobil«. Zu ihren Mitgliedern zählt der Spitzenverband BDEW29 Der BDEW ist der Bundesverband der Energie- und Wasserwirtschaft, deren prominenteste Mitglieder EnBW Energie Baden-Württemberg AG, E.ON Energie, RWE und Vattenfall sind – eben jene, die mit der Regierung die Skandalabsprache ausgeklüngelt hatten. Ebenso zählen einige Tochterunternehmen und Beteiligungen des Atomenergieriesen zu »Erdgas Mobil«.[30] Sinnfälliger hätte man das Prinzip von Sponsoring und das Funktionieren von Lobbyismus gar nicht veranschaulichen können als auf diesem Parteitag prinzipieller Atomkraftgegner. Wie heißt es doch auf Deutsch: »Wes Brot ich ess, des Lied ich sing.« Dies hat die SPD offensichtlich gewandelt in »Wessen Buffet ich ess, des Gier ich pranger an im Sitzungssaal, aber des Lied ich sing bei der Verfassung von Gesetzen«. Die heutigen politischen Verhältnisse sind offensichtlich etwas komplizierter als im Mittelalter.

Diese zunehmende Beliebtheit von Sponsoring ist kein Zufall. Seit dem Jahr 2002 wurde das Parteiengesetz strenger gestaltet, was Spenden anging. Dazu kam unter anderem das Verbot von Spenden an politische Parteien durch Unternehmen, an denen die öffentliche Hand eine Beteiligung von über 25 Prozent hält. Ab 2003, also nach der Einführung der strengeren Spendenbestimmungen, begann der Bereich »Einnahmen aus Veranstaltungen, Vertrieb von Druckschriften und Veröffentlichungen und sonstiger mit Einnahmen verbundener Tätigkeit« sein rapides Wachstum.

Heute findet man oft bei Parteitagen ein staatliches Unternehmen wie die Deutsche Bahn, deren hundertprozentiger Besitzer der Bund ist, als Sponsor durch die Anmietung von Werbeständen. Man kann sich nur fragen, warum die Deutsche Bahn überhaupt politische Parteien sponsert. Das entspricht sicherlich nicht dem Geist des Gesetzes. Die Bahn verweist auf die Wichtigkeit, dort »den direkten Dialog mit Vertretern der Politik zu suchen«[31]. Wie viel er für den »direkten Dialog« ausgibt und an wen, wollte der Staatsbetrieb nicht preisgeben.

Als ich beim Bundestagspräsidenten, dem obersten Ordnungshüter für die Überwachung der Parteienfinanzierung, nachfragte, ob sein Amt nähere Informationen zum Partei-Sponsoring hätte, bekam ich die Antwort: »Die Sponsoringgelder werden in den Rechenschaftsberichten der Parteien nicht gesondert ausgewiesen. Sie werden insgesamt von den Parteien als ›Einnahmen aus Veranstaltungen, Vertrieb von Druckschriften und Veröffentlichungen und sonstiger mit Einnahmen verbundener Tätigkeit‹ verbucht. Die Bundestagsverwaltung hat demnach auch keine anderen Angaben.«[32] Und was man nicht weiß, kann man nicht kontrollieren. Und will man nicht kontrollieren.

Wen wundert's? Auch die Bundesverwaltung lässt sich von Unternehmen sponsern. In den zwei Jahren 2009–2010 mit 93,4 Millionen Euro (2007–2008: 78,2 Millionen).[33] Dazu zählte das Bundespräsidentenamt mit drei Millionen für seine Sommerfeste.[34] Dazu zählten staatliche und teilstaatliche Betriebe.[35]

Heute möchte die Politik in der Bundesrepublik den Eindruck erwecken, dass völlige Transparenz herrscht. Es gibt auch kleine Verbesserungen zu vermelden. Zum Beispiel alle legalen Parteispenden über 50.000 Euro werden zeitnah veröffentlicht. Auf diese Spendenzahlungen starrt die Öffentlichkeit wie das Kaninchen auf die Schlange. Über Spenden von 100.000 Euro etwa gibt es immer wieder große Aufregung.

Doch in der Zwischenzeit haben die politischen Parteien, mit Ausnahme der Grünen und Linken, über die unkontrollierte, völlig intransparente Rubrik »Einnahmen aus Veranstaltungen, Vertrieb von Druckschriften und Veröffentlichungen und sonstiger mit Einnahmen verbundener Tätigkeit«, worunter Sponsoring subsumiert wird, ihre Einnahmen völlig unbemerkt radikal ausgebaut, und sie nähern sich insgesamt 50 Millionen Euro im Jahr. Seit 2003 haben die Einkünfte der SPD über diesen Posten (es waren allein 18 Millionen Euro im Jahr 2009) schon öfter ihr Spendenaufkommen übertroffen.

Während die Medien viel Zeit in Berichte über den Verkauf von Kondomen in einem Automaten im Bundestag investierten und einen fast unbegrenzten Etat für ihre Claqueur-Aktivitäten beim Guttenberg-Fanklub bereitstellten, scheinen sie nicht bereit, die paar Euro auszugeben, um die jährlichen Finanzberichte der Parteien von einem Redakteur sorgfältig lesen zu lassen. Sonst wäre dieser Skandal schon vor Jahren ans Licht gekommen. Es gibt kaum ein Ereignis, das den Verfall der Kontrollfunktion der Medien besser darstellt.

Im Bundestag scheint dieses Laisser-faire bezüglich der Parteienfinanzierung ebenfalls zu herrschen. Am 7. Juni 2010 fand vor dem Innenausschuss des Bundestags eine Anhörung statt, ob Sponsoring im Parteiengesetz geregelt und ob Parteispenden von Unternehmen und Wirtschaftsverbänden verboten werden sollten. Zu beiden Fragenkomplexen hörten sich die Parlamentarier sieben »Sachverständige« an: fünf Professoren, einen Anwalt und einen ehemaligen Richter des Bundesverfassungsgerichts. Erstaunlicherweise fiel sowohl in den Ausführungen der Experten als auch in der anschließenden Fragestunde das Wort »Demokratie« höchst selten – Gleiches gilt für Ableitungen wie »demokratisch« oder »Demokratieverständnis«. Bei den jeweils fünf- bis sechsminütigen Stellungnahmen der Experten kamen solche Begriffe insgesamt nur sechsmal vor, wobei drei Redner es schafften, sie vollständig auszublenden, als ob das alles mit Demokratie nichts zu tun hätte. Desgleichen vermieden es die Parlamentarier, mit Ausnahme von Volker Beck von den Grünen, ein D-Wort in den Mund zu nehmen.[36]

Ähnlich verhielt es sich mit dem Wort »Chancengleichheit«. Bei den Ausführungen zum Thema ging es nicht etwa um eine Kappung der Spendenhöhe auf eine Summe, die sich jeder Bürger leisten könnte, um damit mögliche finanzielle Vorteile von Reichen und Unternehmen unterbinden zu können. Es ging stattdessen vielmehr um die Chancengleichheit der kleinen Parteien, also ihre Finanzierung durch den Staat als Ausgleich für das hohe Spendenaufkommen der Wirtschaft an die großen Parteien, die als Regierung diese »Schutzgelder« unter sich verteilen.

Der einzige dezidierte Dissens der Referenten kam von Uwe Volkmann von der Johannes Gutenberg-Universität Mainz: »Das Problem der Sichtweisen, die die Spenden für völlig unproblematisch halten, liegt meines Erachtens darin, dass sie einseitig von der Seite der Parteien und ihrer Finanzierungsfreiheit argumentieren. Ausgangspunkt muss aber zunächst die demokratische Bürgergleichheit sein. Das ist der Grund des demokratischen Versprechens, dass Bürger einander als Freie und Gleiche anerkennen. Das bedeutet nach dem klassischen Grundsatz ›One man, one vote‹, dass der Stimme jedes Bürgers der gleiche Einfluss auf die politische Willensbildung zukommen soll, unabhängig davon, ob er den politischen Intellekt von Jürgen Habermas hat oder den von Dieter Bohlen, unabhängig davon, ob er ein Hartz-IV-Empfänger ist oder mehrfacher Millionär. Spenden lösen von einer gewissen Höhe ab diesen Zusammenhang zur demokratischen Gleichheit tendenziell auf.«[37] Am Ende plädierte der Wissenschaftler Volkmann für eine egalitäre Spenden-Obergrenze von jährlich 100.000 Euro.[38] So diskutiert die politische Klasse demokratische Gleichheit unter sich.

Die sogenannten Mandatsträgerbeiträge machen immerhin mehr als ein Zehntel der Parteieneinkünfte aus. Es lohnt sich, bei dieser Geschichte, einem der merkwürdigsten politischen Phänomene der Bundesrepublik, genauer hinzuschauen, denn diese Praxis wirft ein sehr bezeichnendes Licht sowohl auf die Verdrängungsfähigkeit der Deutschen als auch auf die Skrupellosigkeit ihrer politischen Klasse.

Sie sind nicht allzu bekannt, die Mandatsträgerbeiträge, die ganz einfach jenen Teil des Gehalts oder der Diäten bezeichnen, den Politiker mit Mandaten oder Ämtern an ihre Partei überweisen. Subventioniert selbstredend vom Steuerzahler, und zwar in doppelter Weise, worauf der Parteienfinanzierungsexperte Hans Herbert von Arnim nachdrücklich hingewiesen hat. Mandatsträgerbeiträge haben nämlich deshalb eine besondere finanzielle Attraktivität, weil erstens der zahlende Politiker seinen Obolus, wenngleich nicht in voller Höhe, steuerlich abschreiben kann.[39] Außerdem gibt es einen staatlichen Zuschuss für die Parteien auf diese Spende von vorgesehenen 38 Prozent des Betrags, allerdings nur bis zu einer Obergrenze von 3300 Euro.[40]

Konkret sieht das etwa so aus: Bundestagsabgeordnete zum Beispiel erhalten im Jahr eine Diät von 90.000 Euro brutto. Bei vielen liegt der Mandatsträgerbeitrag, den sie an ihre Partei überweisen, bei rund 10.000 Euro im Jahr. Eine beträchtliche Summe. Bei den Grünen und Linken wird oft mehr von ihren Mandatsträgern verlangt. Auch wenn die Parteien beteuern, dass diese Beiträge freiwillig geleistet werden, kann eine Weigerung den Verlust eines sicheren Listenplatzes bedeuten. Wenn Parlamentarier und Politiker einen beträchtlichen Anteil ihrer Diäten oder Gehälter an die Partei abführen, dann ist das jedoch nicht bloß eine private Angelegenheit, sondern ein eklatantes Beispiel verdeckter Parteienfinanzierung mit Steuergeldern, die im Jahr 2009 54,7 Millionen Euro in die Kassen der Parteien spülte – allerdings dank der Gesetzgebung, die die Politiker selber bestimmten, völlig legal. Das ist nichts anderes als ein »Kickback«, in diesem Fall ein Schmiergeld für eine gut bezahlte Stelle.

Vollends absurd wird diese Praxis jedoch, wenn man an das sich alle paar Jahre wiederholende Spektakel um die Erhöhung der Diäten der Parlamentarier denkt, die dann mit der Dringlichkeit beinahe existenzieller Zwangs- und Notlagen gerechtfertigt wird. Sollten Mandatsträger aufhören, diese angeblichen Spenden an ihre Partei zu überweisen, benötigten sie lange, lange Zeit keine Diätenerhöhung mehr, um die Steigerung der Lebenshaltungskosten auszugleichen.

Dieses Phänomen wirft ein unvorteilhaftes Licht auf die Politiker und die Medien. Zweifelsohne sind die finanziellen Ressourcen der integren Parlamentarier, die die Interessen des Volkes tatsächlich vertreten, nicht ausreichend für die Anforderungen ihrer Arbeit. In einer Demokratie sollen die Parlamentarier jedoch offen über diese Unterfinanzierung informieren und ihr Volk mit Lösungen überzeugen. Den Aspekt der Mandatsträgerbeiträge auszublenden zeigt seitens der Politiker entweder Arroganz oder beweist, dass es ihnen eigentlich nur um zusätzliche Rendite für ihre Konzerne geht. Für die deutschen Medien bedeutet die Angelegenheit nur einen weiteren Verlust ihrer Glaubwürdigkeit.

Als sämtliche Parteien im Bundestag mit Ausnahme der Linken im Juli 2011 einer neuerlichen Diätenerhöhung zustimmten (292 Euro oder 3,8 Prozent für das Jahr 2012 und weitere 292 Euro oder 3,7 Prozent für 2013[41]), womit über die Mandatsträgerbeiträge weitere Steuermillionen in die Kassen der Parteien fließen werden, haben die Medien diese Tatsache mit keinem Wort erwähnt. Als Außenseiter kann man über dieses Diätenerhöhungs-Ritual der Deutschen nur den Kopf schütteln.

Auch der bayerische Landtag hat im Mai 2011 einer Diätenerhöhung zugestimmt. Andere Länderparlamente wollen demnächst das Gleiche tun. Damit steigen ebenfalls erneut die Mandatsträgerbeiträge.

Weitgehend unbekannt ist ferner, wie viele Menschen ihr Geld im Politbetrieb verdienen. Im Jahr 2009 beschäftigten die Parteikonzerne weit über 1000 Mitarbeiter mit Personalkosten in Höhe von rund 130 Millionen Euro.[42]

Nicht mitgerechnet sind all jene, die als Mitarbeiter einer Partei anderweitig Dienstleistungen erbringen und damit für ihren Mutterkonzern zusätzlich hohen Umsatz generieren, Arbeitsplätze für Parteitreue schaffen und Gewinne in Form von Mandatsträgerbeiträgen abführen.

Nüchterne Zahlen verdeutlichen: Allein die Abgeordneten erzeugen mit ihren Diäten, Aufwandsentschädigungen, Amtsausstattungen und so weiter Umsätze in dreistelliger Millionenhöhe. Die 622 Mandatsträger im Bundestag generieren mit einem Jahresetat für Mitarbeiter von 175.000 Euro pro Abgeordnetem weitere rund 2500 Vollzeitarbeitsplätze.[43] Hinzu kommen im Berliner Reichstag viele Mitarbeiter der fünf Fraktionen. Von der Struktur her ähnlich sieht es auf Länder- und Kommunalebene aus, nur bescheidener. Das kleinste, aber feinste Juwel dieser Wirtschaftsbranche ist jedoch das Europaparlament in Brüssel und Straßburg, das zwar von deutscher Seite nur mit einem Minister und 99 Abgeordneten bestückt wird, die aber wiederum, sehr konservativ berechnet, für weitere 200 Arbeitsplätze sorgen.

Pauschal gesehen wurden laut dem Referat für Öffentlichkeitsarbeit des Bundestags im Jahr 2009 für Bundes- sowie für Europapolitiker 677.086 Millionen Euro ausgegeben, in denen Diäten, Amtsausstattung, Mitarbeitergehälter, Betriebsausgaben der Gebäude und anderes mehr enthalten sind.[44] Allein die Gesamtsjahresbezüge für den Bundespräsidenten, die Bundeskanzlerin, 14 Minister und 27 parlamentarische Staatssekretäre[45] beliefen sich auf rund 11,5 Millionen Euro, nicht inbegriffen der Tross von Assistenten, Pressesprechern, wissenschaftlichen

Mitarbeitern und anderen Zuträgern. Alles erbracht vom deutschen Steuerzahler.

Die Länder bringen weitere Umsätze von knapp einer Milliarde Euro in die Bilanzen der Parteiunternehmen, mit fast 170 Regierungsmitgliedern und um die 300 politischen Beamten. Allein die circa 1800 Landesparlamentarier mit schätzungsweise 4000 Mitarbeitern kosten ungefähr 700 Millionen Euro jährlich.[46] Hinzu kommen die Präsidenten und Vizepräsidenten der Landesrechnungshöfe.

Die Kommunen unterhalten angeblich rund 6000 Wahlbeamte, bestehend vor allem aus Landräten, hauptberuflichen Bürgermeistern, Gemeindedirektoren, Kreisdirektoren und Beigeordneten.

Nicht zu vergessen sind die Richter der obersten Bundesgerichte: Bundesverfassungsgericht, Bundesgerichtshof und Bundesverwaltungsgericht. Sie werden von Richterwahlausschüssen ernannt, die aus Vertretern aus Bundesrat und Bundestag bestehen.

Ein weiteres lohnendes Betätigungsfeld der Parteien stellen die politischen Stiftungen dar, mit einem Gesamtvolumen von etwa 1700 Mitarbeitern und für 2010 einem Jahresumsatz von rund 420 Millionen Euro,[47] die zu 90 Prozent aus Steuermitteln stammten. Bei diesen Tochterunternehmen der Parteikonzerne handelt es sich um die Konrad-Adenauer-Stiftung (CDU), die Friedrich-Ebert-Stiftung (SPD), die Friedrich-Naumann-Stiftung (FDP), die Heinrich-Böll-Stiftung (Bündnis 90/Die Grünen), die Rosa-Luxemburg-Stiftung (Linkspartei) und die Hanns-Seidel-Stiftung der CSU. »Parteinah« nennt man sie. Eine befremdliche Sprachregelung, die sich daraus ergibt, dass die Stiftungen aus rechtlichen Gründen als unabhängige Körperschaften konstituiert wurden. Diese Trennung ist eine Täuschung. Die Parteien und ihre Stiftungen stellen de facto nichts anderes als zwei Seiten einer Medaille dar, und die Stiftungen vertreten in vollem Umfang die Interessen ihrer Parteien.

Insgesamt verfügen die Parteikonzerne über Jahresumsätze in Milliardenhöhe und beschäftigen wahrscheinlich direkt und indirekt rund 20.000 Menschen.

Doch dazu kommt noch eine Grauzone, die so ausgedehnt ist, dass sie quantitativ nicht erfassbar ist. Die Ämterpatronage existiert in der Bundesrepublik in großem Umfang. Wie weit sie sich heute schon auf nicht politische Berufe bezieht, lässt sich statistisch kaum ermitteln. Die Spannbreite reicht vom Vorsitzenden einer staatlichen Bank oder eines Unternehmens bis zu einer Stelle in einer öffentlichen Verwaltung oder öffentlich-rechtlichen Rundfunkanstalt. Die Sozialwissenschaftler Erwin und Ute Scheuch verfolgten diese Ämterpatronage bis hin zu Stellen als Schulleiter, Oberarzt und Redakteur.[48]

Der Soziologe Michael Hartmann hat 2007 eine zunehmende Vereinnahmung von Stellen in den öffentlichen Verwaltungen durch die Parteien auf Kosten der Professionalität festgestellt: »Die zunehmende Politisierung der hohen Verwaltungspositionen hat den Anteil der reinen Karrierebeamten seit den 1960er-Jahren allerdings von fast drei Vierteln auf ca. 50 Prozent gedrückt.«[49]

Einen wesentlichen und höchst einflussreichen Faktor im Rahmen der neuen politischen Klasse stellen die Lobbyisten dar. LobbyControl, eine »Initiative für Transparenz und Demokratie«, die es sich zum Ziel gesetzt hat, die zahllosen Verschränkungen von Politik und Wirtschaft offenzulegen, geht davon aus, dass sich allein in der deutschen Hauptstadt rund 5000 Lobbyisten tummeln. Nicht mitgezählt das Heer jener, die ihnen direkt oder indirekt zuarbeiten, wie Public-Relations-Berater, Rechtsanwälte, Meinungsforscher, Medienberater, Wissenschaftler und Journalisten, die im Bereich Einflussnahme ebenfalls jährlich

Millionen verdienen.[50] Mit Gemeinwohl haben die meisten Lobbyisten gar nichts zu tun, sondern nur mit Rendite.

Allerdings ist Lobbyist nicht gleich Lobbyist. Auch wenn es keine sprachliche Unterscheidung gibt, lassen sich die Interessenvertreter doch in zwei gegensätzliche Kategorien unterteilen. Die erste und bei Weitem größte Gruppe stellt der bereits oben skizzierte Personenkreis, der hinter den Kulissen durch Manipulation von Politikern Vorteile für seine jeweilige Branche herauszuschlagen versucht: die Profitlobbyisten. Zu den potentesten zählen allen voran die Vertreter der Waffen-, Gesundheits-, Auto- und Energieindustrie. Mit üppigen Salären ausgestattet, setzen die Profitlobbyisten alles daran, die Gewinne ihrer Geldgeber durch erfolgreiche Einflussnahme auf die Formulierung von Gesetzen oder auf die Vergabe von öffentlichen Aufträgen und Subventionen zu steigern. Dafür können sie auf eine große Zahl an Mitarbeitern, auf Anwaltskanzleien mit einschlägigen Erfahrungen sowie auf renommierte Wissenschaftler und Medienexperten zugreifen. Sie verfügen über hohe Etats für Werbe-, Reise- und Bewirtungskosten. Ging man früher nur von einem mehr oder weniger starken Einfluss aus, so konstatieren heute Kenner wie Kritiker der Szene, dass es inzwischen weit darüber hinausgeht: »Finanzstarke und mächtige Lobbyisten beeinflussen die Politik nicht mehr nur, sondern bestimmen sie maßgeblich mit«,[51] resümiert der SPD-Bundestagsabgeordnete Marco Bülow.

Anders die zweite Gruppe, die man als Non-Profit-Lobbyisten zusammenfasst und zu denen Organisationen wie Greenpeace, BUND, foodwatch und andere Vereinigungen mit humanitärer Zielsetzung gehören, denen es um Themen wie Menschenrechte, Umwelt- und Naturschutz, Ernährung und Gesundheit unter Ausschluss von jeglichen Konzerninteressen geht. Wegen ihrer Herkunft aus Bürgerinitiativen nennt man sie auch »Grass-Roots«-Lobbyisten.

Diese Basisbewegung-Lobbyisten erzielen keinerlei finanziellen Gewinn, sind vielmehr unterfinanziert und müssen schauen, dass sie ihre Ausgaben durch Mitgliederbeiträge und unregelmäßige Spenden decken. Zudem sind sie personell unterbesetzt und residieren nicht in repräsentativen Räumlichkeiten – nur ihren Idealismus können sie als Gegengewicht zur Geldmacht der anderen in die Waagschale werfen. Trotzdem gelingt es ihnen durchaus gelegentlich, allein mit ihren Argumenten und dank der Mobilisierung der Öffentlichkeit Einfluss auf die Politik zu nehmen.

Es verhält sich mit der Wirksamkeit der beiden Lobbyistengruppen ähnlich wie mit den sowjetischen Panzern und den Steine werfenden Demonstranten, die sich seinerzeit im Juni 1953 in Ostberlin gegenüberstanden.[52] Und noch ein Vergleich drängt sich in diesem Zusammenhang auf: Die Profitlobbyisten sind genauso demokratiefördernd wie einst die sowjetischen Panzer.

Die traditionellen wichtigsten Akteure bei diesem Spiel um politischen Einfluss waren lange Zeit die Verbände. Sie müssen sich, um Lobbying beim Bundestag betreiben zu dürfen, beim Bundestagspräsidenten anmelden. Ein paar lapidare Auskünfte, und man ist akkreditiert. 2128 Interessenverbände, Profit und Non-Profit, sind registriert,[53] von der ABDA, der Bundesvereinigung Deutscher Apothekerverbände, bis zum Zentralverband Zoologischer Fachbetriebe Deutschlands e.V.[54] Seit der Wiedervereinigung und dem Umzug der Bundesregierung nach Berlin ist die Zahl der Verbände um fast 50 Prozent hochgeschnellt.[55]

Wie nicht anders zu erwarten, kommen die stärksten Verbände aus der Wirtschaft, wobei sie weniger die Interessen einzelner Firmen vertreten, sondern beanspruchen, im Interesse der gesamten Branche zu agieren. Ihre Möglichkeiten sind angesichts gut gefüllter »Kriegskassen« und eines hohen Personalbestands weitreichend. Die Mächtigsten in diesem Revier sind zweifellos der Bundesverband der Deutschen Industrie, die Bundesvereinigung der Deutschen Arbeitgeberverbände, der Verband der Automobilindustrie, der Verband der Chemischen Industrie sowie der Bundesverband der Energie- und Wasserwirtschaft. Über ihre Etats geben sie selbstredend keine Auskunft.

In der Nachkriegszeit spielten die Verbände eine bestimmende Rolle im korporatistischen System der Bundesrepublik. Sie führten breite Segmente von Interessengruppen zu einem gesellschaftlichen Konsens im ökonomischen Bereich. Doch der Niedergang des bundesrepublikanischen Korporatismus nach der Wiedervereinigung hat die Verbände merklich geschwächt. Darüber hinaus ist aufgrund wachsender Interessenkonflikte innerhalb der großen Verbände auch die Herbeiführung eines internen Konsenses immer öfter nur schwer möglich. Die Globalisierung der Wirtschaft mit ihren internationalen Konzernstrukturen hat ein Übriges dazu beigetragen, den Einfluss der einst übermächtigen Deutschland AG zu beschneiden. Die Nationalökonomie kann nicht länger ausschließlich in deutschen Aufsichtsräten bestimmt werden. Internationale Konzerne ohne Verbindung zur Bundesrepublik können ihre individuellen Interessen hierzulande, gelegentlich mit transitorischen Bündnissen, punktuell durchsetzen.

Solche Verschiebungen verlangten neue Strategien, und so haben sich viele Unternehmen seit der Auflösung des alten Korporatismus in der Bundesrepublik zusätzlich für Direktlobbying entschieden, um auf diese Weise ihre eigenen Interessen verfolgen und die Wirtschaftsverbände umgehen zu können. Gefragt sind jetzt die Jäger des schnellen Erfolgs, die »Predatory-Lobbyisten« einzelner Unternehmen und Lobbyfirmen, deren Einfluss gerade in den letzten Jahren immens gewachsen ist. Sie findet man im Register des Bundestagspräsidenten nicht.

Rudolf Speth, Politikwissenschaftler und Experte für Lobbyismus, hat es auf den Punkt gebracht: »Das Lobbying kennzeichnet das Bestreben, ein möglichst großes Stück vom Kuchen zu bekommen, ohne selbst zur Lösung übergreifender Fragen beizutragen.«[56] Als Beispiele für diese Tendenz nennt er unter anderem, »Ausnahmen in den Gesetzen zu verankern, staatliche Preisfestsetzungen zu erreichen oder mithilfe staatlicher Regelungen Konkurrenten vom Markt zu drängen«[57].

Diese Rationalisierung der Interessendurchsetzung der Unternehmen wurde durch die schleichende Auflösung der traditionellen Volksparteien verstärkt. Weg mit allem Ballast der Verbände, der Parteimitglieder und den alten Zielen wie Chancengleichheit, soziale Gerechtigkeit und Basisdemokratie – stattdessen ist die Klientelpolitik der Meistbietenden ins Zentrum des Parteieninteresses gerückt. Die innerparteiliche Demokratie zählt nicht, sondern die Effizienz und Rendite.

Auch die Akteure auf der Politikbühne haben sich verändert, denn der Politikmanager von heute hat öfters keinen anderen Beruf mehr – er steigt frisch von der Universität direkt in dieses Geschäft ein. Wie ein Manager in einem Konzern verfolgt er ausschließlich die Ziele des Unternehmens. Was wiederum dazu führt, dass er die Bodenhaftung verliert und keine Beziehung mehr zur Basis und den Verbänden hat, aus denen früher die politischen Eliten zumeist hervorgingen. Die Folge davon, so Politikwissenschaftler Speth: »Die Rekrutierung der politischen Eliten hat sich verändert. Vielfach kommen Politiker nicht mehr aus den Verbänden – wie es lange im Bereich der Sozial- und Agrarpolitik der Fall war. Heute machen Politiker direkt nach Studium und Ausbildung Karriere in den Parteien. In der Folge davon lockern sich die Beziehungen der politischen Parteien zu den Verbänden. Diese suchen nun nach anderen Zugangswegen zu den politischen Entscheidern.«[58] Vor allem durch Lobbying.

Die Macht des Parlaments, als Vertreter des Volkes, wird zunehmend durch Regierung und Lobby außer Kraft gesetzt, stellt der deutsche Politikwissenschaftler Franz Walter, dessen Spezialgebiet die Parteienforschung ist, fest: »Moderne Demokratien werden immer mehr zu Verhandlungsdemokratien in verschlossenen Räumen und informellen Strukturen. Die Absprachen der politischen Klassen vollziehen sich zunehmend in undurchsichtigen Beziehungsgeflechten jenseits des Parlaments und seiner Kontrollmöglichkeiten.«[59]

Klientelpolitik und Predatory-Lobbying statt Demokratie prägen die deutsche Politik. LobbyControl hat über 100 Unternehmen gezählt, die sich einen ständigen Repräsentanten in Berlin leisten – dazu gehören, um ein paar der ganz Großen zu nennen, die Deutsche Bank, Siemens, Bayer, die Deutsche Telekom, RWE, Bertelsmann, die Daimler AG. Die Niederlassungen tragen euphemistische Namen wie »Konzernrepräsentanz für Bundesangelegenheiten«, »Corporate Public Affairs & Liaison Office Berlin«, »Hauptstadtrepräsentanz« oder »Verbindungsbüro«. Auf meine Anfrage wollen sie ihre Etats jedoch nicht nennen, auch wenn man wahrscheinlich kaum eine Branche wie die Lobbyisten – außer Politiker – finden wird, deren Mitglieder den Begriff »Transparenz« öfter verwenden.

Man braucht nicht lange zu spekulieren, warum diese Zahlen verheimlicht werden. In den Vereinigten Staaten, wo Lobbying ein Milliardengeschäft darstellt, herrscht tatsächlich einiges an Transparenz.[60] Dort müssen nämlich Informationen über Lobbyisten und ihre Aktivitäten in einem Internetportal der Regierung veröffentlicht werden. Man kann also ungehindert nachlesen, wer für wen arbeitet und wo sich welches Büro befindet, für welches Gesetzgebungsvorhaben er sich einsetzt, bei welchem Regierungsressort er antichambriert und, vor allem, wie viel Geld die einzelnen Lobbyisten für ihre »Überzeugungsarbeit«

ausgeben.[61] Bei Falschangaben drohen Geldstrafen und bis zu fünf Jahre Haft.

Dass es beim Lobbying nicht nur um ein belangloses Geplauder bei einer Tasse Kaffee oder um die Präsentation einer wissenschaftlich relevanten Studie geht, verraten diese vom amerikanischen Gesetzgeber vorgeschriebenen Veröffentlichungen mehr als deutlich. Auch die Zahlen der in den USA aktiven deutschen Konzerne belegen das, deren Etats ebenfalls offengelegt werden müssen. So investierte die Deutsche Telekom im Jahr 2008 fast sieben Millionen Dollar,[62] die Bayer AG gab 2009 knapp über acht Millionen Dollar aus,[63] und Siemens setzte eigenen Angaben zufolge seit 2007 rund fünf Millionen jährlich für Lobbytätigkeiten ein.[64] Wenn schon bei einem Auswärtsspiel solche Summen eingesetzt werden, dann kann man sich vorstellen, wie viel mehr das Heimspiel kostet. Und man ahnt, warum die Lobbyisten diese Budgets nicht veröffentlicht sehen wollen.

Zu den Predatory-Lobbyisten zählt auch eine Phalanx aus Agenturen, Beraterfirmen und Rechtsanwaltskanzleien, die im Bereich Einflussnahme ein großes Geschäft gewittert haben. Diese letzte Gruppe ist hauptsächlich auf Einzelfälle spezialisiert und bietet, so LobbyControl, eine breite Palette von Dienstleistungen an: »die Organisation von Lobbytreffen mit PolitikerInnen; öffentliche Meinungsmache – auch zur Imageverbesserung bei Krisen; die laufende Beobachtung der politischen Prozesse und der Medien, um frühzeitig reagieren zu können; oder auch die Formulierung ganzer Gesetzesentwürfe, die dann in die Politik eingespeist werden«[65]. Auch sie sind im Register des Bundestagspräsidenten nicht auffindbar.

Die Effektivität des Predatory-Lobbyisten wird von der Öffentlichkeit nach wie vor unterschätzt. Es handelt sich zweifelsohne um eine Grauzone, in der die Grenzen verschwimmen, und diese Verschleierung ist gewollt, nützt sie doch den Hauptakteuren: den Lobbyisten, ihren Auftraggebern aus Wirtschaft und Interessenverbänden sowie den Politikern und ihren Parteien.

Wie das konkret funktioniert, hat Winfried Hermann, damals Bundestagsabgeordneter der Grünen, heute Minister für Verkehr und Infrastruktur in Baden-Württemberg, anschaulich festgehalten: »Die Lobby ist so vielfältig wie die Gesellschaft. Sie arbeitet hochprofessionell mit unterschiedlichen Methoden: von einfachen Gesprächen, dem Parlamentarischen Abend über das gute Abendessen bis zum Seminar auf den Balearen – so wird den Abgeordneten das Anliegen ›liebevoll‹ nahegebracht. Und natürlich wenden sich Wirtschaftsverbände und große Unternehmen auch ganz direkt an die Regierung. Wenn der sanfte Ton nicht weiterhilft, kommt die Drohung mit Standortverlagerungen und dem Verlust von Arbeitsplätzen. Nicht wenige Abgeordnete verstehen sich ohnehin als Lobbyisten einer Branche (zum Beispiel Energieunternehmen) oder des Mittelstands, also als Vertreter kleiner und mittlerer Unternehmen, oder der Gewerkschaften. Es ist nicht leicht, angesichts der vielen Einzelinteressen stets im Sinne des Gemeinwohls zu entscheiden. Viele Abgeordnete überschätzen sich mitunter mit Blick auf die eigene Stärke und Standfestigkeit.«[66]

In der Praxis herrscht eine akute mangelhafte Transparenz über die Beziehungen zwischen Politik und Lobbyisten. Der Journalist Tom Schimmeck, der die ebenso diffizilen wie komplexen Manifestationen lobbyistischer Aktivitäten unter die Lupe genommen hat, ist zu höchst aufschlussreichen Erkenntnissen gekommen. Beispielsweise anhand einer Eigenwerbung aus dem Internetportal einer PR-Agentur: »Kohl PR & Partner entwickelte ein umfassendes Public-Affairs-Programm, das tief in den Ablauf des Bundestages reichte. Dazu gehörten Fraktionsgespräche, Parlamentarische Abende, Roundtables mit Experten und die Initiierung von Anfragen im Bundestag.«[67] Fraktionsgespräche? Initiierung von Anfragen im Bundestag? Erstaunlich, was PR-Agenturen so alles feilbieten können. Es ist schlimm genug, dass eine PR-Agentur das Fraktionsleben lenken kann, doch es steht den Fraktionen offen, ihre Zeit und Aufmerksamkeit zu verkaufen. Eine parlamentarische Anfrage greift jedoch in den unmittelbaren politischen Ablauf der Nation ein.

Dass Lobbying in den meisten westlichen Demokratien die Überhand gewonnen hat, ist unbestreitbar. Ein kritischer Blick über die Grenzen in Deutschlands Nachbarländer würde ähnliche Strukturen im politischen Alltag vor Augen führen. Nehmen wir einmal Großbritannien. Dort befasste sich im Jahr 2008 das Parlament mit dem Thema und kam zu einer doch recht ernüchternden, weil ausschließlich apologetischen Schlussfolgerung. »Der Versuch, durch Lobbying Einfluss auf politische Entscheidungen zu nehmen, ist ein durchaus legitimer und notwendiger Bestandteil des demokratischen Prozesses.« Die britischen Abgeordneten fanden es ferner völlig verständlich, dass Einzelne und Organisationen bestrebt seien, auf Entscheidungen einzuwirken, deren Auswirkungen sie selbst oder andere – »those around them« – und ihre Umwelt tangieren könnten. Die Berichterstatter behaupten, dass die Regierung die von Lobbyisten angebotene Information für ihre Entscheidungsfindung benötige – »needs access to the knowledge and views that lobbying can bring«. Nur eine kleine Einschränkung findet sich bei dieser Ergebenheitsadresse: Man müsse einräumen, heißt es, dass der Begriff Lobbying in den letzten Jahren einen schlechten Beigeschmack bekommen habe. So schlecht, dass sogar die Lobbyismusszene selbst ihn inzwischen vermeide und stattdessen lieber von »Public Affairs« und »Government Relations« spreche.[68] Muss man da noch fragen, warum? Das sind übrigens die gleichen britischen Parlamentarier, die ein Jahr später die Empörung der Briten über ihren fragwürdigen, zum kriminellen Umgang mit ihren Abgeordneten-Aufwandsentschädigungen nicht begreifen konnten.

Das Ziel einer Firma ist, eine möglichst hohe Rendite zu erzielen. Kein Unternehmen wird behaupten, dass zu seinen Aufgaben ein Beitrag zum politischen Entscheidungsprozess eines Landes gehört – außer, wenn diese Handlung den eigenen Gewinn steigert.

Unternehmen in der Bundesrepublik geben viele Millionen Euro im Jahr für Lobbying aus. Ohne eine Kapitalrendite zu erzielen, würden sie zweifelsohne damit aufhören. In der Politik ist Geld in der Tat Macht. Bei der Bundesregierung geht es selten um den Willen des Volkes oder die besseren Argumente, wie die bundesrepublikanische Parteiendemokratie sich gern darstellt, sondern die Realität ist eine materialistische. »In den meisten kapitalistischen Gesellschaften blieb das Ideal der strikten Trennung zwischen juristischen und demokratischen Rechten und dem Markt ein Mythos. Reiche Menschen und Gruppen können bessere Rechtsanwälte engagieren, und sie können ihre persönlichen demokratischen Rechte durch die Macht ihrer Lobbys ›aufstocken‹. Dennoch bleibt der rhetorisch-moralische Anspruch auf Gleichheit vor dem Gesetz und an der Wahlurne unbestritten«,[69] resümiert Colin Crouch bezüglich der durch Geld verursachten Ungleichheit in einer Demokratie.

Und ebenso wie die englischen Parlamentarier beschwören die bundesdeutschen Lobbyisten die Berechtigung, die Seriosität und die Lauterkeit ihrer Arbeit. Sie pflegen nach Kräften das Image ihres selbstlosen Handelns, das selbstverständlich als demokratiekonform deklariert wird. Dazu Wolf-Dieter Zumpfort, langjähriger FDP-Politiker und heute Cheflobbyist des Reiseveranstalters TUI: »Ich glaube, im System der Bundesrepublik Deutschland wird der Lobbyismus mittlerweile als eine vernünftige Informations- und Kommunikationseinrichtung zur Verbesserung der politischen Entscheidungsfindung akzeptiert.«[70] Warum dann dogmatische Intransparenz auf allen Ebenen? Auch Jürgen Hogrefe, ehemaliger Cheflobbyist des Energiekonzerns EnBW und davor *Spiegel*-Redakteur, kommt zu ähnlichen Schlussfolgerungen. »Es gibt ein in Deutschland nicht wenig verbreitetes Zerrbild des Lobbyismus als dunkles Geschäft in schmierigen Hinterzimmern mit wechselseitiger Vorteilsnahme der Beteiligten zu Lasten Dritter«, hat Hogrefe 2003 geschrieben. »Das ist in etwa so, als wolle man den Banküberfall zum Normalfall des Kreditwesens erklären. Kriminelle Auswüchse sind wenig aufschlussreich für den Normalfall.«[71] Hogrefe und Zumpfort stehen für viele Gleichgesinnte, die Lobbyisten rein als Helfer, Berater und Fachexperten sehen wollen. »Die Unternehmen haben den klaren Auftrag, an der politischen Meinungsbildung mitzuwirken. Darin unterscheiden sie sich nicht von anderen gesellschaftlichen Gruppen«, behauptet Hogrefe des Weiteren.[72]

Da hat er recht, denn es ist gute demokratische Gepflogenheit, dass die Interessen bestimmter Gruppen gehört werden. Allerdings gibt es dafür ganz offizielle Wege. Zum einen bekommen die Abgeordneten des Bundestags regelmäßig zu allen gesetzgeberischen Vorhaben die Positionspapiere und Stellungnahmen von nahezu allen Unternehmen, Verbänden und sonstigen Interessenvertretungen zugeschickt oder persönlich ausgehändigt. Zum anderen sind da die zahlreichen Fachausschüsse, die sich mit bestimmten Themen befassen und in denen auch die Vertreter der betroffenen Verbände und Interessengruppen angehört werden. Zwar ist die Zahl der Experten, die als Referenten eingeladen werden dürfen, begrenzt. Sollten Bundestagsmitglieder jedoch Bedarf an zusätzlichen Informationen haben, steht es ihnen jederzeit frei, zum Beispiel über ihre Fraktion, ihre Arbeitsgruppe, ihre Landesgruppe, allein oder mit anderen Fraktionen zusammen »Fachgespräche« durchzuführen. Dort können weitere Experten angehört werden. Es besteht also eigentlich kein vernünftiger Grund, Bundestagsabgeordnete zum Essen in ein exklusives Restaurant oder in die konzerneigene Hospitality-Loge etwa bei einer Fußballweltmeisterschaft einzuladen.

Überhaupt wird die Notwendigkeit eines solch intensiven Lobbyings bei den Parlamentariern immer fragwürdiger. Die Consultingfirma StrategyOne hat nämlich herausgefunden, dass deren Mitarbeiter, die den Löwenanteil der Arbeit erledigen, ihre Recherchen zu 98 Prozent online betreiben. 44 Prozent informieren sich im Internet über die Positionen von Verbänden, NGOs und Unternehmen, und 24 Prozent haben sogar ihre Position anhand von solchen Information aus dem Internet verändert.[73] Der Austausch von Ideen scheint also über eine nachvollziehbare, öffentliche Ebene laufen zu können.

Wie aber sieht es in den Ministerien aus, wo die eigentliche Macht sitzt? An diesen Schaltstellen sind die Lobbyisten besonders aktiv. Außerdem haben viele Unternehmen ihre Mitarbeiter gleich vor Ort untergebracht. Eine überaus praktische Regelung, weil sie die Informationswege nicht nur verkürzt, sondern weil man sich auf diese Weise auch viel direkter, teilweise ganz direkt, in den Gesetzgebungsprozess einbringen kann. In einem Bericht des Bundesrechnungshofs aus dem Jahr 2008 zu dieser Praxis heißt es: »Externe Beschäftigte waren auch in Tätigkeitsfeldern eingesetzt, die hinsichtlich ihrer politischen Bedeutung, ihres Zugangs zu internen Informationen oder ihrer Nähe zu den Interessenschwerpunkten der entsendenden Stelle eine herausgehobene Position hatten. Sie waren auch an der Erarbeitung von Gesetzes-/Verordnungsentwürfen, sonstigen Regelungen, an Vergabeverfahren und an Leitungsvorlagen beteiligt, außerdem wirkten sie bei der Außenvertretung der Bundesregierung mit; in wenigen Einzelfällen wurden zeitweilig Führungsfunktionen wahrgenommen. In diesen Bereichen waren besondere Einflussmöglichkeiten mit erheblicher Tragweite erkennbar, die nach Auffassung des Bundesrechnungshofs auf ein erhöhtes Risikopotenzial hinweisen.«[74]

Der Bundesrechnungshof hat daraufhin einen Katalog von zehn Punkten empfohlen, um Transparenz und Kontrolle bei dieser Praxis einzuführen.[75] Laut LobbyControl ist die Zahl der Beschäftigten von Verbänden und Unternehmen in den Ministerien seitdem stark rückläufig.[76]

Diesen Tausenden von Profit-Lobbyisten steht ein relativ kleiner Kreis von Personen gegenüber, die die tatsächlichen Entscheidungen beeinflussen und treffen. Im Bund sind es der Bundeskanzler oder die Bundeskanzlerin, die Minister, Staatssekretäre, die höchsten Beamten in den Ministerien sowie Fraktionsvorstand und Ausschussberichterstatter der Fraktionen im Bundestag. Insider sprechen von 55 bis 60 Bundestagsabgeordneten, die Entscheidungsmacht haben. Die restlichen rund 550 haben kaum Einfluss auf Gesetzesinhalte. Auch in der Opposition werden die Spitzenpolitiker der Parteien von der Wirtschaft gepflegt, da sie jederzeit die Regierung stellen könnten. In den Ländern sind es die Regierungsmitglieder, da sie durch den Bundesrat den Bundestag und die Bundesregierung in bestimmten Fällen ausbremsen können.

Wenn der Markt die Welt beherrscht, wie die Neoliberalen behaupten, dann beherrscht er auch die Bundesrepublik. Und da die internationalen Konzerne und Finanzinstitutionen den Markt beherrschen, ist die Lage der Politik eindeutig: Sie kann sich nur dem Primat der Wirtschaft unterordnen.

In welchen Dimensionen diese umfassende Austauschbeziehung zwischen Politik und Wirtschaft entlohnt wird, lässt sich kaum einschätzen. Es bleibt ja nicht bei Spenden und Sponsoring – hinzu kommt die Aussicht auf hoch dotierte Managerposten nach der Karriere in der Politik, ganz zu schweigen von den zahllosen Zuwendungen für erwiesenes Entgegenkommen. Ein paar dieser Aufmerksamkeiten gerieten in die Schlagzeilen, aber das ist lediglich die Spitze des Eisbergs gewesen.

Und die Bürger? Sie werden von der politischen Klasse nur als ein störender Faktor bei diesem Geschäft empfunden. Lästig mit ihrem Anspruch auf Gemeinwohl, Gerechtigkeit und Transparenz – nicht bereit, die Rolle eines Konsumenten im politischen Prozess zu akzeptieren. Nützlich nur, um alle paar Jahre ihre Stimme abzugeben.

Doch so einfach ist es nicht. Die Parteien müssen aufpassen, dass sie die Wähler nicht so weit verprellen, dass sie eine andere Partei wählen, da Stimmverlust Machtverlust bedeutet, und daraus resultiert Umsatzverlust. Dieses Axiom wurde neulich bei der Kehrtwende der Union und FDP bei ihrer Atompolitik belegt. Über sinkende Wahlbeteiligung hingegen macht sich die Politik keine Sorgen. Das ist für sie moralischer Schnickschnack. Wichtig ist jedoch die Verteilung der Stimmen – mindestens die, die es noch gibt, denn daraus resultiert finanzielle und politische Macht.

Die Abnahme der Beteiligung des Volkes an den politischen Prozessen bei gleichzeitig zunehmendem Einfluss von Wirtschaft und Lobbyisten hat den Unternehmen und ihren Managern inzwischen einen Anteil an der politischen Macht eingeräumt, der mit einer repräsentativen Demokratie nicht vereinbar ist.

Dass solch unheilige Allianzen nicht gar zu deutlich ins Auge springen, dazu tragen nicht zuletzt die Medien bei. Die Massenmedien mit ihren Nachrichten und politischen Sendungen haben praktisch ein Meinungsmonopol inne. Da sie für die meisten Leute die wichtigste oder einzige Informationsquelle darstellen, sind sie ein integraler Teil der repräsentativen Demokratie. Der britische Medienforscher Justin Lewis folgert: »Die Rolle der Nachrichtenmedien ist von entscheidender Wichtigkeit für den politischen Prozess. Für die meisten Menschen stellen sie die hauptsächliche Informationsquelle über die Ereignisse in aller Welt dar. Sie erzählen uns, was geschieht und wer was tut. Auch unser Wahlverhalten und unsere Reaktion auf Meinungsumfragen werden durch sie beeinflusst. Folglich hängt die Qualität einer Demokratie davon ab, mit welchen Informationen uns die Medien versorgen.«[77]

Wenn die Qualität der Demokratie von der Qualität der Medien abhängt, dann haben wir ernsthafte Probleme. John Reith, der erste Director-General of the British Broadcasting Corporation (BBC), definierte die Aufgabe seines Radiosenders im Jahr 1927 als »to inform, educate and entertain« (zu informieren, bilden und unterhalten). Mit wenigen Ausnahmen kann man für Deutschland sagen, dass die ersten zwei Kategorien entfallen sind. In den säkularisierten westlichen Demokratien ist nicht länger die Religion das Opiat der Völker, sondern die Medien.

Die privaten Medienimperien sind nichts anderes als profitorientierte Konzerne. Sie liegen in den Händen weniger Unternehmen, da der Konzentrationsprozess der bundesdeutschen Medien fortschreitet. Die Eigentümer und Manager der privaten Medien stehen vielleicht in Konkurrenz, aber ihre Mentalität ist ähnlich. Sie unterscheiden sich kaum von ihren Pendants in den anderen Wirtschaftsbranchen bezüglich Einflussnahme und Korrumpierung der Politik, um ihre Interessen durchzusetzen. Es geht ihnen um die Vorteile, die die Politik ihnen verschaffen kann, um damit ihre Rendite auf Kosten und zum Nachteil der Mehrheit zu steigern.

Während die Medienmogule und ihre Manager auf Augenhöhe mit der Politik stehen, sind die Verwalter der öffentlich-rechtlichen Sender die Handlanger der Politik. Doch beide Branchen der Massenmedien in der Bundesrepublik haben etwas, das die Politik begehrt: Publizität. Wer in der Politik etwas werden will, muss in den Medien präsent sein. Politiker wissen von ihrer Abhängigkeit von den Medien. Zwar kann man es sich gelegentlich leisten, gewisse Medien zu boykottieren, wie Helmut Kohl es mit dem *Spiegel* getan hat, doch das sind Ausnahmen. In der Regel werden Karrieren nur mit entsprechender medialer Unterstützung gemacht, wofür der Fall von Guttenberg als hervorragendes Beispiel dient.

Journalisten lassen sich zunehmend zum Dienstleister degradieren und sind zum kommerziellen Förderband für Propaganda und Konsumgüter aller Art geworden. Wie aber soll eine Demokratie funktionieren, wenn die Journalisten sich ihre Inhalte von Großkonzernen und Politikern vorschreiben lassen, sich freiwillig gleichschalten und dabei auf die Rolle verzichten, die ihnen eigentlich zukäme? Die Kontrolle des Staates durch die vierte Gewalt kann so nur auf der Strecke bleiben.

Die Verzahnung zwischen Politik, Wirtschaft und Medien wird immer enger. Zu offensichtlich ist inzwischen, wie stark sich das politische System dem Imperativ des Geldes unterwirft und sich aus seiner Verantwortung für die Bürger schleicht. Die Zivilgesellschaft löst sich auf. Man muss nur den Fernseher oder das Radio anmachen oder eine Zeitung aufschlagen. In den Meldungen und Reportagen ist das politische Subjekt verschwunden. Viele Bürger fühlen sich nicht mehr in der Lage, sich in die Politik einzubringen oder Gehör zu finden, und ziehen ihre Konsequenzen, indem sie den politischen Prozess in Resignation verlassen.

Diese gegensätzlichen Entwicklungen, die Konzentration der politischen Macht in immer weniger Händen und eine abnehmende Partizipation des Volkes, resultieren in einer Machtverschiebung und Aushöhlung der repräsentativen Demokratie.

Ein freier Markt für Wölfe führt
zu einem Gemetzel unter den Lämmern.[78]
– Bill Moyers

Bestechung kann nur wirklich
funktionieren, wenn sie weit verbreitet
und als gängige Praxis akzeptiert ist,
ohne dass die Empfänger
in Misskredit geraten.[79]
– Lewis Namier

Kapitel 2

DIE POLITIK-AG

Die Wahrnehmung von Politikern als Staatsmänner oder -frauen, als Respektspersonen oder Ideale, gehört heute für den Großteil der Bevölkerung in der Bundesrepublik zur Vergangenheit. Das liegt nicht nur daran, dass nach dem Kaiser- und Dritten Reich die Deutschen sich zunehmend von ihrer Autoritätsgehorsamkeit emanzipierten. Sie hatten sich ab dem Ende der Sechzigerjahre und durch die Siebziger- und Achtzigerjahre einen hohen Grad an politischem Selbstbewusstsein errungen. Verschwunden sind der unverdiente Respekt und das Vertrauen, die die ehrerbietige, postfaschistische deutsche Bevölkerung zunächst ihrem reinkarnierten Obrigkeitsstaat und seiner politischen Klasse entgegenbrachte. Dieser Prozess hat sich bei der

Bevölkerung der ehemaligen DDR ähnlich entwickelt, eine Einstellung, die sich bei ihnen als Bürger der Bundesrepublik fortschreibt.

Die letzte Umfrage vom Institut für Demoskopie Allensbach im Februar 2011 zeigte, dass kaum sechs Prozent der befragten Deutschen den Politikerberuf als einen der Berufe, den sie am meisten schätzen oder vor dem sie am meisten Achtung haben,[80] auswählten.

Allerdings braucht man für diese Erkenntnis Allensbach nicht. Wer Augen und Ohren aufsperrt, sieht und hört es. Welche Jugendlichen würden schon Helmut Kohl, Gerhard Schröder oder Angela Merkel als Vorbilder nennen? Das war einmal anders. Bei der ersten Allensbach-Erhebung im März 1966, Ludwig Erhards glücklose Kanzlerschaft näherte sich ihrem Ende, brachten es Adenauers Erben immerhin auf 15 Prozent. Bei der zweiten und dritten Erhebung passierte dann Erstaunliches: Bis August 1972 stiegen die Werte der Politiker auf 27 Prozent. Es waren die Jahre von Willy Brandt.

Was war es, das insbesondere dieser Mann und seine Partei ausstrahlten? Die Verheißung von mehr sozialer Gleichheit und Gerechtigkeit, von materiellen Verbesserungen. Das Versprechen, dass es der jungen Generation besser gehen sollte. Brandt und die SPD, die erstmals 1969 zusammen mit Walter Scheels FDP die Regierung stellte, hatten zwar keine egalitäre Gesellschaft im Angebot, jedoch boten sie ein sicheres soziales Netz und Lebensperspektiven. Dazu gehörte unter anderem der Versuch, die Einkommens- und Vermögensverteilung gerechter zu gestalten, ferner das Ausbildungsförderungsgesetz, um Kindern aus Arbeiterkreisen den Zugang zu den Universitäten zu erleichtern. Doch auch die Besserverdienenden in der wachsenden Mittelschicht profitierten von den sozial-liberalen Reformwerken, und die Reichen wurden, entgegen allen Warnungen vor dem

»sozialistischen Experiment«, keinesfalls enteignet. Nein, sie durften sich sogar weiter bereichern.

Außerdem führten Brandt und seine Mitstreiter die Bundesrepublik auch ideologisch ins 20. Jahrhundert. Es war eine Zeit der Reformen, die mit den Regierungen Adenauer, Erhard und des früheren NSDAP-Mitglieds Kiesinger (der mit den Stimmen der SPD zum Bundeskanzler gewählt worden war) brach. Es war der Versuch, sich von der vorhergehenden Politik des Klassen-Paternalismus, der nichts anderes als eine abgemilderte Form des Absolutismus des 19. Jahrhunderts war, freizustemmen. Brandt wollte mit Reformen einen inneren und äußeren Frieden herbeiführen. Reform war übrigens ein Begriff, der damals für demokratischen Fortschritt stand und nicht reaktionäre Wirtschafts- und Sozialpolitik bezeichnete.

Leider war Brandt seiner Generation gedanklich verbunden. Er konnte den politischen Paternalismus nicht abschütteln, auch wenn seine Version viel sozialer war. Statt von oben die Appelle »Mehr Demokratie wagen« von sich zu geben, hätte es »Ein Recht auf mehr Demokratie« oder sogar »Nehmt selber die Demokratie in der Hand« heißen müssen. Doch die SPD damals konnte ihre wilhelminischen Ursprünge nicht abschütteln – wie auch heute. Der Radikalenerlass war mehr als nur ein bloßer Makel jener Regierung, was in der verklärten Diskussion um die Kanzlerzeit Brandts gerne verdrängt wird.

Brandt und seine Mitstreiter hinterließen trotz der vielen Reformen leider kein demokratisches Vermächtnis, sondern den ehemaligen Wehrmachtoffizier Helmut Schmidt als Bundeskanzler. Die Sozialdemokraten haben in diesen Jahren das getan, was immer wieder ihre Geschichte prägte – eine historische Chance vertan.

Die alten Mechanismen des autoritären Staates verloren langsam, aber stetig ihre Kraft. Es war ausgerechnet Helmut Schmidt, der dem Demokratiebewusstsein in der Bundesrepublik einen ungeahnten Aufschwung verschaffte. Unbeabsichtigt sorgten seine sture Befürwortung der Atomenergie und der umstrittenen Nachrüstung sowie sein mangelhaftes Gespür im Umgang mit der Jugend – wozu auch die exzessiv repressive Politik gegenüber der RAF gezählt werden muss – dafür, dass sich überall im Land basisdemokratische Initiativen bildeten, die nicht einverstanden waren mit einer bürgerfernen Politik und ein Recht auf mehr Demokratie in den folgenden Jahrzehnten selbst durchsetzten. Das politische Establishment blieb bei diesem Aufbruch außen vor.

Bei der nächsten Allensbacher Erhebung im Oktober 1975, während der Kanzlerschaft von Schmidt, begann der lange Niedergang des Rufs der Politiker. Davon konnten sich die Bonner und später die Berliner Akteure nicht mehr erholen, selbst im Taumel der deutschen Einheit nicht. Vielmehr ging es stets weiter abwärts mit ihrem Ruf – bis Schröder, Merkel, Fischer, Westerwelle, Guttenberg und ihre Helfer und Helfershelfer dem Ansehen der Politikerzunft den Todesstoß versetzten.

Die Politikverdrossenheit vieler Deutscher geht allerdings weit über eine Unzufriedenheit mit dem politischen Alltag hinaus, ist mehr als nur eine aktuelle unartikulierte Missfallensanmutung. Ihre Wurzeln reichen tiefer. Es ist eine Ablehnung der Parteiendemokratie.

Was die politische Klasse nicht offen zugeben wird, ist die Tatsache, dass in der Bundesrepublik kaum noch gewählt, sondern abgewählt wird, und dass die Wahlen durch Protest- und Nichtwähler entschieden werden. Wobei das Problem bleibt, dass auch die Neuen es, von geringfügigen Variationen abgesehen, nicht recht viel anders machen als die Alten, denn die Unterschiede zwischen den Parteien sind heute eher kosmetischer Natur – trotz der schier unüberschaubaren Flut von politischen

Leitartikeln und Rundfunk- oder Fernsehkommentaren, die ein lebendiges politisches Geschehen suggerieren. Wie aber konnte es so weit kommen, dass das Ansehen der politischen Klasse auf einen solchen Nullpunkt gesunken ist? Dass aus Achtung erst Missachtung, dann Verachtung und schließlich Gleichgültigkeit wurde?

Als Kardinalfehler muss zweifellos die Abkehr von demokratischen Prinzipien, ja sogar vom System der repräsentativen Demokratie gelten. Heutzutage werden politische Entscheidungen zunehmend innerhalb eines kleinen Kreises und zudem unter Wahrung persönlicher Interessen und finanzieller Vorteile ausgehandelt. Von sich selbst reproduzierenden inneren Eliten spricht der britische Soziologe Colin Crouch, wenn er die klassischen Parteien des 21. Jahrhunderts definiert, und attestiert ihnen einerseits Basisferne und andererseits eine enge Verzahnung mit einer Vielzahl von Unternehmen und Interessenverbänden, »die wiederum die Mittel bereitstellen, mit der die Partei externe Dienstleister für Meinungsumfragen, Politikberatung und Wahlkampagnen bezahlt; im Gegenzug wird die Partei sich diesen Unternehmen erkenntlich zeigen, sobald sie die Macht erlangt«[81].

Wie ein Spinnennetz kommt einem dieses komplizierte Geflecht bisweilen vor, an dessen Vergrößerung unermüdlich Tausende Mitglieder der politischen Klasse arbeiten – und die ihrer Geschäftspartner in der Wirtschaft. So etwas nennt man hierzulande Filz oder Seilschaft, doch im Grunde ist es institutionalisierte Korruption. Auch wenn man beiderseits um Geheimhaltung bemüht ist, hinterlassen solche Machenschaften Spuren – Spuren, die man verfolgen kann.

Doch lassen Sie uns in die Niederungen der politischen Klasse hinabsteigen und den Zusammenhängen dieses Filzes auf den Grund gehen. Es ist zwar ein unangenehmer Weg, der uns durch einen Augiasstall führt, doch unentbehrlich, um die Zusammenhänge und Ausmaße zu erkennen. Und auch wenn ich nur eine sehr geringe Auswahl der vielen Beispiele anführe, wird klar, dass es hier keinesfalls um ein paar schwarze Schafe geht, sondern um eine riesige Herde.

Beginnen wir etwa mit dem Beispiel von Mitgliedern der rotgrünen Bundesregierung, die im Jahr 2005 aus dem Amt schied. Was machen sie heute?

Gerhard Schröder sorgte bei seinem Abschied als Bundeskanzler für einen Eklat, als herauskam, dass seine Regierung nach der Wahlniederlage, aber noch vor dem Ende seiner Amtszeit einen Kredit mit staatlicher Bürgschaft von rund einer Milliarde Euro an die Nord Stream AG, an welcher der russische Energiekonzern Gazprom mit 51 Prozent beteiligt ist, vergab. Nord Stream baut die Ostsee-Erdgas-Pipeline. Schröder, der sich bereits als Kanzler energisch für das Projekt eingesetzt hatte, behauptete, als die Affäre an die Öffentlichkeit drang, von der Bürgschaft keine Kenntnis gehabt zu haben. Eine typische Politikerausrede.

Am 22. November 2005 endete Schröders Amtszeit, und bereits im Dezember wurde er beinahe nahtlos zum Verwaltungsratsvorsitzenden der Nord Stream AG ernannt. Interessanterweise von Gazprom als einer ihrer vier Vertreter, und nicht von den beteiligten deutschen Firmen. Angesichts wachsender Kritik in der Öffentlichkeit entstand Handlungsbedarf. Doch der Exkanzler trat nicht etwa von seinem Verwaltungsratsposten (geschätztes Jahresgehalt 250.000 Euro[82]) zurück, sondern Gazprom verzichtete auf die Bürgschaft. Bei den damaligen hohen Ölpreisen kein nennenswertes Opfer.

Aber Gerhard Schröder hatte noch andere Eisen im Feuer – ihm konnte es offensichtlich mit dem Einstreichen von hohen Salären nicht schnell genug gehen. Zwei Tage nach seinem Abschied vom Kanzleramt, wahrscheinlich eine Rekordgeschwindigkeit, gab die Schweizer Verlagsgruppe Ringier bekannt, sie habe Schröder als »Berater für Fragen der internationalen Politik«[83] ins Boot geholt. Was man von ihm erwartete, daraus machte Firmenchef Michael Ringier keinen Hehl: Schröder solle als »Türöffner« dienen. Ähnliches schwebte offensichtlich der Investmentbank Rothschild vor, die ihn ebenfalls als Berater verpflichtete. Damit nicht genug, bot man ihm auch einen Platz im Direktorium des russisch-britischen Ölkonzerns TNK-BP an.

Einen ebenso dubiosen wie aufschlussreichen Coup landete Schröder, als er nach der Wahlniederlage die Rechte an seiner Autobiografie *Entscheidungen – Mein Leben in der Politik* an den Finanzdienstleister Carsten Maschmeyer abtrat, laut *Spiegel* für rund eine Million Euro.[84] Dieser wiederum musste dann einen Verlag finden, der ihm den Betrag refinanzierte. Die Einführung der steuerlich geförderten Privatrente und die Liberalisierung der Finanzmärkte durch Schröders Regierungen bedeuteten für Maschmeyers Konzern AWD immense Steigerungen von Umsätzen und Gewinnen.

Vor seinem Abschied aus dem Kanzleramt erklärte Schröder der Wochenzeitung *Die Zeit*: »Ich bleibe ein politischer Mensch.«[85] Das tut er in der Tat, und er ist kein Heuchler dabei. Unter Politik verstehen Schröder sowie ein Großteil der politischen Klasse anscheinend auch, ihre eigenen Interessen vor jene des Gemeinwohls zu stellen. Andere verkaufen Schuhe oder Computer, und Politiker wie Schröder scheinen neben Beratungsleistungen auch Einfluss und Vorteile in Staatsangelegenheiten feilzubieten.

Und was ist aus Schröders Mitstreitern geworden? Superminister Wolfgang Clement, verantwortlich für Wirtschaft und Arbeit, ist inzwischen zum Superverdiener geworden. Er hat sieben Aufsichtsratsposten inne. Besonders einer, bei der RWE

Power AG (Jahresaufwandsentschädigung 20.000 Euro[86]), verursachte Verärgerung in Clements Stammland Nordrhein-Westfalen, wo die von ihm geführte SPD-Regierung seinerzeit die Genehmigung des umstrittenen Braunkohletagebaus Garzweiler II maßgeblich zu verantworten hatte. Garzweiler II gehört der RWE Power AG.

Auch auf die Zeitarbeitsbranche griff Clement zurück. Kaum ein halbes Jahr nach seinem Ausscheiden aus der Bundesregierung saß er im Aufsichtsrat der Firma DIS Deutscher Industrie Service AG (Jahresgesamtbezug rund 15.000 Euro[87]), hinter der die Adecco-Gruppe steht. Als Bundesarbeitsminister hatte Clement sich für weitreichende Arbeitsmarktreformen zugunsten der Zeitarbeitsunternehmen eingesetzt. Doch nicht genug des Guten, er wurde außerdem zum Vorsitzenden des 2006 gegründeten »Adecco Institute« ernannt. Neben seinen diversen Aufsichtsratsposten gehört Clement verschiedenen Beiräten an oder tritt als Berater in Erscheinung. Darüber hinaus bewegt er sich immer wieder in neoliberalen Kampftruppen wie »Konvent für Deutschland«, »Frankfurter Zukunftsrat« und »Initiative Neue Soziale Marktwirtschaft«. Sein Geschäft ist die Entfesselung des Big Business, sicherlich nicht zum Nachteil für jene, die ihn anheuern.

Clements Vorgänger im Bundesministerium für Wirtschaft und Technologie, Werner Müller, konnte seine Politikerkarriere ebenfalls versilbern. Als Minister hatte der ehemalige RWE-Manager die ambitiösen Pläne der Grünen für einen noch früheren Atomausstieg erfolgreich verhindert. 2002, kurz vor Ende der Legislaturperiode, machte er erneut von sich reden, als das Bundeskartellamt und die Monopolkommission die Übernahme der Ruhrgas AG durch den Energieriesen E.ON ablehnten, weil sie darin eine Gefahr für den freien Wettbewerb sahen. Weil Müller aufgrund einer früheren Tätigkeit für die Veba – aus der später E.ON hervorging – den Wettbewerbshütern als befangen galt, beauftragte der Minister einfach seinen Staatssekretär Alfred Tacke damit, sich der Sache anzunehmen. Also erteilte dieser anstelle seines Chefs die Erlaubnis für eine Übernahme – trotz der Einwände der beiden Bundesgremien.

Und so ging es weiter: Müller wurde kurz nach dem Ende von Rot-Grün zum Vorstandsvorsitzenden der Ruhrkohle AG ernannt, an der der Atomenergiegigant E.ON eine beträchtliche Beteiligung hielt, und bekam den gleichen Posten, als die Ruhrkohle sich später zur Evonik Industries AG wandelte. Auch für Tacke gab es eindeutige Vorteile. Ein Jahr nach der fragwürdigen Übernahmeerlaubnis für E.ON holte Müller seinen ehemaligen Staatssekretär als Vorstandsvorsitzenden zur hundertprozentigen Ruhrkohle-Tochter STEAG. 2008 dann wurde Tacke neben Müller ebenfalls in den Vorstand der Evonik Industries AG berufen. Sie blieben nur ein Jahr, doch es war ein wahrlich vergoldetes Dankeschön. Zuzüglich zu ihren Anteilen an den Gesamtbezügen von 20 Millionen Euro für die sieben Vorstandsmitglieder gab es weitere »Bezüge aus Anlass der Beendigung von Arbeitsverhältnissen«[88] für die vier ausscheidenden Vorstandsmitglieder, insgesamt 7,7 Millionen.

Müller, der Mann fürs Grobe, wurde 2005 zusätzlich zu seinen Verpflichtungen im Energiebereich von Hartmut Mehdorn als Aufsichtsratsvorsitzender der Deutschen Bahn AG angeheuert, um dem in Bedrängnis geratenen Bahnchef Flankenschutz zu leisten und den Börsengang durchzusetzen. Was bekanntermaßen danebenging, denn gemeinsam verbockten sie die Privatisierung. Trotz dieses Misserfolgs und zahlloser Skandale, mit denen die Bahn seitdem von sich reden machte, blieb Werner Müller bis Juli 2010 auf diesem lukrativen Posten. Seine Bezüge? Für 2008 waren es 93.000 Euro und im Jahr darauf 64.000 Euro.[89]

Schröders Innenminister Otto Schily bietet ein ähnliches Bild wie seine Kabinettskollegen. Nach der Niederlage von Rot-Grün wechselte er von der Regierungsbank ins Parlament, wo er dadurch auffiel, dass er die neue Transparenzregeln für Bundesparlamentarier juristisch anfocht. Unter Bezugnahme auf seine anwaltliche Verpflichtung zur Verschwiegenheit lehnte er es ab, selbst in anonymisierter Form seine Nebentätigkeiten offenzulegen.

Allerdings hatte er allen Grund, seine Nebentätigkeiten nicht von sich aus offenzulegen. Allein im Jahr 2007 soll er für Anwaltsleistungen rund 140.000 Euro Beraterhonorar von Siemens kassiert haben. Daneben saß der ehemalige RAF-Verteidiger und Fürsprecher der APO im Aufsichtsrat der Byometric Systems AG und wurde Aufsichtsratsvorsitzender[90] und Anteilsinhaber der SAFE ID Solutions AG. Beide Firmen gehören der Biometrie-Branche an. Schily hatte seinerzeit als zuständiger Bundesminister das Programm für Reisepässe mit biometrischen Merkmalen eingeführt – zur Verschärfung der Kontrollmöglichkeiten. Ein erstaunlicher Wandel. Wie nicht selten, wenn Politiker Unternehmer werden, meldete SAFE ID Solutions AG jedoch im März 2011 Insolvenz an.[91]

Unter den Profiteuren befindet sich auch Walter Riester von der SPD. Bis 2002 Bundesminister für Arbeit und Sozialordnung im ersten Kabinett von Gerhard Schröder, hat er die Branche der deutschen Finanzdienstleister durch Einführung der nach ihm benannten und fragwürdigen Zusatzrente mit Milliardenumsätzen bereichert. Das machte ihn nach seinem Ausscheiden aus der Regierung zu einem gefragten Mann, der als Referent vom einen dieser Dienstleister zum nächsten weitergereicht wurde. Obwohl er nach wie vor dem Parlament angehörte. Für seine letzte Legislaturperiode (2005 bis 2009) beispielsweise sind an die 70 besoldete Werbe-Auftritte nachweisbar, mit einem Wert von mindestens um die 400.000 Euro, wahrscheinlich in Wirklichkeit weitaus höher. Kaum hatte er das Parlament verlassen, ergatterte er gleich im Oktober 2009 sein erstes Pöstchen als Aufsichtsratsmitglied bei der Union Asset Management Holding,[92] die selbstredend auch die Riester-Rente vermarktet.

Der Vollständigkeit halber sei in diesem Zusammenhang erwähnt, dass es ähnlich bei Bert Rürup verlief. Der Wirtschaftsprofessor, SPD-Mitglied und Namensgeber einer angeblich unabhängigen Schröder-Kommission, die ein staatlich gefördertes Rentenmodell erarbeitete, gab 2009 die Wissenschaft auf, um – wen überrascht es noch – für einen der größten deutschen Finanzdienstleister und Nutznießer der neuen Renten tätig zu werden. Es handelte sich um die AWD, mit deren ehemaligem Chef Carsten Maschmeyer er inzwischen eine Beratungsfirma, die MaschmeyerRürup AG betreibt. Auch Schröders ehemaliger Regierungssprecher und Chef des Bundespresseamtes, Béla Anda, fand eine hoch dotierte Stelle bei AWD. Der Kreis schließt sich, wenn man sich erinnert, dass es ebendieser Maschmeyer war, dem Exkanzler Schröder die Rechte an seiner Autobiografie verkaufte. Walter Riester ist übrigens in der Zwischenzeit in der MaschmeyerRürup AG als Berater tätig.[93]

Die Liste solch lukrativer Seitenwechsel aus Schröders Regierungsmannschaften ließe sich beliebig fortsetzen. Franz Walter, Politikwissenschaftler und SPD-Mann, hat diesen Wechslern einen treffenden Namen verpasst – »sozialdemokratischen Staatsadel« nennt er sie und charakterisiert sie als Leute, die sich »durch Netzwerke und Patronagen gezielt die Karrierewege« sichern und politisch zunehmend die »eigenen, elitären Interessen« vertreten.[94]

Es geht nicht darum, dass Politiker nach dem Ende ihrer Regierungs- oder Parlamentstätigkeit nicht nach anderen Aufgaben Ausschau halten dürfen. Sollen sie, auch für gutes Geld. Doch ausgerechnet bei Unternehmen, denen sie als Entscheidungsträger beeindruckende finanzielle Vorteile verschafft haben? Außerdem haben ehemalige Minister besonders gut funktionierende Netzwerke in den Ministerien, die sie früher geleitet haben und deren Stellen sie zum Teil mit Personal besetzt haben. Netzwerke, die den Zugang zu privilegierten Informationen und Einfluss ermöglichen.

Heute ist es kaum noch zu glauben, dass vor rund zehn Jahren ein Aufschrei der Empörung durch die Bundesrepublik ging, als der FDP-Politiker und frühere Bundeswirtschaftsminister Martin Bangemann eine Stelle beim spanischen Telefónica-Konzern annahm. Und zwar kurz nach seinem Ausscheiden aus der EU-Kommission, wo er maßgeblich die Liberalisierung der Telefonmärkte in Europa vorangetrieben hatte. Nach seinem Wechsel zu Telefónica leitete die EU sogar ein gerichtliches Verfahren gegen ihn ein, da sie in Bangemanns Verhalten einen Verstoß gegen eine geltende Vorschrift sah, dass nämlich die Mitglieder der Kommission »bei der Aufnahme ihrer Tätigkeit die feierliche Verpflichtung« übernehmen mussten, »während der Ausübung und nach Ablauf ihrer Amtstätigkeit die sich aus ihrem Amt ergebenden Pflichten zu erfüllen, insbesondere die Pflicht, bei der Annahme gewisser Tätigkeiten oder Vorteile nach Ablauf dieser Tätigkeit ehrenhaft und zurückhaltend zu sein«. Ich frage mich außerdem, wer heute die Begriffe »ehrenhaft« und »zurückhaltend« in Zusammenhang mit der deutschen politischen Klasse bringen würde?

Und die Grünen aus Schröders Mannschaft? Ihnen kann man kaum den Vorwurf machen, sie hätten Energieversorgern, Banken und Automobilherstellern zugearbeitet und ihnen finanzielle Vorteile verschafft. Doch in der Zwischenzeit haben auch die Grünen die angenehmen Seiten der Industrie entdeckt. Und sie lernten eines schnell – nämlich wie man sich als grünes Feigenblatt teuer verkaufen kann.

So diente sich der ehemalige Außenminister Joschka Fischer, nach einer gewissen Karenzzeit immerhin, als »Unternehmensberater«[95] unter anderem Firmen wie AKW-Betreiber RWE, BMW und Siemens an. Im September 2010, als sein Marktwert vermutlich nicht mehr auf seinem Höchstwert war, ließ er sich vom Lebensmittelhändler REWE anheuern.[96] Zur Vermarktung seiner Lobbytätigkeit hat er 2009 sogar eine eigene Firma, die Joschka Fischer & Company GmbH, gegründet. Im Jahr 2010 erwirtschaftete sie einen Überschuss von 418.000 Euro.[97]

Die ehemalige Gesundheitsministerin Andrea Fischer konnte offensichtlich den Lockruf der Lobby nicht überhören, und im Jahr 2004, drei Jahre nach ihrem Rücktritt als Ministerin, stieg sie bei der Public-Relations-Agentur »Institut für Organisationskommunikation«[98] als Leiterin des Bereichs Gesundheit und Mitglied der Geschäftsführung ein. Kaum zwei Jahre später stieg sie bei der PR-Agentur Pleon als Partnerin des Managements zur Leiterin für Health Care Practice auf. Die Agentur ist im Bereich Social Marketing tätig, wo sich durch einen kleinen Geldeinsatz große Werbeeffekte erzielen lassen, wie der mit 30.000 Euro dotierte »Aspirin Sozialpreis« des Lipobay-Konzerns Bayer[99] beweist. 2009 schien Fischers Werbewirksamkeits-Verfallsdatum erreicht zu sein. Nicht mehr bei Pleon, dümpelte sie auf dem Markt als Selbstständige vor sich hin, bis sie wieder in der sicheren Versorgung der Politik Zuflucht suchte – als grüne Bürgermeisterkandidatin im Berliner Bezirk Mitte für die Wahlen 2011.

Rezzo Schlauch, parlamentarischer Staatssekretär im Bundeswirtschaftsministerium während der letzten Schröder-Regierung, trat danach nicht mehr als Kandidat für den Bundestag an. Bald gehörte er dem Beirat des Energieversorgers EnBW, deren Strom den größten Anteil an Atomkraft aller deutschen Energieversorger enthält, an. Im Sommer 2010 wechselte er als Berater zum Nürnberger Erdgaslieferanten Goldgas. Unklar ist der

Grund für diese Neuorientierung. Vielleicht gab Geld den Ausschlag, oder aber dass Schlauch potenziellen Schaden für die Grünen bei den Landtagswahlen in Baden-Württemberg im Frühling 2011 vermeiden wollte und deswegen einen unverdächtigeren Arbeitgeber suchte.

Matthias Berninger, von 2001 bis 2005 parlamentarischer Staatssekretär in Renate Künasts Bundesministerium für Verbraucherschutz, Ernährung und Landwirtschaft, den seinerzeit nach eigenem Bekunden die »globale Übergewichtsepidemie« nicht losließ, ging im Februar 2007 als »Director Corporate Health and Nutrition« zum Weltmarktführer bei Schokoladeriegeln, zu Mars. In der Zwischenzeit ist er dort zum »Global Head of Public Policy« aufgestiegen.

Margareta Wolf, ehemalige parlamentarische Staatssekretärin beim Bundesministerium für Umwelt, Naturschutz und Reaktorsicherheit unter Jürgen Trittin, schaffte wie Berninger die Kehrtwende der Werte. Nach der Wahlniederlage von 2005 zunächst einfache Bundestagsabgeordnete, verdingte sie sich zur Aufbesserung ihrer Diät im Jahr 2007 als Beraterin bei der Strategie- und Beratungsagentur Deekeling Arndt Advisors, wo sie unter anderem mit einem PR-Mandat für längere Laufzeiten deutscher Atomkraftwerke betraut wurde. Zunächst offensichtlich mit Erfolg. Anfang 2008 legte Wolf ihr Bundestagsmandat nieder und trat im Juli aus der Partei aus – das Sprungbrett war wohl überflüssig geworden.

Ebenso denkwürdig ist der Fall Marianne Tritz. Zunächst Bundestagsabgeordnete der Grünen, war sie von 2006 bis 2008 Vorstandsreferentin der Fraktionsvorsitzenden ihrer Partei, Renate Künast und Fritz Kuhn, bis sie zu der besser bezahlten Stelle als Geschäftsführerin des Deutschen Zigarettenverbandes wechselte. Zu ihrem Umstieg meinte Tritz: »Natürlich freue ich mich, wenn ich mich nach einem Jobwechsel finanziell verbessere. Ein schlechtes Gewissen habe ich nicht, denn die Verantwortung für seine Gesundheit trägt jeder Raucher selbst.«[100] Ein Vorgeschmack auf die künftige Sozialpolitik der Grünen?

Wo ist sie nur geblieben, die schöne neue Welt, die Sozialdemokraten und Grüne einst versprochen haben?

Diese Seitenwechsel sind keine Anomalien in der Politik, sondern Alltag. Ihr Tempo nimmt immer weiter zu. Man denke nur an Roland Koch, der im August 2010, kaum als hessischer Ministerpräsident zurückgetreten, zum Vorstandsvorsitzenden des Baukonzerns Bilfinger Berger ernannt wurde. Sicherlich eine gute strategische Entscheidung seitens des Konzerns, denn die Auftragsvergabe des Flughafens Frankfurt für den Bau der neuen Landebahn Nordwest und andere Bauprojekte stehen an. Anteilseigner der Flughafengesellschaft Fraport AG sind das Land Hessen, die Stadt Frankfurt und die Bundesrepublik – alle drei geführt von Kochs CDU.

Anfang 2011 gab Leo Dautzenberg, CDU-Finanzsprecher im Bundestag und Mitglied im CDU/CSU-Fraktionsvorstand, sein politisches Mandat auf, um Leiter der Konzernabteilung Public Affairs, also Cheflobbyist, des Industriekonzerns Evonik zu werden. Ein weiterer prominenter Seitenwechsler der CDU war Ole von Beust. Nachdem er im Juli 2010 seinen Rücktritt als Hamburger Bürgermeister angekündigt hatte, tauchte er Anfang Oktober schon als Senior Advisor der Unternehmensberatung Roland Berger Strategy Consultants auf.

Quer durch alle Parteien lässt sich feststellen, dass die Bereitschaft hoch ist, alles an politischer Erfahrung und nützlichen Verbindungen in der politisch postaktiven Zeit zu vermarkten. Wie offen man mit diesem Thema umgeht, zeigte beispielsweise ein Brief, den die PR-Agentur Pleon im Januar 2007 an verschiedene Medien versandte. Es ging um eine »Einladung zum Dialog«, doch Ziel war der Verkauf von Dienstleistungen: »Unsere profunde Kenntnis wirtschaftlicher, politischer und kommunikativer Zusammenhänge überzeugt unsere Kunden, auf unsere Kompetenz zu vertrauen. Gerne möchten wir Ihnen und Ihrer Redaktion unser Wissen für Ihre Arbeit anbieten.«[101] Als Gewähr, dass keine leeren Versprechungen gemacht wurden, standen da einige aus dem Politikbetrieb wohlbekannte Namen. Allen voran Andrea Fischer als Seniorpartnerin der Agentur, besser bekannt jedoch als ehemalige Bundesgesundheitsministerin der Grünen, daneben Peter Strieder von der SPD, früher Bausenator in Berlin, und Peter Hausmann von der CSU, in der Ära Kohl Sprecher der Bundesregierung und Chef des Bundespresseamts.[102]

Wahrscheinlich ist die Praxis, Politiker anzuwerben, nirgendwo in einem solchen Maße verbreitet wie bei der Deutschen Bahn AG, einem staatlichen Unternehmen. Ich kann mich noch gut an die Nachricht erinnern, als der SPD-Bundestagsabgeordnete Klaus Daubertshäuser 1988 in den Verwaltungsrat (Vorstand) der Deutschen Bundesbahn berufen wurde, denn diese Ernennung kam überraschend. Daubertshäuser, verkehrspolitischer Sprecher seiner Fraktion, galt als vehementer Kritiker der Bahn. Aber offenbar stimmte das Gehalt. Damals war es noch weitgehend normal, dass Politiker zusätzlich zu ihrer generösen Parlamentsdiät mit gut bezahlten Stellen bei Firmen im Besitz der öffentlichen Hand versorgt wurden. Daubertshäuser blieb jahrelang weiter Mitglied des Bundestags. Erst als er 1994 in den Vorstand der neu formierten Deutschen Bahn AG aufstieg, verließ er das Parlament, um sich bei dem Staatsunternehmen künftig ganz um die Bereiche Marketing und politische Beziehungen zu kümmern. Er blieb auch, als 1999 Hartmut Mehdorn durch Gerhard Schröder zum neuen Bahnchef berufen wurde. Mehdorn, der aus dem Vorstand der RWE kam, kannte anscheinend nur ein Ziel: die Privatisierung der Bahn – koste es, was es wolle. Für den Steuerzahler. Um die Privatisierung zu ermöglichen, brauchte Mehdorn zweierlei: gute wirtschaftliche Eckdaten und hervorragende Beziehungen zur Politik. Daubertshäuser war die Schlüsselfigur beim zweiten Bereich. Doch wie eng beides miteinander verwoben war, konnte kaum einer ahnen. Einige Beispiele mögen den Sachverhalt verdeutlichen.

Im Dezember 2002 schloss der damalige Verkehrsminister von Brandenburg, Hartmut Meyer (SPD), einen umstrittenen Zehn-Jahres-Verkehrsvertrag zwischen der Deutschen Bahn AG und seinem Land in Höhe von fast zwei Milliarden Euro ab – ohne Ausschreibung. Neun Monate später legte Meyer »aus persönlichen Gründen« völlig unerwartet sein Ministeramt nieder und tauchte nur wenige Monate später als »politischer Berater« des Bahnvorstands wieder auf, um Lobbying in den Ländern Brandenburg, Mecklenburg-Vorpommern und Berlin zu betreiben – ein Posten, den er bis 2008 innehatte.[103] Der Milliardenvertrag, den er seinerzeit als brandenburgischer Verkehrsminister mit der Bahn schloss, liegt jetzt zur Prüfung bei der Europäischen Kommission.

Jürgen Heyer (SPD), von 1994 bis 2002 Minister für Wohnungswesen, Städtebau und Verkehr in Sachsen-Anhalt, hinterließ einige Skandale.[104] Der wahrscheinlich verheerendste fand Ende Februar 2002 statt. Heyer unterzeichnete im Alleingang einen milliardenschweren »Knebelvertrag« mit der Bahn für den Regionalverkehr seines Landes. Die *Magdeburger Volksstimme* titelte am 28. März: »PDS: Der Heyer-Vertrag ist für die Bahn wie ein Fünfer im Lotto.«[105] Ein Jahr später, inzwischen einfacher Abgeordneter im Landtag, setzte Heyer seinen Namen unter einen weiteren Vertrag. Erneut mit der Bahn, jedoch unter anderen Vorzeichen. Mit seiner Unterschrift sicherte er sich nämlich einen Beraterposten, den er bis 2007 behielt.[106] Zusätzlich wurde Heyer Aufsichtsratsvorsitzender des Fährbetriebs

Scandlines AG, an dem damals die Bahn noch zu 50 Prozent beteiligt war, und der Scandlines Deutschland GmbH.[107] Die Bahn veräußerte ihren Anteil an Scandlines im Juni 2007.[108] Kurz danach war Heyer seine Posten beim Fährunternehmen los.[109] Offensichtlich konnte der neue Eigentümer wenig mit einem abgehalfterten deutschen Politiker anfangen.

Ein weiterer Fall war Otto Wiesheu von der CSU, von 1993 bis 2005 Bayerischer Staatsminister für Wirtschaft, Infrastruktur, Verkehr und Technologie. Im September 2003 handelte er mit der Deutschen Bahn einen für das Staatsunternehmen vorteilhaften Regionalverkehrsvertrag mit einer Laufzeit von zehn Jahren aus. Der Bayer blieb der Bahn verbunden. Bei den Verhandlungen zwischen CDU/CSU und SPD, bei denen es im Herbst 2005 um die Erarbeitung einer Koalitionsvereinbarung ging, leitete Wiesheu die Arbeitsgruppe Verkehrspolitik und setzte sich angeblich nachdrücklich für die Bahnprivatisierung ein. In dieser Zeit wurde überdies unter seiner Ägide der Auftrag für die ertragreiche Regionalstrecke München–Nürnberg ohne Ausschreibung an die Deutsche Bahn AG vergeben. Unmittelbar danach legte Wiesheu sein Ministeramt und sein Abgeordnetenmandat im Landtag nieder und verließ die Politik, um bereits im Januar 2006 die Arbeit als Nachfolger von Klaus Daubertshäuser im Bahnvorstand aufzunehmen. Sein Gehalt für die nächsten Jahre pendelte zwischen einer und 1,6 Millionen Euro.[110] Als er Ende Mai 2009 wegen eines Datenskandals – es ging um das Ausspionieren von Bahnmitarbeitern und -kritikern – seinen Posten aufgeben musste, erhielt er »Bezüge im Zusammenhang mit der vorzeitigen Beendigung der Tätigkeit« von weiteren 2,4 Millionen Euro,[111] um der Bahn bei Bedarf als Berater zur Verfügung zu stehen.

Ein anderes Beispiel solcher Interessenvermengung ist Hans-Dieter Wolkwitz (CDU), ehemals Ministerialdirigent in der Abteilung Verkehr im Thüringer Ministerium für Wirtschaft, Arbeit und Infrastruktur, der wie seine zuvor genannten »Kollegen« ebenfalls einen Vertrag für den Regionalverkehr mit der Bahn aushandelte, der im März 2002 unterzeichnet wurde. Nicht anders als in Brandenburg, Sachsen-Anhalt und Bayern kam man der Bahn entgegen, denn das Land Thüringen verzichtet bis 2012 darauf, dass anfallende Aufträge ausgeschrieben werden mussten. Elf Monate nach der Unterzeichnung ging Wolkwitz in Rente, wurde aber noch im gleichen Jahr, 2003, als politischer Berater von der Deutschen Bahn AG aktiviert und schied erst 2008 aus.[112]

Die Fälle zusammen ergeben ein eindeutiges Muster: erst ein lukrativer Vertrag *für* die, danach eine gut bezahlte Stelle *bei* der Deutschen Bahn. Und das ohne Risiko. Die Deutsche Bahn, ein Unternehmen in öffentlicher Hand, wird von Politikern kontrolliert. Die Staatsanwaltschaft kann sich, wie im Fall Hartmut Meyer geschehen, einschalten, aber sie ist weisungsgebunden – von Politikern. Besser noch, bei den Kosten, die sowohl für die großzügigen Bahnverträge als auch für die großzügigen Gehälter der Seitenwechsler entstehen, handelt es sich ausschließlich um öffentliche Gelder, die keinem Politiker persönlich wehtun. Inzwischen hat zwar im Februar 2011 der Bundesgerichtshof entschieden, dass solch freihändige Vertragsvergaben ohne Wettbewerb nicht zulässig seien. Damit ist dieser Praxis, die so vielen Politikern gut bezahlte Stellen beschert hatte und den Steuerzahler sehr teuer kam, ein Riegel vorgeschoben – zunächst. Doch die Bahn und die Politik sind sehr erfinderisch, besonders wenn Geld die Antriebskraft ist.

Ein Jahr bevor er seinen Vorstandsposten bei der Bahn für Otto Wiesheu räumte, bekam Klaus Daubertshäuser bereits eine neue Aufgabe zugewiesen. 2005 gründete er eine kleine Firma, die »KD Beratungs GmbH« in Wettenberg, einem kleinen Ort in Hessen, wo – so wird vermutet – all jene politischen Lobbyisten zwischengelagert werden sollten, die die Bahn eingekauft hatte. Entfernt aus den Büchern und damit außer Reichweite lästiger Fragen des Bundesrechnungshofs.

Als ich die Bahn nach den Zahlungen an die »KD Beratungs GmbH« fragte, bekam ich von einem Pressesprecher zur Antwort: »Leider ist es mir nicht möglich, Ihnen nähere Angaben dazu zu machen, ob und welche Berater über die ›KD GmbH‹ bezahlt worden sind. Es liegen dazu schlicht und einfach keine Unterlagen bei uns vor. Mit Beginn seiner Tätigkeit als Vorstandsvorsitzender im Mai 2009 hat Dr. Grube den Bereich Politik und Wirtschaft des Unternehmens völlig neu strukturiert und auch einen umfassenden Personalaustausch veranlasst.«[113] Bleibt bloß die Frage, wo die Unterlagen denn sein könnten und warum sie verschwunden sind. Das wäre sicherlich eine interessante Frage für den Bundestag. Doch ob man diesen Sumpf, in den so viele Mitglieder der politischen Klasse verwickelt sind, überhaupt öffentlich zur Schau stellen will?

Die Namen dieser Türöffner, deren hauptsächliche Aufgabe darin bestand und besteht, den Börsengang der Bahn voranzutreiben, sind bekannt.

Zu den wichtigsten Figuren in Mehdorns Task Force zählte etwa Franz-Josef Kniola, ehemaliger SPD-Minister für Stadtentwicklung und Verkehr in Nordrhein-Westfalen, der die vom Bahnchef gewünschte ungeteilte Privatisierung von Streckennetz und Unternehmen unterstützte. Als Vorsitzender einer Arbeitsgruppe des Verkehrsministeriums namens »Zukunft der Schiene« erteilte er im Jahr 2001 anders lautenden Plänen, die das Streckennetz im Besitz der öffentlichen Hand belassen wollten, eine Absage. Kurz danach erschien ein weiterer Bericht, dieses Mal von einer »unabhängigen« Kommission »Zukunft der Bahn«, die dafür plädierte, die Schienen ausschließlich der DB Netz AG zu überlassen. Erneut unter dem Vorsitz von Franz-

Josef Kniola,[114] der dann folgerichtig irgendwann ganz zur Bahn wechselte, als politischer Berater von 2004 bis 2008.[115]

Auch andere Politiker leisteten bereits während ihrer aktiven Zeit Schützenhilfe für Mehdorns ehrgeizige Projekte. So der frühere SPD-Verkehrsminister Reinhard Klimmt, der – nachdem er im November 2000 seinen Hut hatte nehmen müssen, weil er wegen Beihilfe zur Untreue verurteilt worden war – von der Bahn großmütig aufgefangen wurde mit einer Stelle als politischer Berater, die er von 2002 bis 2009 besetzte. Eine ähnliche Position nahm Bremens ehemaliger Regierender Bürgermeister Klaus Wedemeier (SPD) zwischen 2001 und 2009 ein. Ebenfalls als politische Berater der Bahn agierten Ulrich Wendt, der frühere CDU-Oberbürgermeister von Baden-Baden (2003 – 2009), der einstige bayerische Finanzminister Georg von Waldenfels von der CSU (2002 – 2009), SPD-Mann Ernst Schwanhold, Exminister in NRW für Wirtschaft und Mittelstand, Energie und Verkehr, der allerdings nur ein Jahr lang, 2003, die Bahn beriet, ferner der ehemalige SPD-Abgeordnete Helmut Wieczorek (2002 – 2008) sowie der einstige FDP-Bundestagsabgeordnete Roland Kohn (2002 – 2008).[116] Erfolgreich im Sinne von Hartmut Mehdorns Privatisierung waren sie am Ende alle nicht – als Politik-Manager, die auf Kosten des Steuerzahlers gut verdienten, sehr wohl.

Angesichts solcher Sachverhalte drängt sich die Frage geradezu auf, warum ein Unternehmen, das völlig dem Staat gehört, Millionen ausgeben muss für eine Schar von Lobbyisten, die Regierung und Politik beeinflussen sollen. Wo doch Vertreter der Bundesregierung und des Bundestags (die zwischen 20.000 und 32.000 Euro im Jahr für diese Tätigkeit erhalten[117]) im Aufsichtsrat sitzen und der Bahnchef einen privilegierten Zugang zum Bundeskanzleramt sowie zu den relevanten Ministerien hat. Umgekehrt funktioniert es genauso. Außerdem hat der Bundestag das Recht, Vertreter der Bahn zum Rapport zu zitieren, und im Gegenzug können ausgewählte Parlamentarier unter Ausschluss der Öffentlichkeit zu Informationsveranstaltungen gebeten werden. Ein perfekter Kommunikations- und Interessenaustausch, sollte man meinen.

Aber der Bahn reicht das anscheinend nicht. Auch unter dem neuen Bahnchef, Rüdiger Grube, werden Politiker weiter versorgt, selbstverständlich vor allem aus der Partei der Bundeskanzlerin. So Georg Brunnhuber (CDU), jahrelang Mitglied im Verkehrsausschuss des Bundestags und gleichzeitig im Aufsichtsrat der Deutschen Bahn AG (Jahresbezug 2008: 32.000 Euro, 2009: 23.000 Euro[118]), der im April 2008 plötzlich bekannt gab, dass er nicht wieder für den Bundestag kandidieren wolle, sondern sich anderweitig beruflich engagieren werde. Kein Jahr später wurde der vehemente Befürworter der Bahn-Privatisierung von Grube zum Sonderbeauftragten für die Politik ernannt. Anfang 2011 avancierte Brunnhuber zum Cheflobbyisten (Bereichsleiter Wirtschaft, Politik und Regulierung).[119] Oder der Berliner CDU-Politiker Alexander Kaczmarek, der 2007 mit einem Posten als »Senior Referent Repräsentanz der DB AG in der Bundeshauptstadt« beglückt wurde und seit 2010 als Leiter des Büros Berlin DB AG fungiert.[120] Gut aufgenommen durfte sich auch der glücklose Berliner CDU-Bundestagsabgeordnete Ingo Schmitt fühlen, der – nachdem er infolge interner Querelen sein Mandat niederlegte – bei der Bahn im Jahr 2010 den Vorstand beriet.[121] Im Frühling 2011 hatte die Deutsche Bahn erfolglos versucht, den ehemaligen Ministerpräsidenten von Nordrhein-Westfalen, Jürgen Rüttgers (CDU), als Exekutivdirektor der Gemeinschaft der Europäischen Bahnen und Infrastrukturgesellschaften, also als Cheflobbyist, unterzubringen. Der gegenwärtige Bahnchef, Rüdiger Grube, scheint wie seine Vorgänger nicht zu begreifen, dass das Unternehmen dem Volk und nicht den politischen Parteien gehört.

Warum die CDU und SPD so entschlossen waren, die Bahn, die so vielen Politikern gut bezahlte Stellen bescherte, zu privatisieren, ist mir immer noch rätselhaft. Eine Ironie der rabiaten Privatisierungswelle der öffentlichen Betriebe durch die neoliberale Politik war, dass sie den Politikern damit den Ast absägte, auf dem viele von ihnen saßen. Die Staatsunternehmen des Bundes, der Länder und der Kommunen boten früher Tausende von gut dotierten Managerstellen für Politiker. Es ging kaum darum, ob sie die notwendigen Fähigkeiten besaßen. Die wesentliche Ursache für defizitäre öffentliche Unternehmen war die Tatsache, dass es bei der Politik anscheinend vor allem um Versorgungsposten und wirtschaftliche Vorteile von politischen Freunden oder Spendengebern ging, nicht um Wirtschaftlichkeit. Es gibt kein Naturgesetz, dass öffentliche Unternehmen Verluste einfahren oder zwangsläufig schlechter geführt sein müssen als private Firmen. Berlin hat seinen Mehrheitsanteil an dem Energieversorger BEWAG veräußert. Heute gehört die BEWAG dem Stromversorger Vattenfall. Vattenfall ist ein schwedisches Staatsunternehmen. Das Geschäft ist höchst profitabel, wenn auch auf Kosten der Umwelt und der Sicherheit der Menschen.

Als die Politiker ihre eigenen zukünftigen Arbeitsplätze durch die Veräußerung der öffentlichen Betriebe vernichtet hatten, entdeckten sie, dass sie durch Lobbytätigkeit für die Privatunternehmen bei ihren eigenen Berufsgenossen Geld verdienen konnten. Der Staat reguliert die Wirtschaft und vergibt rund 40 Milliarden Euro jährlich an Aufträgen. Die Wirtschaft benötigt einen Zugang zu den politischen Entscheidungsträgern. Es gibt dafür zwei Möglichkeiten. Entweder besorgt man sich einen eigenen Lobbyisten oder setzt eine Agentur mit dem notwendigen Personal ein.

Das weiß auch die Deutsche Post: Sie ist bereits 1995 privatisiert worden. Von 2001 bis 2008 war die frühere EU-Kommissarin und Vorsitzende der Gewerkschaft ÖTV, Monika Wulf-

Mathies von der SPD, Cheflobbyistin. 2009 engagierte die Post den langjährigen wirtschaftspolitischen Sprecher der SPD-Bundestagsfraktion, Rainer Wend. Auch der Bundesverband der Energie- und Wasserwirtschaft (BDEW) bedient sich für die Vertretung seiner Interessen Personen mit vielversprechenden Connections. Im Oktober 2008 wechselte die CDU-Bundestagsabgeordnete und Kanzleramtsministerin, Hildegard Müller, die als enge Vertraute von Merkel gilt, auf den Chefposten des BDEW. Zwei Jahre später erhielten die Stromkonzerne die Laufzeitverlängerung für ihre Atomkraftwerke, was damals mögliche zusätzliche Gewinne von 100 Milliarden Euro zu versprechen schien. Rita Schwarzelühr-Sutter war von 2005 bis 2009 für die SPD im Bundestag. Nachdem sie nicht wiedergewählt worden war, wurde sie »Interessenvertreterin«, spricht Lobbyistin, des Logistikunternehmens Kombiverkehr KG (an dem die Deutsche Bahn mit 50 Prozent beteiligt ist[122]). Kurz nachdem Schwarzelühr-Sutter im Oktober 2010 als Nachrückerin wieder in den Bundestag kam, gab sie die Stelle wieder auf.[123]

War bislang in erster Linie von jenen Politikern die Rede, die sich ihre politischen Aktivitäten nachträglich vergolden ließen, so soll das Augenmerk im Folgenden auf die Parlamentarier gerichtet werden, die neben ihren Diäten hohe Einkünfte aus Nebentätigkeiten einstreichen. Das ist übrigens im Abgeordnetengesetz vorgesehen – so widersprüchlich es auch klingt –, um die Unabhängigkeit der Volksvertreter zu sichern. Sie sollen ihren Beruf beibehalten, damit sie keinesfalls durch den möglichen Verlust ihres Mandats im Bundestag durch ihre Parteien finanziell erpressbar sind. Doch die Zeiten haben sich geändert. Die gewissenhaften Parlamentarier von heute haben einen Wochenarbeitseinsatz von gut über 40 Stunden in der Woche. Da bleibt eigentlich keine Zeit für Nebentätigkeiten. Andere, weniger gewissenhafte, sehen ihre Tätigkeit beim Bundestag als gut bezahlte Nebentätigkeit oder, schlimmer noch, als Sprungbrett, um hohe Verdienste durch Nebentätigkeiten zu ermöglichen.

Nehmen wir einmal Matthias Wissmann, der 31 Jahre für die CDU im Bundestag saß. Unter Kohl war er außerdem zunächst Bundesminister für Forschung und Technologie und am Ende von dessen langer Regierungszeit zuständig fürs Verkehrsressort. Nach der Wachablösung in Berlin 1998 blieb er als einfacher Abgeordneter im Parlament, übernahm dort jedoch für die nächsten beiden Legislaturperioden den Vorsitz zweier wichtiger Ausschüsse: »Wirtschaft und Technologie«, danach »Angelegenheiten der Europäischen Union«.

So war er als Parlamentarier gleichzeitig Mitarbeiter der Anwaltskanzlei WilmerHale, die sich, laut LobbyControl, »auf ›Beratung an der Schnittstelle von Recht, Wirtschaft und Politik‹ spezialisiert und ... auch im Lobbygeschäft sehr aktiv« ist.[124] Zusätzlich saß er in den Beiräten unter anderem von Rolls-Royce, des Energieversorgers EnBW und der Landesbank Baden-Württemberg.[125] Erst 2007 gab Wissmann sein Bundestagsmandat auf, um sich ganz seinen Geschäften zu widmen. Er wurde Präsident des Verbandes der Automobilindustrie.

Ähnlich Friedrich Merz von den Christdemokraten und zeitweilig deren Fraktionschef. Auch er fand nichts dabei, sich neben seiner langen parlamentarischen Tätigkeit (1994 – 2009) einen beträchtlichen Zusatzverdienst zu sichern. Die Liste seiner verschiedenen Posten, als er den Bundestag verließ, ist lang. Rechtsanwalt wie sein Kollege Wissmann, heuerte er zum einen als Partner in der Anwaltssozietät Mayer, Brown, Rowe & Maw LLP an. Zusätzlich war er Mitglied des Verwaltungsrates von BASF Antwerpen, Mitglied des zentralen Beirats der Commerzbank AG, Aufsichtsratsvorsitzender der DBV-Winterthur Holding AG,[126] Mitglied des Aufsichtsrats der Deutschen Börse AG (Jahresbezug im Jahr 2008 100.000 Euro, im Folgejahr 97.300 Euro[127]), Aufsichtsratsmitglied der AXA-Konzern AG,[128] Mitglied des Aufsichtsrats der IVG Immobilien AG (Jahresbezug 22.500 Euro[129]), Mitglied des Verwaltungsrats der Stadler Rail AG und Vorsitzender des Aufsichtsrats der WEPA Industrieholding SE. Merz blieb auch im Geschäft, nachdem er 2009 den Bundestag verließ. So wurde er 2010 von der Bundesregierung, unterstützt von der CDU-geführten Landesregierung von Nordrhein-Westfalen, mit dem Verkauf der West LB an einen privaten Investor beauftragt. Ein äußerst lukrativer Auftrag, der Merz einen Tagessatz in Höhe von 5000 Euro einbrachte.[130] Er war übrigens erfolglos. Außerdem hat seine Kanzlei die West LB bezüglich der Auslagerung von Risikopapieren in eine sogenannte Bad Bank beraten. Laut Medien-Berichten wurden dafür rund neun Millionen Euro verlangt.[131]

Wissmann und Merz sind keine Einzelfälle. Die Liste ist lang, zu lang. Doch es soll reichen, einige wenige prominente Fälle aufzulisten. So veröffentlichte im Sommer 2010 abgeordnetenwatch.de, eine überparteiliche und institutionell unabhängige politische Internetplattform, einen Beitrag ihres Redakteurs Martin Reyher, in dem dieser sich mit den Nebentätigkeiten des ehemaligen SPD-Bundesfinanzministers Peer Steinbrück beschäftigte sowie mit dessen parlamentarischen Aktivitäten, denn der Exminister sitzt nach wie vor im Bundestag. Reyhers Nachforschungen ergaben, dass Steinbrück bis zu dem Zeitpunkt, als er mit seinen Nachforschungen begann, nicht ein einziges Mal in der laufenden Legislaturperiode ans Rednerpult getreten war. »Reden hält der Ex-Finanzminister inzwischen außerhalb des Parlaments – gegen Bezahlung«, schrieb Reyher mit Verweis auf Steinbrücks Honorarvorträge.

Außerdem ergaben die Recherchen, dass Steinbrück bei wichtigen Abstimmungen fehlte und desgleichen bei Bundestagssitzungen, wo man ihn erwartet hätte, durch Abwesenheit glänzte. Stattdessen nahm er anderweitige Verpflichtungen wahr, für die er immerhin gutes Geld erhielt. »Am 23. April 2010 debattierte das Parlament über eine Regierungserklärung von Wirtschaftsminister Brüderle und über einen Antrag zum Thema Mindestlohn, während Steinbrück vor Managern bei einem Finanzsymposium als Referent auftrat. Auch am 21. Januar 2010, dem Tag einer Haushaltsdebatte, fehlte Steinbrück. Abends sprach er bei der ›Trend und Service Messe EK Live‹ in Bielefeld.«

Bis Mai 2011 waren es rund 50 Vorträge und eine Reihe von Lesungen, die Steinbrück gegen üppige Bezahlung absolvierte. Dafür hat er im Bundestag in der gegenwärtigen Legislaturperiode nur eine Rede in einer Plenarsitzung gehalten.[132] Wie viel genau dabei heraussprang, ist schwer zu sagen, denn die Bundestagsabgeordneten bevorzugen ein verwässertes System von Transparenz. Nebentätigkeiten werden nur innerhalb eines vagen Stufensystems veröffentlicht. Legt man dieses Berechnungsmodell zugrunde, so hätte Steinbrück allein durch seine Privatvorträge mindestens 350.000 Euro in 19 Monaten verdient, doch man wäre nicht überrascht, sollte die Summe erheblich höher sein. Die Sendung »Kontrovers« vom Bayerischen Fernsehen berichtete, dass der Redaktion ein Angebot für einen Vertrag bei einem Immobilien-Kongress vorläge, worin es um ein Honorar von 20.000 Euro zuzüglich Spesen für Steinbrück gegangen sei.[133] Allein schon deshalb, weil zu Steinbrücks Auftraggebern Banken und Firmen aus der Finanzbranche zählen – darunter die Deutsche Bank, Citigroup und BNP Paribas (viele haben ihr finanzielles Überleben Steinbrück und der schwarz-roten Bundesregierung zu verdanken). Viele andere Vortragskunden werden namentlich nicht genannt. Über eine Agentur sei der Auftrag gelaufen. Wer dahintersteckt, soll das Volk nicht wissen. So viel zur Transparenz im Bundestag.

Aber mit Vorträgen und Lesungen ist Steinbrück lange nicht ausgelastet – oder sein finanzieller Bedarf nicht befriedigt. Im Januar 2010 wurde er zusätzlich als Aufsichtsratsmitglied bei Thyssen-Krupp angeheuert, was ihm in den ersten acht Monaten weitere 48.000 Euro einbrachte.[134] Zusätzlich hatte Steinbrück Zeit, an seinem Buch *Unterm Strich* mitzuarbeiten. Nach Vermutungen von abgeordnetenwatch.de können Autoren wie Steinbrück mit einem Garantiehonorar des Verlags in Höhe von rund einer Viertelmillion Euro rechnen. Die Zahl kann man als konservativ bezeichnen, womit er alle Nebeneinkünfte zusammengezählt auf über eine Dreiviertelmillion gekommen sein dürfte. Seine Parlamentarierdiät nicht mitgerechnet, die immerhin monatlich 7668 Euro beträgt, zuzüglich 3969 Euro steuerfreie Kostenpauschale. »Kein Arbeitgeber würde so ein Verhalten dulden. Wir Bürgerinnen und Bürger sollten das auch nicht tun«, fordert abgeordnetenwatch.de.

Auch andere Abgeordnete wissen ihr Mandat zu vergolden, wenn auch nicht immer auf dem ganz hohen Niveau. Dazu gehört etwa der ehemalige glücklose Bundeswirtschaftsminister Michael Glos von der CSU, der in der freien Wirtschaft offensichtlich erfolgreicher ist als in der Politik. Immerhin hat er sich mittlerweile eine florierende Businessplattform aufgebaut mit zwei gut dotierten Beraterstellen, zwei Aufsichtsratssitzen in Banken[135] und als Beiratsmitglied einer weiteren Firma.

Andere Beispiele sind etwa Reinhard Göhner (CDU), der sich, bis er 2009 den Bundestag verließ, ungehindert als Hauptgeschäftsführer der Bundesvereinigung der Deutschen Arbeitgeberverbände (BDA) betätigen durfte. Oder Elmar Brok, ebenfalls CDU, der seit 1980 im Europäischen Parlament sitzt, wo er sehr einflussreich geworden ist, gleichzeitig aber einen Posten als »Senior Vice President Media Development« innerhalb der Bertelsmann AG besetzt und damit praktisch als deren Cheflobbyist in Brüssel tätig wird. Manchmal aber, wie etwa im Fall von Norbert Röttgen, gehen die Politiker doch zu weit. Der gegenwärtige Bundesminister für Umwelt, Naturschutz und Reaktorsicherheit wollte 2007 gerne gleichzeitig Politiker und Lobbyist werden – konkret Hauptgeschäftsführer beim Bundesverband der Deutschen Industrie (BDI), ohne sein Bundestagsmandat aufzugeben. Damals gab es einen Eklat, und Röttgen, dem man Ambitionen auf die Kanzlerschaft nachsagt, entschied sich zunächst für die Politik und opferte das BDI-Gehalt.

Für Günter Verheugen war Brüssel das Sprungbrett für eine Karriere in der Wirtschaft. Endlich, denn wirklich erfolgreich war der SPD-Mann mit FDP-Vergangenheit in der Bundespolitik nicht gewesen, wurde immer von einem Pöstchen zum anderen weitergereicht, um am Schluss wie viele andere seines Schlages zur EU abgeschoben zu werden. In Brüssel, wo er zuletzt als EU-Kommissar für Unternehmen und Industrie fungierte, hat er der deutschen Wirtschaft, vor allem der Autoindustrie, gute Dienste geleistet. Im Brüsseler Filz arrangierte Verheugen sich recht gut – auch privat, denn er beförderte eine Frau zur Büroleiterin, mit der er kurz danach Hand in Hand beim Bummeln in Litauen fotografiert wurde. Sollte dieses Verhältnis schon vorher bestanden haben, würde dies dem Tatbestand der Ämterpatronage entsprechen, aber in Brüssel offenbar als Kavaliersdelikt durchgehen. Geschadet hat es ihm dem Anschein nach jedenfalls nicht.

Als Verheugen 2010 die EU verließ, gründete er gemeinsam mit seiner Begleiterin ein eigenes Lobbyunternehmen, die European Experience Company. Beide sind dort Geschäftsführer, er angeblich ehrenamtlich.[136] Wahrscheinlich eine Vorsichtsmaßnahme, um jedem Verdacht vorzubeugen, er könnte seine vorherige Tätigkeit als EU-Kommissar zu unmittelbar in die Firma einbringen. Vielleicht auch, um seine Übergangsgelder der EU, jährlich rund 120.000 Euro über drei Jahre, nicht zu gefährden. Interessanterweise hatte Verheugen die Firma weder bei seinem vormaligen Arbeitgeber,[137] der EU, noch in dem EU-Lobbyregister, das allerdings freiwillig ist, angemeldet.[138] Recht hat er, umsichtig zu sein, denn immerhin hat ein Ethikausschuss bereits die Meinung geäußert, dass Verheugen gegen die Richtlinien der EU verstoßen habe.[139] Auch wenn die EU-Kommission ihm erlaubt hat, seine Aktivitäten fortzusetzen, war das ein Warnschuss, der von einigen Auflagen begleitet wurde.[140] Verheugen berät unter anderem die Royal Bank of Scotland, die Deutschen Volks- und Raiffeisenbanken und den türkischen Rohstoffbörsenverband. Außerdem sitzt Verheugen im Beirat der Public-Relations-Agentur Fleishman-Hillard International Communications.[141]

Unternehmen wollen Politiker, egal ob aktive oder ehemalige, als Mitarbeiter und Berater gewinnen. Nicht, weil sie sich von ihnen betriebswirtschaftliche Brillanz oder außergewöhnliche Management-Skills versprechen – allein ein Blick auf das Desaster der Landesbanken, in deren Kontrollgremien hauptsächlich Politiker saßen, verhindert solche Erwartungen. Es geht um etwas ganz anderes. Politiker sind vor allem als Türöffner und Netzwerker wertvoll. Wenn Wolfgang Clement, Beiratsmitglied von Citigroup Global Markets, oder Roland Koch als Aufsichtsratschef von UBS oder Lothar Späth als Geschäftsführungsvorsitzender der Investmentbank Merrill Lynch für Deutschland und Österreich oder Friedrich Merz als Aufsichtsrat von HSBC Trinkaus einen Termin bei der Bundes- oder einer Landesregierung verlangen, dann kann man davon ausgehen, dass sie ihn auch bekommen. Desgleichen darf man davon ausgehen, dass dieser Personenkreis über die notwendigen Beziehungen verfügt, wenn man zum Zweck der Einflussnahme frühzeitig Informationen über eine Gesetzesvorlage oder eine öffentliche Ausschreibung braucht. Und er weiß zweifellos auch, durch welche Spenden oder andere Vorgehensweisen sich ein Entscheidungsprozess in die gewünschte Richtung steuern lässt.

Dieses System ist nicht nur fester Bestandteil des Alltags in Wirtschaft und Politik, sondern hat auch auf viel subtileren Ebenen Fuß gefasst. Ein Beispiel dafür liefern etwa Versicherungsunternehmen wie die ehemalige Hamburg-Mannheimer Versicherungs-AG, der ich vor etlichen Jahren nachspürte. Einmal jährlich tagte im Sitzungssaal des Hamburger Geschäftsgebäudes der Beirat, und die Anwesenden lauschten Vorträgen des Gastgebers zur wirtschaftlichen Situation des Unternehmens oder zur Auslandsstrategie der Konzernmutter. Nach rund drei Stunden ging man dann zum angenehmen Teil über, denn das Unternehmen bat zu Tisch. Für Beiräte wie FDP-Chef Guido Westerwelle, das damalige CDU-Präsidiumsmitglied Volker Rühe, den ehemaligen CDU-Generalsekretär Laurenz Meyer oder den einstigen SPD-Bundestagsabgeordneten Rainer Wend[142] war das Treffen jedoch nicht nur aus kulinarischer Sicht lohnenswert, denn jedes Beiratsmitglied erhielt 8000 Euro im Jahr.[143]

Was aber verspricht man sich von diesen Politikern? Offiziell soll der Beirat den Aufsichtsrat und den Vorstand der Gesellschaft in wichtigen Wirtschaftsfragen beraten. Doch was vermag denn der Oberstudienrat Rühe oder der Berufspolitiker Westerwelle schon Weltbewegendes einzubringen? Man sollte vermuten, dass große Versicherungen über Experten ganz anderen Kalibers verfügen. Nein, darum geht es nicht. Was die Beiratsmitglieder aus der Politik zum Erfolg eines Unternehmens beisteuern können, das ist kein Know-how – das ist ihr Netzwerk in der Politik. In der Tat nahm man es bei der Hamburg-Mannheimer mit den Gegenleistungen ihrer Beiratsmitglieder nicht so genau. Selbst wenn jemand nicht zu dieser einzigen Sitzung im Jahr erschien – angeblich fehlte im Durchschnitt jeder Fünfte –, wurde das Sitzungsgeld ausgezahlt.[144] Schließlich handelte es sich um ein vereinbartes Jahreshonorar. Außerdem seien die Politiker, wie mir ein Pressesprecher damals erklärte, da, wenn es darauf ankomme.

Die Hamburg-Mannheimer hat Ende 2008 ihren Beirat abgeschafft, weil sie damals als Tochtergesellschaft in der Ergo Versicherungsgruppe aufging, die über ihren eigenen Beirat verfügt. Auskünfte über dessen Zusammensetzung wurden jedoch verweigert – aus Datenschutzgründen, versteht sich. Auffällig ist, wie genau Firmen es mit dem Datenschutz nehmen, wenn es darum geht, ihre Lobbytätigkeit zu verheimlichen. Durch die neueren Datenschutzskandale bei der Telekom, der Deutschen Bahn oder Lidl hat man bestätigt bekommen, was allgemein vermutet wurde: Die Wirtschaft kennt keine Privatsphäre, wenn es ums Geschäft geht.

Obwohl man bei Ergo eigentlich keine Namen nennen wollte, wilderte man für den Beirat selbstverständlich auf politischem Terrain. Norbert Röttgen (CDU) und Daniel Bahr (FDP) wurden gleich Mitglieder. Es war ein Volltreffer, denn Röttgen ist mittlerweile Minister für Umwelt, Naturschutz und Reaktorsicherheit und Bahr Bundesgesundheitsminister. Zwar dürfen sie damit nicht länger dem Beirat angehören, doch die Kontakte sind geknüpft, und man bleibt einander vermutlich auch so verbunden. Schon sind die Nachfolger da: die Bundestagsabgeordneten Garrelt Duin (SPD) und Matthias Heider (CDU) und dazu der in der Zwischenzeit zurückgetretene stellvertretende FDP-Vorsitzende und ehemalige stellvertretende Ministerpräsident und Minister für Innovation, Wissenschaft, Forschung und Technologie des Landes Nordrhein-Westfalen, Andreas Pinkwart (FDP).[145]

Bisher bewegt sich diese einträgliche Symbiose zwischen Wirtschaft und Politik in einer paradiesischen Grauzone. Beiräte tragen keinerlei Verantwortung, kassieren aber beträchtliche Bezüge. Ihre Aufgaben sind nicht rechtlich fixiert, sie haben weder Entscheidungsbefugnisse noch haften sie, und es besteht praktisch keine Rechenschaftspflicht. In der Regel – wobei es natürlich auch viele ehrenamtliche Beiräte gibt – geht es nur um eines: Die Unternehmen wollen das Renommee ihrer Beiratsmitglieder nutzen und sie durch finanzielle Großzügigkeit einbinden. Es ist ein Geben und Nehmen, das sich weitgehend unter Ausschluss der Öffentlichkeit abspielt, denn für die beteiligten Firmen besteht keine Offenlegungspflicht, und für die Mitglieder des Bundestags fehlt nach wie vor eine klare Regelung hinsichtlich ihrer Tätigkeit in solchen Gremien sowie hinsichtlich der Deklarierung ihrer Nebeneinkünfte.

Nach Meinung von Dieter Birk, Professor für öffentliches Recht an der Universität Münster, können solche Zustände Politiker in den Verdacht der Bestechlichkeit bringen: »Wenn ein Bundestagsabgeordneter als Beirat Geld ohne eine echte Gegenleistung annimmt, dann kann man das als Vorstufe zur Korruption bezeichnen. Damit erkauft sich das Unternehmen die Nähe zur politischen Macht.« Und selbst wenn ein Politiker sein Honorar spende, sei dies keine Entlastung: »Das ist völlig egal. Worauf es ankommt, ist: Der Politiker kann mit dem Geld tun und lassen, was er will.«[146]

Auch der Kölner Parteienrechtler Thilo Streit hält diese Zustände für höchst bedenklich. »Das geht in die Nähe der eigentlich verbotenen Beraterverträge«, sagt er und verweist auf Urteile des Bundesverfassungsgerichts, wonach Politiker ohne Gegenleistung keine Honorare annehmen dürfen. Nicht anders der Politikwissenschaftler Peter Lösche. Er konstatiert: »Da entsteht der Verdacht der Beeinflussung«, und plädiert daher für neue Regelungen, die zu mehr Transparenz führen. Allerdings sieht er die Chancen für eine Änderung eher pessimistisch. »Es gibt einen parteiübergreifenden Konsens darüber, diesen Bereich nicht im Sinne von mehr Durchschaubarkeit neu zu regeln«,[147] resümierte er bereits vor ein paar Jahren. Das hat sich bis heute nicht geändert.

Wie schon in anderem Zusammenhang deutlich wurde, handelt es sich bei diesem Prozess der Einfluss- und Vorteilsnahme zwischen Politik und Wirtschaft um ein wechselseitiges Geben und Nehmen. Und so kann natürlich auch der umgekehrte Fall auftauchen – dass Lobbyisten in die Politik geholt werden, damit sie dort an der Umsetzung der wirtschaftlichen Interessen tatkräftig mitwirken können. In diese Kategorie gehört etwa Christian Weber, der fast ein Vierteljahrhundert beim Verband der privaten Krankenversicherer, zuletzt als Vizedirektor, beschäftigt war. Ihn machte der damalige Bundesgesundheitsminister Philipp Rösler 2010 zum Chef seines Grundsatzreferats.[148] Was bedeutet das? Für manche nichts Gutes, denn man muss wissen, dass es sich bei Weber um einen Mann handelt, der sich fast sein gesamtes Berufsleben hindurch gegen das Solidarprinzip ausgesprochen hat. Nun soll er bei der Reform der gesetzlichen Krankenversicherung mitbestimmen. Die Auswirkungen seines Werkes konnte man beim Niedergang der City BKK und den daraus resultierenden Konsequenzen bestaunen.

Ein anderes Beispiel ist Gerald Hennenhöfer, ein Spitzenfunktionär der Atomindustrie, der als Generalbevollmächtigter von VIAG/E.ON aufseiten der Energiekonzerne mit der rot-grünen Koalition zäh über den geplanten Atomausstieg verhandelte. Er hatte bereits einschlägige politische Erfahrung, als Norbert Röttgen den Atomlobbyisten in seinem Ministerium zum Leiter der Abteilung Reaktorsicherheit ernannte, denn diesen Posten hatte er bereits in längst vergangenen Zeiten inne, als Angela Merkel unter Kanzler Kohl noch das Umweltressort verwaltete. Jürgen Trittin schickte Hennenhöfer nach dem rot-grünen Wahlsieg 1998 folgerichtig in den einstweiligen Ruhestand – wegen nicht mehr genehmer aktiver Förderung der Atomenergie. Doch statt sich aufs Altenteil zurückzuziehen, wandelte Hennenhöfer sich vom Aufpasser zum Lobbyisten, wobei er nicht nur für den Energieriesen aktiv wurde, sondern auch für das Münchener Helmholtz-Zentrum, den damaligen Betreiber des umstrittenen Versuchsendlagers Asse II.

Ein weiterer Atombefürworter in Röttgens Truppe ist Bruno Thomauske. Den studierten Physiker, der als glühender Gorleben-Befürworter gilt, berief der Umweltminister als Gutachter, damit er für ihn eine Sicherheitsanalyse für Gorleben erstellte. Thomauskes Karriere spricht Bände: Von 1983 bis 2003 beim Bundesamt für Strahlenschutz im Bereich Endlagerung für Gorleben, Schacht Konrad und Morsleben verantwortlich, wechselte er 2003 zur Vattenfall Europe AG als Leiter des Geschäftsbereichs Kernkraftwerke, bis er 2008 die Leitung des Instituts für Nuklearen Brennstoffkreislauf der Technischen Hochschule in Aachen übernahm. Bezuschusst wird sein Lehrstuhl übrigens von Atomkraftwerkbetreiber RWE.[149]

Als Beispiel par excellence für die neue politische Klasse mit ihrer Vermengungs- und Wechselmentalität darf Klaus-Dieter Scheurle angesehen werden, der mal auf dieser, mal auf jener Seite anzutreffen ist. Der Jurist fing 1983 in der Verwaltung an, erst beim Bundesjustizministerium, dann beim Bayerischen Staatsministerium für Bundes- und Europaangelegenheiten, wechselte dann in die aktive Politik als Büroleiter bei der CSU-Landesgruppe im Bundestag. 1995 kehrte er in die Verwaltung zurück, um im damals CSU-geführten Bundespostministerium erst die Leitung der Grundsatz- und später der Regulierungsabteilung zu übernehmen. Die mittlerweile gesammelten Erfahrungen machten ihn schließlich für die Wirtschaft interessant. Scheurle heuerte 2001 bei der Schweizer Großbank Credit Suisse an,[150] wo er als Berater und Lobbyist für Investoren arbeitete und bei der Bahnprivatisierung mitmischte – offensichtlich mehr als Lobbyist denn als bloßer Berater, wie er sich selbst gerne betitelt. Nachdem er auch die andere Seite hinreichend kannte, holte ihn CSU-Mann Peter Ramsauer 2009 als Staatssekretär in sein Bundesministerium für Verkehr, Bau und Stadtentwicklung.

Dieses Seitenwechseln ist in der Bundesrepublik gängige Praxis. Wer sollte diese antidemokratischen Praktiken der politischen Klasse auch hinterfragen und den Finger auf diese Widersprüche legen? Eigentlich wäre es Pflicht der Medien, als vierte Gewalt im Staat solche Missstände und den Ausverkauf politischer Verantwortung zu thematisieren. Doch wenn man an der Oberfläche kratzt, entdeckt man in den Medien die gleichen Strukturen von Interessenvermengung und Seitenwechseln wie bei der Politik.

Nehmen wir einmal die WAZ-Mediengruppe, das drittgrößte deutsche Verlagshaus. Ihr Geschäftsführer ist Bodo Hombach, ein Produkt der alten SPD-Kaderschmiede in Nordrhein-Westfalen mit einer Parteikarriere wie aus dem Bilderbuch. Er begann als Gewerkschaftsfunktionär, wechselte in den Landtag, genoss währenddessen die Annehmlichkeiten von Aufsichtsrats- und Beiratsposten, wie es zum Parlamentarierjob wohl so dazugehört. Unter Wolfgang Clement avancierte er zum Landesminister, jedoch nur kurzfristig, denn bald berief Bundeskanzler Gerhard Schröder ihn zum Chef des Bundeskanzleramts und zum Bundesminister für besondere Aufgaben. Dort blieb er allerdings ebenfalls nicht lange, sondern wurde von Schröder bei der Europäischen Union ins Amt des Koordinators für den Stabilitätspakt für den Balkan gehievt, um dann 2002 bei der WAZ-Gruppe an Bord zu gehen. Dass er während seiner politischen Laufbahn immer wieder im Zusammenhang mit Immobilienskandalen ins Gerede kam, scheint niemanden gestört zu haben.

Hombach verpasste der WAZ-Gruppe harte Sparmaßnahmen, die einen Mitarbeiter- und inhaltlichen Qualitätsschwund nach sich zogen und desgleichen schrumpfende Auflagenzahlen.[151] Kein Problem für den neuen Mann an der Spitze. In einem Interview mit der *Frankfurter Rundschau* brachte Hombach sein verlegerisches Credo auf den Punkt: »Wir sind eine Journalismus-Manufaktur. Wie guter Journalismus abgefragt wird, entscheidet der Markt.«[152] Leider wurde nicht nachgefragt, wer der Markt ist – die Leser oder die Anzeigenkunden?

Doch laut Hombach – und hier schimmert seine SPD-Seele durch – liegt der langsame Niedergang seines Zeitungsimperiums an dem überdurchschnittlich hohen Migrantenanteil und der Zahl von Sozialtransferempfängern in NRW. Einen Zusammenhang zwischen Auflagenverlust und Inhalt will er nicht erkennen, spricht sogar von »der gestiegenen Qualität unserer Zeitungen«. Da ich selbst zu den Migranten zähle – wobei ich bei diesem Wort immer noch eindeutige Töne von Rassismus höre, bei Hombach wie bei Thilo Sarrazin –, bin auch ich aufgrund meiner mangelhaften genetischen Ausstattung offensichtlich nicht in der Lage, den von Hombach beschworenen Qualitätsanstieg zu erkennen. Was mich betrifft, so betrachte ich den sinkenden journalistischen Standard der WAZ-Mediengruppe als weiteres Beispiel für die dahinsiechenden Medien in der Bundesrepublik.

Vermutlich hat Hombach sich des Öfteren mit Hendrik Wüst ausgetauscht, seit Ende 2010 Geschäftsführer des Zeitungsverlegerverbands Nordrhein-Westfalen und Geschäftsführer des NRW-Verbands der Betriebsgesellschaften des privaten Hörfunks. Zuvor war Wüst, ein Mittdreißiger, Mandatsträger und Parteifunktionär und bekleidete von 2006 bis 2010 das Amt des Generalsekretärs der CDU in seinem Heimatland. Seine politische Karriere endete abrupt, nachdem fragwürdige Sponsoringgeschäfte für seine Partei ans Tageslicht gekommen waren. Wüst hatte potenziellen Sponsoren aus der Wirtschaft als Gegenleistung für hohe Geldsummen vertrauliche Gespräche mit dem damaligen CDU-Ministerpräsidenten Jürgen Rüttgers angeboten. In der Politik wurde er fallen gelassen. Die Medienbranche dagegen hatte, auch wenn fleißig über diesen Betriebsunfall berichtet wurde, offenbar keine Bedenken.

Oder Ulrich Wilhelm, der am 1. Februar 2011 die Intendantenstelle beim Bayerischen Rundfunk antrat. Zuvor war er Chef des Presse- und Informationsamts der Bundesregierung sowie Regierungssprecher bei Merkel gewesen, und bevor er nach Berlin kam, stand er als Edmund Stoibers Pressesprecher im Dienst der Bayerischen Staatsregierung und hatte eine mehrjährige Tätigkeit in verschiedenen Ministerien hinter sich. Zwar genoss Wilhelm eine journalistische Ausbildung, doch haben seine politischen Aktivitäten sein journalistisches Engagement bei Weitem übertroffen, sodass es zulässig ist, ihn eher, wie schon seinen Vater übrigens, in die Politikerriege der CSU einzuordnen. Trotzdem wurde er Intendant der Institution Bayerischer Rundfunk. Das machte Schule. Im April 2011 wurde der SPD-Politiker und ehemalige saarländische Staatssekretär für Frauen, Arbeit, Gesundheit und Soziales, Thomas Kleist, zum Intendanten des Saarländischen Rundfunks gewählt.

Es scheint, dass inzwischen die Politik in den öffentlichrechtlichen Anstalten nicht nur bestimmen, sondern sie auch leiten will.

Bei den Privatmedien haben die Sozialdemokraten schon einen Vorsprung gegenüber den anderen Parteien, denn die SPD ist mit ihrer Holding Deutsche Druck- und Verlagsgesellschaft mbH selbst zur Privat-Medienmacht geworden – die Gruppe rangiert inzwischen auf Rang acht der führenden Tageszeitungsverlage in der Bundesrepublik, nur knapp hinter der *Frankfurter*

Allgemeinen Zeitung. Unter anderem hält sie eine vierzigprozentige Beteiligung am Druck- und Verlagshaus Frankfurt am Main GmbH, zu dem die *Frankfurter Rundschau* gehört.

Ich habe nur einige wenige Beispiele in diesem Kapitel aufgezeigt, so erschlagend es auch vorkommen mag. Es gibt jährlich auf allen Ebenen Hunderte von Seitenwechslern oder Mehrfachwechseln, bekannt als der Drehtür-Effekt. Der denkende Mensch muss sich fragen, wie das möglich sein kann. Die Bundesrepublik ist angeblich eine Demokratie. In einer Demokratie sind die Volksvertreter gewählt, um die Interessen des Volkes zu vertreten, nicht um ihre Privatgeschäfte zu fördern. Doch es war nie anders in der Bundesrepublik. Die politische Klasse musste nie korrumpiert werden. Die Kultur der Korruption der politischen Klasse reicht bis in die wilhelminischen Zeiten zurück.

Doch die Deutschen sind aus dieser Form der Parteiendemokratie längst herausgewachsen. Das weiß auch die politische Klasse in der Bundesrepublik, deswegen gibt sie sich heute auch so viel Mühe, eine Illusion von Transparenz oder Informationsfreiheit aufrechtzuerhalten.

Der amerikanische Journalist Bill Moyers, der aus Texas stammt, behauptet: »Es kann keine Gemeinschaft geben, bis die Mitglieder einer Meinung sind, was der Unterschied zwischen einem Pferdehändler und einem Pferdedieb ist.«[153] Man könnte fast meinen, um in diesem Bild zu bleiben, dass in der Bundesrepublik die Gesellschaft es den »Pferdedieben« überlassen hat, dies zu bestimmen.

Alle großen Wahrheiten beginnen als Blasphemie.[154]

– George Bernard Shaw

Trotz allen politischen Elends, mit dem ich mich tagtäglich konfrontiert sehe, ist es doch meine feste Überzeugung, dass Politik von ihrem eigentlichen Wesen her nicht schmutzig ist – den Schmutz haben erst schlechte Menschen hereingetragen. Ich gebe zu, dass es sich um einen Bereich handelt, in dem die Versuchung, sich durch unlauteres Verhalten Vorteile zu verschaffen, größer sein mag als anderswo, und dass es deshalb besonders wichtig ist, hohe Anforderungen an die persönliche Integrität zu stellen. Aber es entspricht nicht der Wahrheit, dass ein Politiker gar nicht anders kann, als sich auf Lügen und Intrigen zu stützen. Das ist blanker Unsinn und wird gerne von jenen verbreitet, denen daran liegt, die Bürger zu entmutigen und davon abzuhalten, sich für politische und gesellschaftliche Belange zu interessieren.[155]

– Václav Havel

Kapitel 3

TRANSPARENZ, GEFÜRCHTET WIE DAS WEIHWASSER

Im Jahr 1972, also vor fast vier Jahrzehnten, zogen zwei junge Männer für die SPD in den Bundestag ein: Norbert Gansel und Peter Conradi. Die beiden waren aus zwei geografisch entgegengesetzten Ecken der damaligen Bundesrepublik mit Direktmandaten ins Bonner Parlament geschickt worden: Gansel, ein Jurist, aus Kiel und Conradi, ein Architekt, aus Stuttgart.

Nach Bonn, wo der Bundestag von endemischem Filz und Korruption geprägt war, brachten die beiden eine bis dahin unübliche Praxis mit in die Politik: »Jährliche Offenlegung der Einkommens- und Vermögensverhältnisse, damit die Bürger die wirtschaftliche Unabhängigkeit ihres Abgeordneten überprüfen können.«[156]

So hatte es der Kandidat Gansel seinen Wählern versprochen, und das wollte er, unterstützt von Conradi, halten. Was beide auch taten: Für die Dauer ihrer gesamten politischen Laufbahn – bei Gansel waren es über 32 Jahre, bei Conradi mehr als 26 – veröffentlichten sie sowohl ihre Steuererklärung als auch eine Auflistung ihrer Einkünfte und Ausgaben. Gansel ließ diese Aufstellung zunächst trotz hoher Kosten im *Kieler Anzeigenblatt* abdrucken, während Conradi seine Berichte an die SPD-Mitglieder seines Wahlkreises verschickte und sie zudem für die Öffentlichkeit einsehbar in der SPD-Geschäftsstelle auslegte.

Als Begründung für diesen Entschluss gaben beide die Erfahrung an, dass Bundestagsabgeordnete zunehmend käuflich geworden seien und für Geld sogar die Partei wechselten. Außerdem störte sie die wachsende Abhängigkeit der Parlamentarier von der Wirtschaft durch lukrative Nebenjobs. »Ich wollte meine Unabhängigkeit unter Beweis stellen«, sagt Conradi noch heute und lehnte damals folgerichtig jede Nebentätigkeit ab und weigerte sich auch, Spenden von Firmen und Verbänden anzunehmen. Ebenso Gansel: »Es gibt das Problem der Beratertätigkeit oder der Berufstätigkeit neben dem Abgeordnetenmandat. Davon halte ich nichts, weil es immer wieder Konflikte zwischen dem Mandat und dem Beruf gibt.« Etwa wenn die Leute nur deshalb einen bestimmten Rechtsanwalt konsultieren, »weil sie glauben, dass sein politischer Einfluss eine Rolle spielt«[157].

Besonders sinnfällig brachte Conradi die Problematik auf den Punkt, als er die Frage stellte: »Wenn es ›Liebe für Geld‹ gibt, warum soll es nicht auch ›Politik für Geld‹ geben?«[158]

Die beiden damals jungen Abgeordneten hatten etwas Grundsätzliches begriffen. Dass »Vertrauens- und Funktionsverlust des Bundestags« für die Demokratie gefährlicher wären als »manches andere, was den Verfassungsschutz beschäftigt«,[159] so Gansel. Beide versuchten ihre Rolle als Vertreter des Volkes wahrzunehmen. Gansel erzählt, dass er der erste Bundestagsabgeordnete war, der wöchentliche Sprechstunden im Wahlkreis abhielt. Eine Praxis, die er bei der britischen Labour-Parlamentarierin Elizabeth »Battling Bessie« Braddock in ihrem Liverpooler Büro abgeschaut hatte.

Die Transparenz unter den Politikern in der Bundesrepublik war geboren. Die Medien nannten die zwei jungen Parlamentarier »Gläserne Abgeordnete«. Gansel und Conradi räumen ein, dass ihr Verhalten damals von den anderen Politikern, auch aus der SPD, negativ betrachtet wurde. Von einigen Medien wurden sie verspottet. Staatssekretär oder Minister wurden sie nie, auch wenn man sagt, dass Conradi der brillanteste Bundesbauminister war, den die Bundesrepublik nie hatte.

Der Wunsch der bundesrepublikanischen Bevölkerung nach Transparenz in der Politik hat seit Conradi und Gansel zugenommen. In einer Umfrage des Instituts für Demoskopie Allensbach, die Ende Juni 2011 in der *Frankfurter Allgemeinen Zeitung* veröffentlicht wurde, waren mit Abstand die zwei wichtigsten Themen, worüber die Befragten über Politiker informiert werden wollten, »Nebentätigkeiten in Unternehmen und Verbänden (90 Prozent) und Nebeneinkünfte (82 Prozent)«[160].

In der gegenwärtigen politischen Landschaft nehmen sich auch immer mehr Parlamentarier Gansel und Conradi zum Vorbild, um sich von den skrupellosen Praktiken vieler Kollegen abzugrenzen. Sie veröffentlichen ihre Einkünfte und Ausgaben auf ihrer jeweiligen Homepage. Im Portal des Bundestags, bei den Biografien der Abgeordneten, ist dafür kein Platz vorgesehen.

Einer der Konsequentesten heute ist der SPD-Bundestagsabgeordnete Ulrich Kelber, der nicht nur die Höhe seiner Einnahmen, seiner Amtsausstattung (inklusive wofür diese ausgegeben wird) und geldwerten Vorteile offenlegt, sondern ebenfalls erhaltene Spenden über 3000 Euro und seine Steuererklärung veröffentlicht. Außerdem listet er seine Termine mit Lobbyisten und die Themen dieser Gespräche auf. »Transparenz schafft Vertrauen und damit eine Basis, über Inhalte und Projekte zu sprechen statt über Politikverdrossenheit. Außerdem bin ich eine Art Angestellter meiner Bürgerinnen und Bürger. Daher haben sie einen Anspruch zu wissen, was ich mit ihrem Geld anstelle, ob ich noch weitere Jobs habe und mit welchen Interessenvertretern ich spreche«,[161] erklärt Kelber.

Ähnlich denkt Jan van Aken von den Linken. Auch er gibt neben der Offenlegung seiner Bezüge Auskunft darüber, wie er seine monatliche steuerfreie Kostenpauschale von rund 4000 Euro verwendet. Während viele Bundestagsabgeordnete diese Summe oder Teile davon als zweites Einkommen betrachten, dokumentiert van Aken, dass das Geld, das er für seine Arbeit nicht verbraucht, gespendet wird, und zwar an wen. Und er veröffentlicht die Höhe seiner Mandatsträgerbeiträge, normalerweise ein Tabuthema unter Politikern.

Was die Transparenz des »gläsernen Abgeordneten« betrifft, existiert unter Politikern ein breites subjektives Spektrum von Wahrnehmungen. Diese reichen von einer bewundernswerten Stringenz bis zu einer bewussten Verkennung des Begriffs. Wahrscheinlich trifft eher Letzteres auf den Bundestagsabgeordneten Andreas Mattfeldt von der CDU zu, der sich selber als gläsernen Abgeordneten einstufte, als er 2010 ein neues Büro im Bundestagstrakt des Paul-Löbe-Hauses bezog. Er meinte: »Mit diesen Büros bekommt die Bezeichnung ›gläserner Abgeordneter‹ eine völlig neue Bedeutung, denn jeder Bürger, der nach Berlin kommt, kann mich und mein Team durch die großen Glasflächen in unseren neuen Büros sehen und uns bei der Arbeit auf die Finger schauen.«[162] Bisher konnte sich keine Bundestagsfraktion durchringen, einen Ansatz des »gläsernen Abgeordneten« als Erfordernis für ihre Mitglieder durchzusetzen. Dagegen ist der Widerstand zu groß.

Elvira Drobinski-Weiß, verbraucherpolitische Sprecherin der SPD-Fraktion, nimmt hingegen das Problem der mangelnden Transparenz sehr ernst. Für sich selbst hat sie daraus die Konsequenz gezogen, keine Spenden von Unternehmen zu akzeptieren, um nicht in Interessenkonflikte zu kommen zwischen der Wirtschaft und den Verbrauchern, für die sie sich doch einsetzen soll. »Wenn dabei auch nur der Eindruck entsteht, dass eine Entscheidung von der finanziellen Unterstützung eines Unternehmens oder eines Verbandes beeinflusst sein könnte, hat das verheerende Auswirkungen auf das Vertrauen in die Demokratie insgesamt. Ich will nicht den geringsten Zweifel daran aufkommen lassen, dass ich als Bundestagsabgeordnete finanziell unabhängig und ausschließlich den Bürgerinnen und Bürgern verpflichtet bin.« Ihre Wahlkämpfe finanziert sie durch Spenden von Privatpersonen und Parteimitgliedern – fast ausschließlich Beträge zwischen 10 und 300 Euro – und aus den eigenen Ersparnissen sowie den Zuschüssen des Landesverbands. Elvira Drobinski-Weiß findet das völlig ausreichend und meint, dass man sich durchaus einen Wahlkampf ohne Finanzspritzen von außen leisten könne. »Und durch die Abgeordnetendiäten sind die Parlamentarier auch nicht auf Nebeneinkünfte angewiesen«, fügt sie hinzu.[163]

Ähnlich äußert sich der CDU-Bundestagsabgeordnete Hans-Georg von der Marwitz, allerdings unter Einbezug seiner speziellen Situation als Landwirt mit eigenem Hof: »Wer wie ich als Unternehmer oder Selbstständiger ein Mandat im Landes- oder Bundesparlament erreicht, muss sein Berufsleben nach erfolgreicher Wahl neu ordnen. Dazu gehört vor allem die gesicherte Weiterführung des Betriebes oder der bisherigen Tätigkeit. Die Einnahmen aus diesem Betrieb können nicht als klassische Nebentätigkeit eines Abgeordneten bezeichnet werden ... Unter Nebeneinkünften verstehe ich die Einnahmen, die Abgeordnete über die Abgeordnetenvergütung hinaus für Lobbytätigkeiten erhalten. Alle Einkünfte sollten selbstverständlich veröffentlicht werden. Andere Länder machen es vor. Transparenz schadet nicht. Im Gegenteil. Sie steigert das Vertrauen der Menschen in Politik und Politiker.«[164]

Trotz dieser und anderer Ausnahmen ist die von der politischen Klasse gepriesene Transparenz in der Bundesrepublik eigentlich nur ein armseliges Feigenblatt – zu viele Schlupflöcher gibt es, zu viele Möglichkeiten der Vertuschung. Nach einer Reihe dubioser Affären formulierte der Bundestag zwar im Juni 2005 die Veröffentlichungspflicht für Nebentätigkeiten der Abgeordneten neu, aber nach wie vor bestehen erhebliche Mängel, wie LobbyControl in einer fundierten Studie vom September 2009 feststellte. Kritisiert wurde unter anderem, dass »offensichtlich keinerlei Kontrollen stattfinden« und »bekannt gewordene Verstöße gegen die Veröffentlichungspflichten ... kaum Sanktionen« nach sich ziehen würden.[165]

Kein Wunder. Seit der Einführung der neuen Richtlinien ist Norbert Lammert von der CDU als Bundestagspräsident für diese Scheinintegrität zuständig. Im Sinne der politischen Klasse genau der richtige Mann – im Sinne der demokratischen Transparenz eindeutig der falsche. Als nämlich die erste Veröffentlichung der Nebentätigkeiten anstand, entschied sich Lammert für eine Aufschiebung, weil neun Abgeordnete, darunter Friedrich Merz, Klage gegen die neuen Regeln erhoben hatten.[166] Laut LobbyControl setzte Lammert sich damit über geltendes Recht hinweg – eine Einschätzung, die auch der Staatsrechtler Hans Herbert von Arnim teilt, der die Verfügung ebenfalls als zwingend betrachtete. »Der Bundestagspräsident war zu diesem Schritt nicht befugt. Das könnte lediglich das Bundesverfassungsgericht«,[167] monierte er. Die Klagen der neun Bundesparlamentarier scheiterten zwar wie erwartet, doch Lammert zeichnet sich nicht gerade durch eine scharfe Auslegung des Gesetzes aus.

Selbst viele Bundestagsabgeordnete sind mit den Transparenzregeln unzufrieden. So mahnte der SPD-Abgeordnete Thomas Oppermann in einem Brief vom Oktober 2010 mehr Transparenz an und forderte Lammert dazu auf, dass wieder die »Mandatsausübung im Mittelpunkt unserer Tätigkeit« stehen müsse. »Nebentätigkeiten, die auf für die Ausübung des Mandats bedeutsame Interessenverknüpfungen hinweisen können, sind daher anzuzeigen. Das muss aber in einer Weise geschehen, die über eine Feigenblattlösung hinausgeht. Wir sollten offen und ehrlich der gesetzlichen Forderung nachkommen und nicht finanziell dort aufhören, wo eine Verquickung wirtschaftlicher und politischer Interessen virulent werden könnte.«[168] Als er seinen Brief schrieb, konnte Oppermann kaum ahnen, dass er zum neuesten Transparenz-Eklat des Bundestags führen würde.

Am auffälligsten wird das Transparenzprinzip dadurch untergraben, dass die Höhe der Einkünfte aus der Nebentätigkeit pauschal in drei Stufen eingeteilt und veröffentlicht wird: über 1000 bis 3500 (Stufe 1), von 3500 bis 7000 (Stufe 2) und über 7000 Euro (Stufe 3), nach oben offen. Einkünfte von mehr als 1000 Euro monatlich oder 10.000 Euro jährlich müssen ausgewiesen werden.[169] Wenn ein Bundestagsabgeordneter 1000 Euro im Monat über zehn Monate oder 10.000 Euro im Jahr mit einer einzelnen Tätigkeit verdient, muss er also gar keinen Zusatzverdienst angeben. Es wirkt, als sei er ehrenamtlich tätig.

Man sollte die Angelegenheit nicht unterschätzen. Der ehemalige Bundesjustizminister Otto Schily erhielt in der vorigen Legislaturperiode für seine Beratung des Siemenskonzerns ein Honorar in Höhe von 140.000 Euro, also Stufe 3. Karl Lauterbach, ebenfalls SPD, gibt bekannt, dass er Aufsichtsratsmitglied der Rhön-Klinikum AG ist, das wäre lediglich Verdienststufe 3. Der Mann, der im Bundestagsausschuss für Gesundheit sitzt, erhielt im Jahr 2009 dafür 59.000 Euro.[170] Es geht jedoch nicht nur darum, wer die Auftraggeber sind, sondern was die Gegenleistungen sind. Bei der Klärung dieser Frage ist die deutsche Transparenz überhaupt nicht hilfreich – sie wirkt eher als Vernebelungstaktik.

Nach Oppermanns Brief setzte sich die Rechtsstellungskommission des Ältestenrates im Bundestag zusammen, angeblich um für mehr Transparenz zu sorgen. Das Ergebnis, das Mitte April 2011 bekannt wurde, war eine typische Maßnahme der Politik: zwei Schritte nach vorn, drei zurück. Zwar sollten die Jahresnebeneinkünfte zwischen 10.000 und 150.000 Euro in sieben Stufen veröffentlicht werden, um damit einen differenzierteren Überblick bei höheren Geldbeträgen zu geben. Doch es gab einen Haken. Die Veröffentlichung von allen Nebentätigkeiten unter 10.000 Euro sollte vollständig abgeschafft werden.[171] Damit konnten einmalige Honorare, etwa für Beratungen und Vorträge, die diese Summe nicht überschritten, vollständig verschwiegen werden. Ein Bundestagsabgeordneter, der 50 Vorträge oder 50 Beratungsstunden von verschiedenen Auftraggebern für jeweils 9999 Euro leistete und damit knapp eine halbe Million zusätzlich verdient hätte, müsste diese keinesfalls veröffentlichen und hätte, was die Öffentlichkeit anging, einfach keine Nebeneinkünfte. Man hätte also, wenn man an die raffinierte Aufteilung von Spenden in der Vergangenheit denkt, ein immenses Schlupfloch für Politiker und ihre Gönner aufgemacht.

Vor wenigen Jahren noch wäre diese Veränderung ohne große öffentliche Aufmerksamkeit übernommen worden. Etliche Jahre später, wenn die Konsequenzen ans Licht gekommen wären, hätte es seitens der Politik geheißen: »Das wollten wir nicht.« Heute gibt es jedoch zivile Organisationen wie LobbyControl, Mehr Demokratie und Campact, die die Politik kontrollieren. Dieser neueste Versuch, noch mehr Intransparenz zu ermöglichen, kam dank dieser Organisationen ans Tageslicht. Es blieb den Politikern nichts anders übrig, als einen schnellen Rückzug anzutreten mit der Erklärung, dass alles nur ein Missverständnis sei, ein Schlupfloch zu schaffen wäre nicht die Absicht gewesen.[172] Doch ohne dieses Schlupfloch scheint es zunächst keine große Eile unter den meisten Bundestagsabgeordneten zu geben, die restlichen, tatsächlichen Verbesserungen zu adoptieren.

Nicht nur in diesem Fall zeigen die Bundestagsabgeordneten ihren Widerwillen, was Transparenz angeht. Die Staatengruppe des Europarates gegen Korruption (GRECO) ist auch mit der Transparenz in Deutschland unzufrieden. Im Jahr 2009 schickte sie eine Gruppe nach Berlin. Ihr Fazit: »Die immer häufiger angewandte Praxis des Sponsorings bedarf der Überprüfung. Trotz unbestreitbarer Bemühungen, die Transparenz der finanziellen Aktivitäten der Parteien zu erhöhen, sind einschlägige Finanzinformationen nur mit starken Verzögerungen von bis zu zwei Jahren für die breite Öffentlichkeit verfügbar. Anlass zu großen Bedenken gibt der Grad an Kontrolle durch den Bundestag, das Parlament: er hat nur beschränkte Mittel, um die vom Parteiengesetz gestellten Aufgaben gänzlich zufriedenstellend zu erfüllen, und seine Unabhängigkeit wurde von den Medien infrage gestellt. Darüber hinaus muss dringend die Lage der Mitglieder des Bundestags hinsichtlich der Finanzierung ihrer politischen Aktivitäten überprüft werden, und sie müssen strengeren Regeln für die Annahme von Unterstützung aus privaten Quellen unterworfen werden (insbesondere angesichts der derzeitigen Lücken bei der Strafbarkeit von Korruption bei Abgeordneten).«[173] Es folgten zehn sinnvolle Verbesserungsvorschläge bezüglich Intransparenz der deutschen Parteienfinanzierung, wie die Veröffentlichung und eine verstärkte Kontrolle von Spenden und Sponsoring, sowie eine strengere Bestrafung von Verstößen. Die GRECO verlangte von den deutschen Behörden, bis zum 30. Juni 2011 einen Umsetzungsbericht über die zehn Empfehlungen einzureichen. Doch die Regierungsparteien im Bundestag entschieden sich erst Anfang Juli 2011 – also nach der Frist – zu handeln, indem sie den Bericht lediglich »zur Kenntnis« nahmen. »Danke für den Bericht, wir nehmen ihn zur Kenntnis, aber in Deutschland ist alles super, es besteht kein Handlungsbedarf!«,[174] fasste Timo Lange von LobbyControl die Entscheidung zusammen.

Ein weiteres Hindernis für echte Transparenz stellen die zahlreichen Tricks dar, um die Auftrag- und Geldgeber von Bundestagsabgeordneten zu verheimlichen. Rechtsanwälte können sich auf ihre gesetzliche Verschwiegenheitspflicht gegenüber ihren Mandanten berufen. Es bleibe jedoch Lammert überlassen, kritisiert LobbyControl, entsprechend den »Verhaltensregeln für Mitglieder des Deutschen Bundestags« zumindest auf der Angabe einer Branchenbezeichnung dieser Mandanten zu bestehen, damit man weiß, ob der Auftraggeber eine Bank, ein Energieversorger, Automobilhersteller oder Pharmakonzern ist.

Die Sache läuft immer mehr aus dem Ruder, weil zunehmend auch Abgeordnete, die keine Rechtsanwälte sind, sich dieses

Schlupflochs bedienen. Das gilt vor allem für die sogenannten Berater – eine ungeschützte Berufsbezeichnung. Der beratende Abgeordnete lässt in seinen Vertrag zusätzlich einen Passus aufnehmen, der ihn zur Verschwiegenheit verpflichtet, und ist wie die Anwaltskollegen von der Pflicht, seinen Auftraggeber zu veröffentlichen, befreit. Zwar könnte der Bundestagspräsident auch hier zumindest die Nennung einer Branche fordern, doch darauf verzichtet Norbert Lammert und öffnet damit dem Missbrauch Tor und Tür.

Es dürfte nicht überraschen, dass viele Abgeordnete sich diese Praxis ihres Präsidenten zunutze machen, gerade aus der eigenen Partei. Leo Dautzenberg etwa, der finanzpolitische Sprecher der CDU-Fraktion, der als selbstständiger Unternehmensberater im ersten Jahr der laufenden Legislaturperiode sieben anonyme Geschäftspartner auflistete, zwei davon in der höchsten, nach oben offenen Verdienststufe. Anfang 2011 beendete er, wie bereits erwähnt, die Charade und verließ den Bundestag, um sich ganz ins große Geschäft zu stürzen. Oder Kai Wegner, ebenfalls CDU, der als Unternehmens- und Wirtschaftsberater drei unbekannten Klienten dient. Alle sind in der höchsten Verdienststufe angesiedelt, ohne dass jedoch beziffert werden müsste, was das konkret bedeutet. Klaus-Peter Flosbach, »selbstständiger Wirtschaftberater« und CDU-Mitglied des Finanzausschusses, hat in dieser Legislaturperiode »nur« vier Auftraggeber, allerdings in der höchsten Stufe, vorzuweisen – eine bescheidene Ausbeute verglichen mit den zehn der vorigen Legislaturperiode, sieben mit Stufe drei und alle ohne Namensangabe. Spitzenreiter ist Otto Bernhardt von der CDU, der den Bundestag inzwischen verlassen hat: Er brachte es auf 22 namenlose Beratungsmandate,[175] davon viele mit Topverdiensten.

Daneben gibt es noch eine weitere, ausgesprochen listige Verschleierungsmethode: Man heuert bei einer Beraterfirma an und muss dann nur deren Namen als Arbeitgeber nennen, nicht aber die der Mandanten, sodass sich überhaupt nicht mehr überprüfen lässt, ob die Beratertätigkeit zu einem Interessenkonflikt mit der Arbeit im Parlament führen könnte. Und es kommt vor, dass die Beraterfirma dem Abgeordneten selbst gehört und er sein einziger Angestellter ist. Die Schlauen schlüpfen durch die engen Maschen des Gesetzes, die Dummen bleiben in den weiten Maschen hängen.

Ohne informelle politische Netzwerke aber wären solche Auswüchse vermutlich gar nicht möglich. Sie sind komplizierte Systeme, womit die politische Klasse sich gegenseitig Jobs, Aufträge und Einfluss zuschieben kann. Wie das funktioniert und wie schwierig es ist, hier Licht ins Dunkel zu bringen, lässt sich besonders gut an einem speziellen Fall demonstrieren.

Friedbert Pflüger ist, politisch gesehen, wahrscheinlich am Ende seiner politischen Karriere. Alles fing so vielversprechend an. Er war von 1990 bis 2006 Bundestagsabgeordneter der CDU-Fraktion. 2005 schaffte er es zum parlamentarischen Staatssekretär im Bundesministerium für Verteidigung. Dann gab er, in einem Moment der Selbstüberschätzung, 2006 sein Bundestagsmandat und damit die gut bezahlte Stelle als Staatssekretär auf, um sich von seiner Partei als Bürgermeisterkandidat in Berlin aufstellen zu lassen. Er verlor nicht nur die Wahl, sondern zwei Jahre später auch den Vorsitz der CDU-Fraktion im Berliner Abgeordnetenhaus. Da ihn die Bundes-CDU nicht zurückholte, musste er ein für seine Verhältnisse kärgliches Dasein als Hinterbänkler im Berliner Abgeordnetenhaus fristen. Die Gehälter von einst waren in weite Ferne gerückt.

Pflüger tat, was man »sich neu erfinden« nennt. Im Oktober 2010 gab er bekannt, dass er die Politik verlassen werde, um das European Centre for Energy and Resource Security (EUCERS) im Department of War Studies am Londoner King's College zu leiten. In den Medien hieß es, dass Pflüger aus der Politik in die Wissenschaft wechsle. Immerhin schien Pflüger sich einen würdigen Abgang verschafft zu haben.

Niemand zweifelte also daran, zumal Pflüger bereits seit Oktober 2009 eine Gastprofessur für internationale Beziehungen in London innehatte. Dubios wurde es erst, als ich bei einer Anfrage am King's College erfuhr, dass Pflüger für seine Lehrtätigkeit keinerlei Bezahlung erhielt und erhält: »Professor Pflügers Tätigkeit … wird in beiden Bereichen ehrenamtlich erbracht.«[176] Wovon aber lebt dann Professor Pflüger?

Wenn man die Angaben betrachtet, die er für das Berliner Abgeordnetenhaus, dem er bis Oktober 2011 angehört, gemacht hat, entdeckt man, dass Pflüger »seit 2009 geschäftsführender Gesellschafter der ›Pflüger und Stuth Internationale Beratung Berlin GmbH‹ und seit Oktober 2010 zudem geschäftsführender Gesellschafter der KGE Business Alliances GmbH« ist. Außerdem wird darüber informiert, welche Beteiligungen er an welchen Unternehmen hält: »Inhaber der Pflüger und Stuth Internationale Beratung Berlin GmbH; KGE Business Alliances GmbH (50 %); Asia-Europe Business Alliances GmbH (AEBA) (50 %)«[177]. Mehr erfahren wir nicht. So also sieht die vielbeschworene Transparenz in der Politik aus.

Friedbert Pflügers persönliches Internetportal, wo es überwiegend um Werbung für seine Aktivitäten geht, gibt etwas mehr preis. Dort liest man, dass seine Beratungsfirma Pflüger und Stuth »einige inhaltlich spannende Mandate – u. a. von Roland Berger und dem global tätigen indischen Unternehmen Moser Baer – bearbeitet«[178]. Wer die anderen »spannenden« Kunden sind, wird allerdings auch hier nicht verraten, auch von Pflüger auf Anfrage nicht.[179]

Bei Roland Berger, wo Pflüger seit 2009 angeblich Senior Adviser ist,[180] ging es um den Aufbau einer Europaabteilung in

Brüssel,[181] das Pflüger nicht fremd ist, war er doch von 1998 bis 2002 Vorsitzender des Europaausschusses im Bundestag. Im Berliner Parlament sitzt er zudem im »Ausschuss für Europa- und Bundesangelegenheiten, Medien, Berlin-Brandenburg«. Weiterhin, laut Pflügers Portal, ist er seit 2006 im Vorstand der Europäischen Volkspartei, die eine mächtige Fraktion im Europäischen Parlament hat. Stellt sich nur die Frage, mit welchem Hut er eigentlich in Brüssel in welcher Situation auftritt. Ist er Unternehmensberater, Parlamentarier, Politiker oder vielleicht Professor?

Dieser Problematik begegnet man wieder, wenn man Pflügers andere Geschäfte eruiert. Laut Eigenauskunft ist er Mitglied der deutsch-indischen Beratungsgruppe der Bundesregierung,[182] berät gleichzeitig die indische Firma Moser Baer Clean Energy Limited und trat auf einer Veranstaltung der Konrad-Adenauer-Stiftung mit der indischen Handelskammer und dem Handelsministerium im Oktober 2010 in Berlin als Moderator der Podiumsdiskussion auf. In welcher Eigenschaft? Als Professor, als Berater der Bundesregierung oder des indischen Unternehmens, als Berliner Abgeordneter, vielleicht als CDU-Mitglied? Wie trennt man diese Funktionen in einer solchen Situation? Oder nutzt man die Gunst der Stunde und bedient sich der Konrad-Adenauer-Stiftung als Türöffner, um zu maßgeblichen Wirtschaftsgrößen des Subkontinents Kontakte zu knüpfen? Immerhin war der Handelsminister höchstpersönlich anwesend. Kurz darauf reiste »Professor Pflüger«, erneut auf Einladung der Adenauer-Stiftung, nach Indien – nicht zum ersten Mal –, um dort mit Studenten zu diskutieren.[183] Ob das wirklich alles war, was er dort getan hat?

Noch komplizierter wird die Sache bei der Kurdish-German-European Business Alliances GmbH (KGE). In Pflügers Portal heißt es dazu: »Mit zwei kurdischen Unternehmern aus Großbritannien und Deutschland habe ich im September 2010 die KGE

Business Alliances GmbH mit Sitz in Berlin und Erbil (kurdische Region, Irak) gegründet. Durch meine langjährigen freundschaftlichen Kontakte in die heute boomende Millionenstadt Erbil verfüge ich dort über ein ausgezeichnetes Netzwerk an Kontakten, das durch meine kurdischen Freunde bereichert wird. Wir beraten europäische Unternehmen, die in der kurdischen Region tätig werden wollen – und umgekehrt.«[184] Als Kooperationspartner wird Roland Berger Strategy Consultants genannt[185] – Pflügers sonstiger Arbeitgeber.

Wenn man das Internetportal der Kurdish-German-European Business Alliances GmbH öffnete, sah man gleich fünf Bilder. Auf zweien war Angela Merkel als Begleiterin von Pflüger zu sehen, die drei weiteren zeigten ihn mit Gerhard Schröder, Nelson Mandela und Bill Clinton.[186] Berät Pflüger etwa alle vier bezüglich Investitionen in Kurdistan? Leider wurde das Portal in der Zwischenzeit verändert. Ein Bild mit Merkel und das mit Mandela mussten anderen Fotos weichen. Eine Reihe von News-Links zur KGE sind ebenfalls in der Zwischenzeit gelöscht worden. Einer führte zu einem Artikel der Agentur AK-News mit der Überschrift »Germany contributes to Kurdistan's agriculture«[187] vom September 2010. Darin ist von einem Hilfsprojekt die Rede, das von der deutschen Regierung zur landwirtschaftlichen Entwicklung initiiert worden sei. Der Name des kurdischen Unterhändlers wurde genannt, der des deutschen nicht. Da ist nur von einem »German lawmaker« die Rede. Jedoch findet man in einer arabischen Meldung zum selben Thema den Namen des ubiquitären Friedbert Pflüger.[188] Was hat dieser Mann mit Verhandlungen über Bundeshilfeleistungen für Kurdistan zu tun? Auf Befragen teilte Pflüger in einer E-Mail mit, er sei in seiner Eigenschaft als geschäftsführender Gesellschafter seiner Firma KGE dort gewesen. Zu welchem Zweck genau allerdings verriet er nicht.[189] Das Bundesministerium für wirtschaftliche

Zusammenarbeit und Entwicklung meinte, »keine Geschäftsbeziehungen mit den Unternehmen von Herrn Pflüger im Nordirak« zu unterhalten.[190]

Noch komplizierter wird es, wenn man seinem ominösen Institut nachspürt. Ich machte mich also auf den Weg nach London zum King's College, um dem Professor einige Fragen zur Finanzierung des »European Centre for Energy and Resource Security« zu stellen. Vergeblich. Professor Pflüger hatte dort kein eigenes Büro. Er hatte nicht einmal ein Fach für seine Post im Eingangsbereich, wie andere Mitglieder des Departments of War Studies. Wen wundert's: Friedbert Pflüger ist nach eigenen Aussagen im Schnitt nur zweimal pro Monat in London.[191] Als ich in der Institutsverwaltung nach der Finanzierung des European Centre fragte, hieß es, dass Herr Pflüger seine Geldmittel aus Deutschland besorge. Seine Assistentin sei nur zwei Tage in der Woche anwesend und sitze mit anderen in einem kleinen Gemeinschaftsbüro.[192] Pflüger bestätigte dies in einem Internetinterview: »King's College London stellt uns ein Büro im Unigebäude und die entsprechende Ausstattung, ferner die Räumlichkeiten für große und kleine Veranstaltungen. Es deckt die Basiskosten. Darüber hinaus finanzieren wir unsere Forschungsprojekte und Konferenzen durch Drittmittel.«[193]

Und was für welche. Im März 2010 veranstaltete er ein Symposium unter dem Titel »Future Conflicts over Energy and Resources. The need for a European Energy Policy«, finanziert wiederum von der Konrad-Adenauer-Stiftung, die eine unversiegbare Geldquelle für Pflüger zu sein scheint. Ein typisches Beispiel dafür, wie die politischen Stiftungen erste Adressen für die Umverteilung von Steuergeldern an Parteisoldaten und andere Gefolgsleute sind.

Entlarvend waren der Hauptredner und sein Vortrag, denn Jürgen Großmann ist Vorstandsvorsitzender der RWE AG. Man muss wissen, dass RWE vor Fukushima fast ein Viertel ihres Stroms in Deutschland mit Atommeilern erzeugte.[194] Unter den vier großen deutschen Stromkonzernen hatte RWE hinter E.ON den zweithöchsten Atomstromanteil. Unter den zehn klimaschädlichsten Kohlekraftwerken in der EU gehören laut einer WWF-Untersuchung vier der RWE.[195] Mit einem Ausstoß von 150 Millionen Tonnen CO_2 im Jahr ist, laut Greenpeace, der Konzern der größte CO_2-Emittent Europas.[196] Seit Fukushima hat Großmann sich zum letzten Gladiator der Atomenergie hochstilisiert.

Zu Gast bei Professor Pflüger referierte Großmann wenig wissenschaftlich, dass erneuerbare Energien bislang nichts zur Energiesicherheit beigetragen hätten und das auch in naher Zukunft nicht leisten würden[197], um dann hemmungslos für Atom- und Kohlekraftwerke und die Nabucco-Gaspipeline die Werbetrommel zu rühren, bei der RWE einer der maßgeblichen Gesellschafter ist. Akademischen Standards hätte Großmanns Rede kaum standgehalten. Es war allerdings eine sehr gute Werbeplattform für RWE und ihren Chef.

Eine weitere Veranstaltung von Pflügers Institut fand im November 2010 statt und wurde angekündigt als »Turkey – an energy hub for Europe«, doch bereits das Thema der Podiumsdiskussion verriet, um was es sich in Wahrheit handelte: »Nabucco and the Southern Gas Corridor – Perspectives for Europe and Turkey«. Also wieder die Pipeline, woran RWE beteiligt ist. Und weil sich insbesondere Österreich davon ein lukratives Geschäft verspricht, sponserte die Londoner Botschaft des Alpenlands das Abendessen, und der ehemalige österreichische Kanzler Wolfgang Schüssel hielt dort eine Rede und beantwortete Fragen. Doch worum es in erster Linie ging, das war etwas anderes als das eher zweitrangige Interesse Österreichs.

Nicht im Programm stand, dass RWE in Gestalt ihres britischen Ablegers RWE npower als zweiter Sponsor der Veranstaltung auftrat, was erst nach hartnäckiger Nachfrage herauskam.[198] Entsprechend war das Podium besetzt, bei dem Andreas Radmacher, CEO der RWE Holding A.S., Istanbul, das große Wort führen durfte. Doch er war nicht der einzige prominente Vertreter von RWE. Exkanzler Schüssel sitzt im Aufsichtsrat von RWE.[199] Was nicht im Programm stand, jedoch laut Pflüger habe er ihn während der Veranstaltung als solchen angekündigt.[200]

RWE ist auch sonst gut mit Pflügers EUCERS-Institut verknüpft. Der Chef von RWE npower, Volker Beckers, ist Beiratsmitglied im EUCERS, und kurz nach der Fukushima-Havarie durfte er in einem Artikel im EUCERS-»Newsletter« die Weiterverwendung von Atomenergie befürworten.[201] Wenig wissenschaftlich, doch zweifellos solide Public Relations.

Ähnlich sollte es weitergehen. Anfang 2011 sprach Pflüger in einem Interview von zwei umfassenden Studien »zum Thema Türkei und dem südlichen Korridor sowie über die Chancen von Carbon Capture Storage (CCS)«[202]. Mit südlichem Korridor ist die Nabucco-Pipeline gemeint, die für RWE als Investor von außerordentlichem Interesse ist. Ebenso wie CCS, eine Technologie zur Abscheidung von CO_2 und dessen unterirdischer Endlagerung, deren Risiken kaum abschätzbar sind – nicht unwichtig also für ein Unternehmen, dessen Stromproduktion im Jahr 2010 konzernweit zu 57 Prozent aus Kohle bestand[203] und das auch im Kohleabbau engagiert ist.

Bis zu diesem Zeitpunkt war mein Verhältnis zur Öffentlichkeitsabteilung des King's College völlig ungetrübt, und alle meine Fragen zu Pflügers Institut wurden beantwortet. Als ich mich jedoch für die Finanzierung und Transparenz von Pflügers Veranstaltungen zu interessieren begann, tauchte ein neuer Gesprächspartner auf: die Rechtsabteilung der Universität, und höchst merkwürdige Dinge passierten. Zunächst einmal wurde mir mitgeteilt, man könne mir seitens der Universität keine diesbezüglichen Auskünfte geben, da Pflügers Institut sich zwar am King's College befinde, jedoch nicht Teil der Universität, sondern eine unabhängige Organisation sei.[204] Klang zwar einleuchtend, aber trotzdem schien etwas nicht zu stimmen. Ich stellte die Aussage infrage. Zwei Wochen später erhielt ich eine Antwort von der Rechtsabteilung, nur dass es sich um einen Fehler handelte und diesmal darin zu lesen stand, bei EUCERS handele es sich doch um einen Teil der Universität.

Man muss begreifen, welche Konsequenzen das hätte haben können. Hätte ich die erste schriftliche Auskunft – das Institut gehöre nicht zur Universität – veröffentlicht, so hätte Pflüger dagegen eine einstweilige Verfügung erwirken können, mit der er problemlos durchgekommen wäre, vor allem angesichts der gegenwärtigen medienfeindlichen Haltung der deutschen Pressekammern. Dieses Buch hätte eingestampft werden müssen.

Nicht weniger aufschlussreich war die Antwort des King's College auf meine Frage, inwieweit bei den RWE-freundlichen Veranstaltungen Transparenz gewährleistet gewesen sei. Ja, hieß es, RWE sei Sponsor gewesen. Doch, so die Rechtsabteilung, es hätte Transparenz geherrscht. Pflüger habe in einem Interview die Sponsoren genannt. Dass dieses Interview erst am 7. Januar 2011 erschien, also über zwei Monate nach der Veranstaltung und dazu in einem unbedeutenden Internetportal, das nichts mit der Universität zu tun hat, darauf ging man nicht ein.[205] Pflüger hat mir ebenfalls stolz geschrieben, dass seine Sponsoren ebenfalls in einem »EUCERS-Newsletter«[206] im März 2011 – also in einigen Fällen ein Jahr nach den Veranstaltungen – veröffentlicht wurden, und nachdem ich mit King's College eine längere Korrespondenz über die Intransparenz von Pflügers Veranstaltungen geführt hatte. Wie man sieht, ist es im Vereinigten Königreich mit der Transparenz nicht besser bestellt als in der Bundesrepublik.

Pflügers nächste Veranstaltung fand im Februar 2011 statt: »Energy Security for Europe: The EU Agenda until 2050«. Ein Artikel in einem Internetportal, das Pflügers Hauspostille zu sein scheint, fasste die Veranstaltung folgendermaßen zusammen: »Nach etlichen Rückschlägen gibt es nun kräftigen Rückenwind für das europäische Erdgas-Pipelineprojekt Nabucco. Das ist das Fazit einer Konferenz am Londoner King's College … Als Keynote Speaker warb EU-Energiekommissar Oettinger für eine erweiterte Form des Projekts unter dem Titel ›Nabucco Plus‹.«[207] Dieses Mal wurden die Sponsoren genannt: Neben RWE waren das BP und die Standard Charter Bank (beide sind in Aserbaidschan involviert, das ein Gaslieferabkommen mit der EU über die Nabucco-Pipeline geschlossen hat) sowie Roland Berger Strategy Consultants (Pflügers Arbeitgeber). Auch der Steuerzahler war Sponsor, in diesem Fall durch die EU.

Im Juni ging es dann um »Energiesicherheit in der Region des Schwarzen Meeres«, doch erneut ging die Hälfte des Programms um »Irak, EU und Nabucco«.[208] Die Sponsoren waren der Einladung nicht zu entnehmen.

Sind Pflügers Institutsveranstaltungen am King's College nun wissenschaftlicher Natur oder handelt es sich um verdeckte Public-Relations-Arbeit, inszeniert für Sponsoren unter dem Deckmantel einer ehrwürdigen, jedoch geldhungrigen Universität? Der Fall Friedbert Pflüger ist nicht nur exemplarisch für fehlende Transparenz, sondern auch dafür, wie perfekt die politische Klasse ihre Netzwerke mittlerweile zum Zweck des Geldverdienens einzusetzen vermag.

Die Grenzen verschwimmen zwischen dem, was zulässig ist, und dem, was in die Nähe eines Straftatbestands rückt. Schon die Politiker der alten Bundesrepublik haben sich bisweilen schwergetan mit ihren Nebeneinkünften. Der Geldtransfer auf Politikerkonten ohne Gegenleistung ist illegal. Über seine Verwicklung in die strafrechtlich relevante Flick-Affäre etwa stolperte Rainer Barzel (CDU) und musste 1984 als Bundestagspräsident zurücktreten.

Aber es traf auch die Konkurrenz: 2002 trat der ehemalige SPD-Bundeskanzlerkandidat Rudolf Scharping als Verteidigungsminister zurück, nachdem ruchbar geworden war, dass er rund 70.000 Euro Lizenzgeld von dem eher zwielichtigen Public-Relations-Berater Moritz Hunzinger angenommen hatte – angeblich als Vorauszahlung für seine Lebenserinnerungen, die niemals erschienen sind. Ein günstiger Privatkredit, den Hunzinger vermittelt hatte, wurde Cem Özdemir von den Grünen zum Verhängnis – er legte sein Bundestagsmandat nieder.

2004 entdeckte die deutsche Bevölkerung durch immer neue Enthüllungen, dass ihre Politiker nicht nur Einkünfte aus Nebentätigkeiten hatten, sondern viele keine glaubhaften Gegenleistungen nachweisen konnten. Es gab viele Skandale und Rücktritte, die Empörung war groß. Daraufhin schusterte der Bundestag aus Verlegenheit und mit schwerem Herzen aufseiten vieler Abgeordneter das heutige grobmaschige Transparenzgesetz zusammen.

Ein Verstoß gegen illegale Nebenverdienste ist kein Kavaliersdelikt, wie die Parteien es abtun. Man vergisst in Deutschland leider, warum es im Artikel 21 des Grundgesetzes heißt: Die Parteien »müssen über die Herkunft ihrer Mittel öffentlich Rechenschaft geben«. Das war keine Aufforderung zu Betrug und kreativer Buchhaltung durch die politischen Parteien, sondern als Abwehr gegen eine Diktatur gemeint. Es waren die damaligen deutschen Wirtschaftsführer, die heimlich die Nazis finanzierten und bei der Entstehung des Dritten Reiches eine wesentliche Hilfeleistung erbrachten. Ihre Motivation dabei war, ihre finanziellen Vorteile zu fördern. Die heutigen deutschen Wirtschaftsführer, möglicherweise sogar Söhne, Töchter und Enkel derer, die die Nazis unterstützten, benutzen dieselbe Methode zur Pervertierung der Demokratie, um wiederum ihre finanziellen Vorteile zu fördern.

Vollends bleibt die Transparenz dort auf der Strecke, wo sich die Parteien zu ihrer Finanzierung aufs Sponsoring verlegen, was inzwischen ja in großem Umfang geschieht. Volker Beck, der für die Grünen im Bundestag sitzt, tritt als entschiedener Kritiker dieser Praxis auf, weil hier, wie er sagt, jegliche Richtlinien fehlen. »Während es für Spenden relativ klare Transparenzregeln gibt …, ist das Sponsoring nicht durch das Parteiengesetz geregelt. Sponsoring ist inzwischen zu einer bedeutsamen Form der Parteienfinanzierung geworden. Wir wollen daher, dass Einnahmen aus dem Sponsoring gesondert mit Angabe der Höhe und Namen des Sponsors im Rechenschaftsbericht ausgewiesen werden.« Des Weiteren kritisiert er die steuerliche Absetzbarkeit des Sponsorings als Betriebsausgabe – eine fragwürdige Praxis, die ebenfalls, ähnlich wie bei den Spenden, reguliert werden müsse.[209] Inzwischen wurde ein entsprechender Antrag seiner Fraktion im Bundestag eingereicht. Die Linken gingen noch weiter und wollen Sponsoring gänzlich verbieten.[210] An die Möglichkeit, dass einer der beiden Gesetzesentwürfe erfolgreich sein wird, glaubt gegenwärtig wohl kaum einer.

Wie absurd es sich mit der Transparenz im Bundestag verhält, merkte ich überdeutlich, als ich Recherchen über die Bundestagsabgeordneten anstellte. In einem Gespräch mit Mitarbeitern der unabhängigen Internetplattform abgeordnetenwatch.de wurde ein Parlamentarier erwähnt, der von der *Bild*-Zeitung als fleißigster Abgeordneter, »der noch nie eine Sitzung schwänzte«, ausgezeichnet worden war. Der Mann heißt Christian von Stetten (CDU), vertritt den Wahlkreis Schwäbisch Hall – Hohenlohe und ist Honorarkonsul der Malediven.[211] abgeordnetenwatch.de hatte allerdings festgestellt, dass von Stetten die Abstimmungen im Bundestag an zwei aufeinanderfolgenden Tagen, dem 16. und 17. März 2010, verpasst hatte. Das ist eigentlich ein klares Anzeichen, dass jemand nicht anwesend war. Von Stetten war nicht entschuldigt, wie aus dem Sitzungsprotokoll hervorgeht. Auch seine fehlende Stimmabgabe ist dort dokumentiert.

Es interessierte mich, ob Deutschlands fleißigster Bundestagsabgeordneter doch einmal etwas Dringenderes vorhatte, als sein Mandat wahrzunehmen. Um herauszufinden, ob von Stetten überhaupt an den zwei Tagen im Bundestag zugegen gewesen war, beschloss ich in den alphabetischen Anwesenheitslisten nachzuschauen, die an Sitzungstagen im Plenarsaal an den Eingängen zum Reichstagsgebäude sowie zum Bürogebäude der Parlamentarier ausliegen. Als ich bei der Bundestagsverwaltung um Einsicht in die Listen der betreffenden Tage bat, erhielt ich eine merkwürdige Antwort: Es sei nicht vorgesehen, dass Bürger die Anwesenheitslisten des Bundestags und damit ihre gewählten Volksvertreter kontrollieren.[212] Im Klartext bedeutet das: Die Abgeordneten werden zwar vom Volk bezahlt, doch damit ist keineswegs das Recht verbunden zu kontrollieren, ob sie auch ihren Pflichten nachkommen. Eine sehr deutsche Demarkation zwischen Herr und Untertan. Es blieb mir nichts anderes übrig, als unter Bezugnahme auf das Informationsfreiheitsgesetz Einsicht in die Anwesenheitslisten zu beantragen, was sich jedoch ebenfalls nicht als gangbarer Weg erwies. Es lag allerdings in von Stettens Ermessen, diesem Ansinnen zuzustimmen oder nicht. Fast schon erwartungsgemäß wollte er nicht. »Der Abgeordnete von Stetten hat seine Einwilligung in die Weitergabe von Informationen über Eintragungen in die Anwesenheitsliste nicht erteilt«,[213] hieß es in der Ablehnung der Bundestagsverwaltung. Als Grund nannte der Schreiber den Datenschutz, der immer dann bemüht wird, wenn es um unangenehme

Angelegenheiten der herrschenden Klasse geht. Auf meine Fragen zu seinen fehlenden Abstimmungen und seiner Weigerung, mir eine Einsicht in die Anwesenheitslisten zu gewähren, wollte der Volksvertreter und »fleißigste Bundestagsabgeordnete« von Stetten nicht eingehen.[214]

Meine nächste Begegnung mit der Transparenz im Bundestag übertraf die erste noch. Ich führte im Rahmen der Recherchen für dieses Buch eine ganze Reihe von Interviews und Gesprächen mit Bundestagsabgeordneten, wobei jedes Mal das gleiche Ritual ablief. Ich meldete mich am Eingang vom Bundestagstrakt an, wartete dort, bis ein Mitarbeiter des betreffenden Abgeordneten mich abholte und mich über weite Wege zu dessen Büro geleitete. Nach dem Gespräch wiederholte sich das Ritual, bloß in umgekehrter Richtung. Eine eindeutige Zeitverschwendung. Die Mitarbeiter der Parlamentarier hatten sicher Besseres zu tun, als mich ständig zu eskortieren.

Ich beschloss, dies durch die Beantragung eines Bundestags-Presse-Hausausweises zu ändern, der es mir erlauben würde, mich ungehindert und ohne Begleitung im Abgeordnetengebäude zu bewegen. Doch auch diese Sache gestaltete sich komplizierter als erwartet. Zunächst wurde ich gefragt, ob ich regelmäßig die Pressekonferenzen des Bundestags besuchen würde. Als ich die Frage verneinte, erklärte man mir, dass ich in diesem Fall kein Recht auf einen solchen Ausweis hätte. Ich legte meine Beweggründe dar und merkte, dass man diese scheinbar nachvollziehen konnte. Immerhin war es ja gut gemeint, den Mitarbeitern die ewige Lauferei zu ersparen. Der Vorschlag allerdings, der einer kurzen Denkpause folgte, verschlug mir die Sprache. »Melden Sie sich doch als Lobbyist an – dann erhalten Sie einen Hausausweis.« Bislang war ich des Glaubens gewesen, dass Lobbyisten diese Hausausweise nur unter bestimmten Bedingungen bekämen, nämlich wenn sie sich in der Verbandsliste des Bundestags offiziell registrierten – eine Maßnahme, die für ein Mindestmaß an Transparenz sorgen sollte. Ein Hausausweis für den Bundestag ist ein Dokument, das ihnen die ganze große Welt des Bundestags eröffnet. Damit können sie bei den Parlamentariern im Büro einfallen, sie sich auf dem Flur schnappen, sie im Bundestagsrestaurant belästigen. Als ich darauf wartete, von einem Bundestagsmitarbeiter abgeholt zu werden, habe ich mich immer wieder über die Anzahl der Lobbyisten gewundert, die mit ihren Hausausweisen einfach freien Zugang hatten.

Jetzt wollte ich es wissen und stieß endlich bei meinen Erkundigungen auf ein Merkblatt »Hinweise für die Beantragung und Ausstellung von Hausausweisen«,[215] das Auskunft gibt, wer unter welchen Bedingungen dazu berechtigt ist. Abgesehen von der Rubrik »Vertreter von Verbänden« gibt es eine spezielle Rubrik für »sog. Lobbyisten«, unter der sich folgende Formulierung findet: »Der Antragsteller muß neben dem unterschriebenen Antrag durch die Vorlage von mindestens fünf schriftlichen Bestätigungen von Mitgliedern des Deutschen Bundestags glaubhaft machen können, daß er ständig mit ihnen in Kontakt steht.« Was heißt das? Gibt es Bundestagsabgeordnete, die regelmäßig von Lobbyisten besucht werden oder sich sogar von ihnen beraten lassen? Wie viele sind das und wie oft passiert das?

Meine informellen Recherchen ergaben, dass rund anderthalbtausend »sog. Lobbyisten« mit Hausausweisen versorgt wurden. Die alte Schreibweise mit Verwendung des ß statt ss weist übrigens darauf hin, dass solch ausgedehnte Lobbyistentätigkeit ganz und gar keine neuere Erfindung darstellt.

Es war mir wichtig zu erfahren, wie die Anträge gestellt wurden. Ob es dafür ein Formular der Bundestagsverwaltung gab oder die Anträge formlos geschrieben wurden. Die Antwort war ebenso verblüffend wie alles andere in dieser Angelegenheit. Beim Bundestag, wo es anscheinend ein präzises Formular für jeden Vorgang gibt, existierte keines für diesen Fall. Man benutzte einen anderen Hausausweis-Antrag, der für eine einzelne Unterschrift vorgesehen war, und hinten trugen mindestens vier weitere Parlamentarier zusätzlich ihre Unterschriften ein, um insgesamt auf fünf zu kommen. Der Satz, dass der »sog. Lobbyist« ständig mit ihnen in Kontakt stand, so meine Information, wurde rundweg vernachlässigt. In der Tat hatte ich ein paar Parlamentarier und sogar einen Lobbyisten gefunden, die bestätigten, dass alle Beteiligten völlig unkritisch damit umgingen: »In der Fraktionssitzung reichte man das Formular herum mit der Bitte um Unterschriften. Niemand las, was er gerade unterschrieb, da sie sowieso die Rückseite abzeichneten«, meinte ein ehemaliger Bundestagsabgeordneter.

Mit diesen Informationen gewappnet, wandte ich mich an die Pressestelle des Bundestags, um eine offizielle Stellungnahme zu den diversen Auskünften meiner Informanten einzuholen – und rannte gegen eine Mauer. Wieder nichts mit Transparenz. Zur Anzahl der »sog. Lobbyisten« hieß es, diese könne nicht ermittelt werden, »da es zu viel Arbeit verursache«. Zum Verfahren wurde mir in verschlungenen Formulierungen Folgendes mitgeteilt: »Gemäß der Zugangs- und Verhaltensregeln für die Liegenschaften des Deutschen Bundestags können Lobbyisten einen Bundestagsausweis erhalten, wenn die Verbände registriert und diese im Bundesanzeiger ... eingetragen sind, und die Vertreter die Liegenschaften nicht zuletzt im Interesse des Parlaments häufig aufsuchen müssen.« Was heißt denn »häufig«? Und was bedeutet der Einschub »nicht zuletzt im Interesse des Parlaments« im Zusammenhang mit Lobbyisten? Weiter heißt es in dem Schreiben: »Sollten die Verbände nicht registriert und im Bundesanzeiger aufgeführt sein, können Lobbyisten dieser

Verbände einen Bundestagsausweis erhalten, wenn sie durch mehrere Referenzpersonen oder einen Fraktionsvorsitzenden beziehungsweise parlamentarischen Geschäftsführer nachweisen können, dass sie die Gebäude nicht zuletzt im Interesse des Parlaments häufig aufsuchen müssen.«[216] Im Klartext bedeutet das nichts anderes, als dass es sogar im Ermessen einzelner Abgeordneter, der Fraktionsvorsitzenden und parlamentarischen Geschäftsführer einer Fraktion liegen kann, einem Lobbyisten einen Ausweis für den Bundestag zu verschaffen.

Doch auch dieses Schreiben beantwortete wesentliche Fragen nicht, denn das Antragsprocedere für »sog. Lobbyisten« wollte mir nicht aus dem Kopf. Es entspann sich ein Monate dauernder Schriftverkehr, bis eingeräumt wurde, dass es in der Tat kein vorgedrucktes Formular für diese Anträge gebe. Darüber hinaus schickte man mir als Beispiel einen improvisierten Antrag aus den Akten. Vorne eine Unterschrift, hinten weitere, natürlich sämtlich unleserlich gemacht – aber kein Wort der Bestätigung seitens der Parlamentarier, dass sie mit dem antragstellenden Lobbyisten ständig in Kontakt stünden, was ja die Notwendigkeit des freien Zugangs begründen sollte.

Meine Frage nach der Anzahl der »sog. Lobbyisten« mit Bundestagsausweis blieb weiterhin offen. Außerdem wollte ich die Namen der Handelnden erfahren: die der Antragsteller wie die der hilfreichen Parlamentarier. Es blieb nicht anderes übrig, als auf das Informationsfreiheitsgesetz zurückzugreifen. Ich hätte es seit der Von-Stetten-Geschichte wissen müssen: Auch diesmal bekam ich keine Auskunft und schon gar keine Akteneinsicht. Sämtliche Beteiligten, also alle Unterzeichner der Anträge, müssten zustimmen, wurde ich abgewimmelt. Und zur Abschreckung informierte man mich, dass auf jeden Fall hohe Verwaltungsgebühren anfallen würden, sollte ich auf meinem Antrag bestehen, unabhängig vom Ausgang der Angelegenheit.[217] So viel zum Thema Transparenz im Bundestag und Informationsfreiheitsgesetz.

Im Mai 2011 hat der Bundestag endlich gehandelt in Sache »Sog. Lobbyisten«-Hausausweise. Doch es ging nicht um die Transparenz oder Verteidigung der Demokratie, sondern um ihre eigene Sicherheit im Sog der vielen Sicherheitsalarme im Jahr 2011. Sie wussten selbst, wie einfach es ist, einen »Sog. Lobbyisten«-Ausweis zu erhalten und mit welcher Freizügigkeit Abgeordnete dies ermöglichten. Nun sollte die Vergabe strenger gehandhabt werden, doch noch erlaubt sein. Die Lobbyisten werden die Änderung wahrscheinlich nicht einmal merken.

Dabei waren die Deutschen ursprünglich die Ersten in Europa, die den Lobbyismus zu regulieren versuchten, denn 1972 führte der Bundestag eine »öffentliche Liste« für »Verbände und ihre Vertreter« ein. Mit diesem Lobbyistenregister, wie es ganz offiziell hieß, wollte man, wie im Internetportal des Bundestags nachzulesen, den Versuch unternehmen, Interessenvermittlung formaler und transparenter zu gestalten.[218] Es muss bezweifelt werden, ob dies geglückt ist, zumal die Registrierung nicht zur Pflicht gemacht wurde und für selbstständige Lobbyisten ohnehin nicht gilt. Übrigens haben viele Lobbyisten eine ganz einfache Methode gefunden, sich lästigen Fragen nach der Berechtigung ihrer Präsenz im Bundestag zu entziehen: Sie deklarieren sich als Journalisten und besorgen sich Presseausweise. Ein völlig problemloses Verfahren, da viele von ihnen in ihren Agenturen publizistisch tätig sind.

Auch zur Registrierung von Lobbyisten haben die Grünen einen Antrag im Bundestag für die Einführung eines öffentlichen Lobbyistenregisters eingereicht.[219] Vorgesehen ist die Veröffentlichung der Namen der Lobbyisten und ihrer Auftraggeber, ihrer dienstlichen Adressen, der Höhe und Quelle ihrer Finanzen sowie ihrer Tätigkeitsbereiche. Nicht zuletzt: »Die unmittelbare oder mittelbare Beeinflussung von Vorlagen der Exekutive durch Lobbyistinnen und Lobbyisten, die für den Deutschen Bundestag bestimmt sind (Gesetzentwürfe, Unterrichtungen u. Ä.), ist zu dokumentieren und für den weiteren Beratungsprozess transparent zu machen.«[220] Die Linke und die SPD haben ebenfalls Gesetzesvorschläge dazu eingereicht. Auch hier gibt es kaum eine Chance, dass diesem Antrag bald zugestimmt wird.

Die Nähe, beinahe Symbiose von Bundestagsabgeordneten und Lobbyisten beobachte ich schon lange, wobei insbesondere ein Ereignis für mich zum Schlüsselerlebnis wurde: ein Parlamentarischer Abend. Schon seit Jahren bemühte ich mich um Zugang zu einem solchen Treffen, die nicht, wie der Name vermuten lässt, vom Parlament veranstaltet werden, sondern von Lobbyisten, Verbänden und Unternehmen, und die dem einzigen Zweck dienen, die jeweiligen Partikularinteressen und Sichtweisen in einem gemütlichen, geschlossenen Kreis den geladenen Bundestagsabgeordneten nahezubringen. An einem exklusiven Ort und bei hervorragendem Essen und Trinken, denn die Veranstalter scheuen keine Kosten. Sie sind sowieso steuerlich abschreibbar, also vom Steuerzahler subventioniert. Wie aber in diesen illustren Zirkel gelangen? Zwar hatten Lobbyisten gesprächsweise immer wieder beteuert, es handele sich keineswegs um geheime Zusammenkünfte und ich sei jederzeit willkommen, doch wenn ich mich ernsthaft um eine Einladung bemühte, wurde ich mit höflichem Bedauern abgewiesen. Bis ich es endlich schaffte, es war zur Zeit der Großen Koalition, einen Parlamentarier dazu zu bringen, mich heimlich als Begleiter mitzunehmen.

Es ging um Gentechnologie. Eingeladen hatten zwei Unternehmen, die in genmanipulierte Agrarprodukte investierten, sowie die Gewerkschaft Bergbau, Chemie, Energie, ein Befürworter der Gentechnik. Ort der Veranstaltung war das »Haus

Sommer« der Commerzbank links vom Brandenburger Tor, der Zeitpunkt ein Donnerstagabend im Winter nach einer Plenarsitzung. Als wir ankamen, bauten die Caterer gerade ein opulentes Buffet im Erdgeschoss auf, während im Konferenzsaal in der oberen Etage bereits ungefähr 50 bis 70 Abgeordnete warteten, dazu drei Lobbyisten auf dem Podium. Im obligatorischen Anzug die Männer, die Damen im geschäftsmäßigen Kostüm. Ich erkannte Mitglieder fast aller Fraktionen: CDU/CSU, SPD, FDP und Grüne – nur ob auch ein Parlamentarier der Linken dabei war, kann ich nicht sagen.

Bereits bei der Einführung fiel mir die ausgeprägte und nachdrücklich betonte Dichotomie von »wir« und »sie« auf. »Wir«, damit waren die Leute im Raum gemeint, die Lobbyisten wie die Parlamentarier. Sagte der Redner hingegen »sie«, dann bezog er sich ebenso ausgrenzend wie abschätzig auf die da draußen, auf die Bevölkerung. »Wir« führen sachliche Diskussionen, »sie« sind unsachlich und emotional. »Wir« haben Sachverstand, »sie« sind abergläubisch und mittelalterlich. »Wir« wissen, wenngleich einige von uns es nicht öffentlich sagen dürfen, dass die Gentechnik die Zukunft ist und die Zukunft die Gentechnik, während »sie« immer gegen alles Neue sind. Der Raum war warm, die Stühle bequem, das Buffet duftete verlockend bis hinauf in den Konferenzsaal. Man war unter sich. Der Pöbel kann solche Annehmlichkeiten kaum bieten. Die Stimmung unter den Parlamentariern war nachvollziehbar: »Sie« verstehen »uns« nicht. Die Lobbyisten, die Manager, die Berater, die PR-Leute dagegen tun das. Besser gesagt: »Wir« verstehen »uns«. Fasziniert betrachtete ich die zustimmend nickenden Köpfe, während auf dem Podium weiter die Verbrüderung im Geiste beschworen wurde. Mein begleitender Parlamentarier wurde bei dieser Liturgie immer unruhiger. Er verabschiedete sich plötzlich mit dem Satz: »Entweder gehe ich jetzt oder ich kotze.«

Kurz darauf passierte dann doch noch etwas völlig Unerwartetes. Hans-Josef Fell, Bundestagsabgeordneter der Grünen, stand empört auf und erklärte, an den Redner gewandt, dass er nicht länger bereit sei zuzuhören, wie das Volk diffamiert werde. Die Argumente der Bürger seien stichhaltig und ihre Sorgen bezüglich der Gentechnik berechtigt. Die alerten Lobbyisten schalteten schnell um. Man wolle keinesfalls die Bevölkerung abqualifizieren, doch es sei gut, wenn »wir« sachlich über die Vorteile der Gentechnik und frei von Emotionalität unter »uns« reden könnten. Ohne »sie«. Die Powerpoint-Präsentation begann, und die altbekannten Thesen der Gentechniklobby wurden zum tausendsten Mal heruntergebetet. Anschließend ging man zum gemütlichen Teil des Abends über: zum Buffet und zu vertraulichen Einzelgesprächen.

Die Atmosphäre dieses vereinnahmenden »Wir« werde ich nie vergessen. Es war eine selbstverständliche Nähe, ein unausgesprochener Zusammenhalt zu spüren – trotz Partei, trotz Mandat, trotz Lobbyauftrag. An diesem Abend war die politische Klasse unter sich, in einem zu ihrem Rang passenden Rahmen und mit der passenden Bewirtung. »Wir« geschützt vor »ihnen«.

Man könnte sagen, dass Fells Verhalten eine Selbstverständlichkeit sein müsste. Doch das war es nicht. Es waren weder Fernsehkameras noch, soweit er wusste, Journalisten oder Öffentlichkeit zugegen. Es war ein – wenn vielleicht auch kleiner – Moment der Courage, aufzustehen und dem Diskurs der herrschenden Klasse für einen kurzen Moment zu widersprechen.

Parlamentarische Abende treiben immer absonderlichere Blüten. So fand am 9. Juni 2010 ein »Parlamentarischer Innovationsdialog bei der Bayer AG« in Berliner Räumlichkeiten von Bayer statt mit dem Thema: »Was kann die Politik beitragen, um den Innovationsstandort Deutschland nachhaltig zu stärken?« Die Abgeordneten, hieß es, sollten Gelegenheit bekommen, die

Bereiche Gesundheit, Ernährung und hochwertige Materialien einmal näher kennenzulernen. Doch die Einladung erfolgte nicht etwa seitens der Bayer AG, sondern auf Initiative von vier Mitgliedern des Parlaments – von Michael Kretschmer (CDU), Albrecht Rupprecht (CSU), Patrick Meinhardt (FDP) und René Röspel (SPD).[221]

Sonderbar. Ich wandte mich zuerst an Meinhardts Büro. Dort schob man die Schuld gleich weiter, als hätte man es mit auf frischer Tat ertappten Schuljungen zu tun. »Da die Initiative für die gemeinsame Einladung von Herrn Kretschmer kam, baten wir Herrn Kretschmer, stellvertretend für Herrn Meinhardt zu antworten.«[222] Bei René Röspel klang das ähnlich: »Ich bin von meinem Kollegen Michael Kretschmer gefragt worden, ob ich bereit wäre, gemeinsam mit Kollegen aus den anderen Fraktionen zu der genannten Veranstaltung einzuladen«,[223] erklärte er und fügte hinzu, dass es für ihn »um einen Informationsaustausch … und nicht um die Durchsetzung von Interessen« gegangen sei. Und Kretschmer, der angebliche Anstifter, meinte, »dass wir die typischen Lobbyveranstaltungen, zu denen wir Einladungen jeden Tag zuhauf bekommen, durchbrechen wollten und selbst die Tagesordnung mit den für uns interessanten Themen bestimmten wollten«[224]. Rupprecht von der CSU reagierte erst gar nicht auf meine Anfrage.

Die Volksvertreter schienen jedoch zu vergessen, dass sie selbst genug eigene Möglichkeiten hätten, Tagesordnung und Themen im vorgegebenen parlamentarischen Rahmen zu bestimmen, und deshalb die Wirtschaft als Gastgeber nicht brauchen.

Ähnlich absurd verhielt es sich mit einer Veranstaltung der Daimler AG im Rahmen ihrer politischen Dialogreihe am 2. November 2010, bei der die Parlamentarier eingeladen wurden, mit der Bundesministerin für Bildung und Forschung, Annette Schavan, zu diskutieren. Wie sollte man das verstehen? Schließlich sitzt die Ministerin selbst im Parlament, ist also jederzeit ansprechbar. Warum können die Abgeordneten dann nicht vor Ort mit ihr diskutieren und brauchen die Vermittlung von Daimler? Ich hätte mir gerne die Geschichte näher angeschaut, doch als ich mich anmelden wollte, wurde mir die Teilnahme – wie immer – verweigert.

Doch dieses »Wir gegen sie« ist eine Einstellung, die nicht nur die Politik bestimmt, sondern ebenfalls die öffentlichen Verwaltungen. Oliver Schruoffeneger, Mitglied des Berliner Abgeordnetenhauses, hatte lange Jahre mit dem Berliner Filz, Korruption und der komplizenhaften preußischen Landesverwaltung Erfahrungen gesammelt. »Transparenz von Verwaltung und Politik ist ein beliebtes Schlagwort, was mit der Realität wenig zu tun hat«, konstatierte er, doch in der Realität herrsche immer noch »eine gesellschaftliche Mentalität, die davon ausgeht, dass Verwaltung und Bevölkerung sehr abgeschottete Systeme« seien, »die sich gegeneinander in Position bringen müssen, die ihre Rolle verteidigen oder erkämpfen müssen, die sich nicht in die Karten schauen lassen«.

Schruoffeneger führt dies zurück auf Relikte des »preußischen Hoheitsstaats, auf dem noch heute wesentliche Eckpfeiler unserer Verwaltungsstruktur basieren. Das Beamtenrecht in seiner hiesigen Form ist weltweit einmalig und prägt in weiten Teilen die Mentalität der Verwaltung. Transparenz wird eher mit Geheimnisverrat oder Illoyalität identifiziert als mit einem offenen Dialog mit der Bevölkerung. Dieses Verhältnis von ›Staat‹ zur Bevölkerung ist schon sprichwörtlich.« Hinzu komme erschwerend, so der grüne Abgeordnete, dass Transparenz nicht belohnt werde. Im Gegenteil: »Jeder Politiker oder hohe Verwaltungsmitarbeiter muss bei einem transparenten Eingeständnis von Fehlentwicklungen im eigenen Bereich oder auch nur eigener Hilflosigkeit vor bestimmten Entwicklungen mit einem erheblichen Karriereknick rechnen. Angedrohte Abmahnungen von Mitarbeitern, die auch nur verwaltungsintern auf Fehlentwicklungen hinweisen, sind nicht selten, und wenn sich eine Verwaltung ausnahmsweise mal transparent verhält, dann sind es spätestens *Bild*-Zeitung oder *Neues Deutschland* – je nach politischer Ausrichtung –, die personelle Konsequenzen fordern. Auch die Öffentlichkeit – von Presse bis Volkes Stimme – definiert sich eher als Gegenpol gegen Verwaltung und Politik, als dass es zu einem Verständnis der gemeinsamen Suche nach Problemlösungen kommt.«[225]

Dass eine solche Gegnerschaft existiert, kann ich nur aus eigener Erfahrung als investigativer Journalist für Wirtschaftskriminalität bestätigen. Nur zu oft wurde meine Arbeit von Ministerien oder Verwaltungen behindert. Sogar öffentliche Gelder wurden in fünfstelliger Höhe für juristische Verfahren verschwendet, um mich an der Aufdeckung irgendwelcher Missstände zu hindern. Sollte man nicht eher meinen, auch in Verwaltung und Politik müsse man ein Interesse daran haben, Korruptionsfälle aufzuspüren? Leider nein. Wenn man sich mit mir unterhielt, dann nur in der Hoffnung, meine Informationsquellen zu erfahren. Natürlich handelte es sich bei diesen um Insider. Integre Personen, die bei Korruption und Filz nicht länger tatenlos zuschauen wollten. Was sie taten, war nicht nur mutig, sondern auch gefährlich, denn wie leicht konnten sie auffliegen – und dann wäre ihr Arbeitsplatz weg gewesen. Zur Verteidigung der Demokratie wird man in der Bundesrepublik nur zu oft in die Klandestinität gezwungen.

Solche Strukturen, wie ich sie in Ministerien und öffentlichen Verwaltungen erfahren musste, haben mit demokratischem Bewusstsein wenig zu tun, aber viel mit Korpsgeist. Wesentlichen Anteil daran hat die Justiz. Wenn die politische Klasse Richter ernennt und Staatsanwälte nicht unabhängig sind, sondern weisungsgebunden, kann man von der »Justiz« wenig Einsatz im Interesse des Bürgers erwarten. Das ist kein wünschenswerter Zustand in einer Demokratie.

Es gibt jedoch eine wichtige Entwicklung im bundesrepublikanischen politischen Leben. Es entstehen in Deutschland kleine überparteiliche Nonprofit-Organisationen wie abgeordnetenwatch.de und LobbyControl, die sich mit einem dürftigen Spendenaufkommen darum bemühen, den Bürgern eine Chance zu geben, sich am demokratischen Prozess zu beteiligen, und gleichzeitig mit fundierten Beweisen und Argumenten auf die antidemokratischen Tendenzen der mächtigen Phalanx aus Politik, Wirtschaft und Medien hinweisen.

Im Jahr 2004 gegründet, definierte abgeordnetenwatch.de in seiner Satzung als Zweck des Vereins »die Förderung des demokratischen Staatswesens«. Ziel sei es, ein Medium für Informationen, politische Diskussion und Beteiligung der Bürger an Entscheidungsprozessen auf allen Ebenen aufzubauen. Wenn man die Millionenetats für Kommunikation des Bundes, der Länder, der Kommunen und der Parteien betrachtet, müssten diese Bemühungen eigentlich überflüssig sein. Doch der größte Teil der Politik kommuniziert weder offen noch ehrlich mit dem Volk. Von Diskutieren kann kaum die Rede sein. Sie verkündet, vernebelt und lügt.

Unter anderen gibt abgeordnetenwatch.de Fragen von Bürgern an Abgeordnete weiter – auf der Internetseite nachzulesen –, veröffentlicht das Abstimmungsverhalten bei wichtigen Entscheidungen, informiert über Nebeneinkünfte und Ausschussmitgliedschaften. »Über abgeordnetenwatch.de haben wir eine Möglichkeit geschaffen, sich über öffentliche Fragen direkt in die Politik einzubringen. Die Frage lenkt Aufmerksamkeit auf ein Thema, stellt Öffentlichkeit her und provoziert Transparenz. Kein Abgeordneter ist mehr unerreichbar. Auf einen Blick wird deutlich, wer sich für die Anliegen der Bürgerinnen und Bürger einsetzt und wer nicht. Alle Fragen und Antworten … bieten den Wählern mit Blick auf die nächsten Wahlen eine gute Informationsgrundlage. Denn die kommt mit Sicherheit«, meint Gregor Hackmack, Mitbegründer des Vereins, der sich in jüngster Zeit, wie erwähnt, besonders mit Recherchen zu den Nebeneinkünften hervorgetan hat. Ein sehr verdienstvolles Unternehmen, zumal die Medien heutzutage kaum noch Geld für aufwendige Nachforschungen ausgeben.

In gleicher Weise arbeitet der 2005 gegründete Verein Lobby-Control, der als Ziele ebenfalls die »Förderung von Transparenz und Demokratie« sowie die Aufklärung über Lobbyarbeit und Machtstrukturen nennt. »Wir wollen, dass die Stimme von jedem und jeder zählt und nicht nur die von mächtigen Lobbygruppen«, erklärt Geschäftsführer Ulrich Müller. »Leider erleben wir häufig genau das Gegenteil: den einseitigen Zugang von Lobbyisten zur Politik, manipulative Lobby- und PR-Kampagnen und Hinterzimmerpolitik.«

Deshalb hält man dagegen: durch Studien etwa zum Wechsel von der Politik in die Wirtschaft oder zur Aktivität einzelner Lobbyorganisationen. Einen großen Erfolg landete der Verein 2009 mit einer Enthüllung über eine verdeckte Kampagne des Staatsunternehmens Deutsche Bahn zum Zweck der Privatisierung – ein gelungenes Beispiel für politische Transparentmachung, die eigentlich Aufgabe der Medien wäre. Erfolgreich war auch eine allgemeine Kampagne gegen die Auswüchse des Lobbyismus, die 2008, zusammen mit Enthüllungen des ARD-Magazins »Monitor« und einer Kritik des Bundesrechnungshofs, dazu führte, die Aktivitäten der Lobbyisten zumindest in den Ministerien etwas mehr zu begrenzen.

Auf europäischer Ebene beteiligt sich die Organisation an der »Allianz für Lobby-Transparenz und ethische Regeln« (ALTER-

EU). »Uns kommt es darauf an, Lobbyismus in seiner Breite sichtbar zu machen, die fragwürdigen Methoden und Machtungleichgewichte und die damit verbundenen Probleme für eine umfassende Demokratie«, so Müller. »Und wir wollen konkret etwas verändern, auch wenn das nur langfristig in kleinen Schritten erreichbar ist.«[226]

Allerdings vermögen kleine, unterfinanzierte Organisationen wie LobbyControl und abgeordnetenwatch.de nur kleine Breschen in die Verteidigungsmauern ihrer mächtigen Gegner zu sprengen, aber ihre Bedeutung darf nicht unterschätzt werden. Wenngleich ihre Aktivitäten kein Ersatz für politisches Handeln sein können, weisen sie doch nachdrücklich auf das wachsende Demokratiedefizit in der Bundesrepublik hin. Obwohl sich die politische Klasse alle Mühe gibt, die Inhalte ihrer Kampagnen zu ignorieren, ist allein ihre bloße Existenz ein deutliches Zeichen dafür, dass die Bürger zunehmend unzufrieden sind mit den angeblichen Volksvertretern und Repräsentanten. Und vor allem mit deren Intransparenz, Käuflichkeit und Korruptheit.

In einem korrupten Volk
kann die Freiheit nicht gedeihen.[227]

– Edmund Burke

Das Böse triumphiert allein dadurch,
dass gute Menschen nichts unternehmen;
sie werden einer nach dem anderen untergehen,
als nicht bemitleidete Opfer in einem
verachtenswerten Kampf.[228]

– Edmund Burke

Kapitel 4

PARTEIENDEMOKRATIE

»Wollen wir wirklich, dass eine kleine politische Elite, beeinflusst von mächtigen Wirtschaftsbossen und einflussreichen Medien-Tycoons, die politische Richtung vorgibt und diese Vorgaben kaum noch verändert werden können? Das wäre das Ende der Demokratie, wie wir sie kennen. Volksvertreter und Parteifunktionäre hätten nur noch die Funktion, den Machterhalt zu sichern, ansonsten wären sie überflüssig. Damit würde auch die Bevölkerung den direkten Zugang zur politischen Mitbestimmung verlieren, sie hätte lediglich alle paar Jahre die Chance, die Zusammensetzung der bestimmenden Elite leicht zu modifizieren.«[229]

Diese Passage stammt aus einem Buch, das in Deutschland im März 2010 erschienen ist. Eigentlich keine ungewöhnlichen oder abwegigen Gedanken. Solche Kritiken des bundesrepublikanischen politischen Systems findet man zur Genüge. Man braucht schließlich nur an all die gebrochenen Wahlversprechen und all die einsamen Entscheidungen der derzeitigen Regierung zu denken, die nach Käuflichkeit aussehen, wie etwa die Steuerbegünstigungen für die Hotellerie oder die schicksalhafte Laufzeitverlängerung für Atomkraftwerke. Deswegen verzichten immer mehr Bundesbürger auf die Gelegenheit, »die Zusammensetzung der bestimmenden Elite leicht zu modifizieren«, und wählen nicht mehr.

Das Markante des oben genannten Buches mit seiner harschen Kritik an der politischen Klasse besteht darin, dass es von einem Mitglied dieser Kaste stammt: dem SPD-Bundestagsabgeordneten Marco Bülow. Er weiß, wovon er schreibt, und hat nicht zuletzt deshalb den bezeichnenden und allzu wahren Titel *Wir Abnicker* gewählt, sich selbst kritisch einbeziehend. Ein Eingeständnis parlamentarischer Ohnmacht. Denn es sind, folgert Bülow, nur noch »große Finanzakteure, Wirtschaftsführer, Medienmogule, wenige Journalisten und einige Politiker«, die die »konzertierte Entscheidungsmitte unserer Demokratie«, wie er das nennt, darstellen, die den »Willensbildungsprozess beeinflusst und teilweise sogar dominiert«.[230] Ein bedenklicher Prozess, worin Bülow die Volksvertreter, und dadurch das Volk, als die großen Verlierer sieht.

Im Bundestag heben Abgeordnete wie auf Kommando ihre Hände für die Interessen der wahren Entscheider. Bülow beschreibt, wie sich Parlamentarier auf willige Vollstrecker von Partikularinteressen – zum Nachteil des Gemeinwohls – reduzieren lassen. Wie sie sich mit dem Machtverlust abfinden, oder »sie halten sich aus Karrieregründen zurück«[231]. Die »Parteien degenerieren zu Dienstleistern, Klientelvertretungen und Kanzlerwahlvereinen«.[232]

Das Buch ist mutig. Sicherlich hätte es noch mutiger sein können. Doch der damals 39-jährige Bülow stand mitten im politischen Prozess, und er verzichtete darauf, möglichst viel Porzellan zu zerschlagen, um seine fundierte Kritik nicht als Rage disqualifizieren zu lassen. Und nur ein paar Bundestagsabgeordnete bemühen sich überhaupt, die Öffentlichkeit mit entsprechender Selbstkritik über die wahren Zu- und Missstände der deutschen Politik aufzuklären.

Bülows Bemühungen wird keinesfalls Beifall gezollt. Die Deutschen rufen zwar nach Zivilcourage und vergeben sogar Preise für etwas, das eigentlich zum Alltag gehören sollte. Man darf hierzulande Zivilcourage gegen Nazis und Scientologen zeigen. Wer aber dem ehrenwerten deutschen Establishment, und dazu zählt die politische Klasse, zu nahe tritt, der fällt unter die Kategorie Nestbeschmutzer oder Verräter. Die Dolchstoßlegende-Kultur ist ein integraler Teil des deutschen Empfindens- und Handlungsgutes. Die konstruierten Verräter werden verachtet, nicht die Täter. Bülow wird lange auf eine breite sachliche Auseinandersetzung mit seinem Buch warten müssen. Er ist höchstens im Notfall als Feigenblatt nützlich und kann frühestens bei seinem Nachruf auf Anerkennung hoffen.

Bülow ist nicht der einzige Politiker, der seine Demokratiekritik in Buchform verfasste. Schon acht Jahre davor, 2002, erschien das Buch des ehemaligen Bundestagsabgeordneten der Grünen Christian Simmert, kurz nach seinem politischen Abgang. *Die Lobby regiert das Land* lautete der Titel, wobei es ihm damals stärker als Bülow um eine parteiinterne Auseinandersetzung ging.[233] Desillusioniert war jedoch auch er. Doch wie Bülow nach ihm hat er hervorragend beschrieben, wie seine Parteigenossen bereit waren, jedes Prinzip über Bord zu werfen, um am Trog der politischen Macht zu bleiben und die dazugehörige Remuneration zu kassieren: »Das Parlament sollte hinterher nur noch das abnicken können, was zuvor Regierung und Verbände verabredet hatten.«[234] Das Paradebeispiel für das Versagen seiner Partei war für den grünen Pazifisten der Beschluss zur Entsendung deutscher Truppen nach Afghanistan, der für ihn zur Gewissensfrage wurde. Aber die Grünen, die sich ehemals selbst als Friedenspartei definierten, beugten sich den Erfordernissen des Machterhalts, und die Überzeugungen von Simmert und anderen Kriegsgegnern blieben unter massivem Druck von oben, vor allem seitens der eigenen Parteiführung und des SPD-Kanzlers, auf der Strecke.

Schröder nämlich drohte damit, den Koalitionspartner zu wechseln, falls der Beschluss scheitern sollte. Kein Problem, denn die FDP stand schon bereit – wie immer. Es ging den Grünen, vor allem der Führung, weniger um Krieg und Frieden als um eine Regierungsbeteiligung und Geld. Die Nervosität trieb bizarre Blüten, erinnert sich Simmert. »Einige Mitarbeiter aus der Fraktion und aus zustimmenden Abgeordnetenbüros liefen Amok. In einer Erklärung, die auch noch an die Nachrichtenagentur Reuters gegeben wurde, forderten sie uns auf, die Koalition zu retten, auch um ihrer Arbeitsplätze willen.«[235] Die Abweichler in der Partei gaben klein bei, und so befinden sich heute deutsche Soldaten erneut in einem fremden Land, wo sie nichts zu suchen haben, und führen einen sinnlosen Krieg, in dem unschuldige Zivilisten getötet werden – und das dank der Partei Bündnis 90/Die Grünen.

Durchgesetzt wird jede Entscheidung der Regierung, so Simmert, durch den Fraktionszwang. Auch wenn er gängige Praxis ist und jeder sich darauf beruft oder sich, je nachdem, damit entschuldigt, wird er in der Geschäftsordnung des Bundestags oder gar im Grundgesetz nicht erwähnt. Vielmehr heißt es dort, Artikel 38, Absatz 1, die Abgeordneten seien Vertreter des ganzen Volkes, an »Aufträge und Weisungen nicht gebunden und nur ihrem Gewissen unterworfen«, doch diese Anweisung findet keine Beachtung mehr. Politiker sind notorisch bekannt für ihre Betrachtung, dass das Gesetz eher für die anderen gilt. »L'état, c'est nous« wäre am Giebel des Haupteingangsportals des Bundestags zeitgemäßer als »Dem deutschen Volke«.

Wer aber sucht, der findet nicht wenige Politiker – wenn auch nicht bei den Karrieristen der Parteien –, die die Analysen von Bülow und Simmert teilen. So der SPD-Bundestagsabgeordnete Matthias Miersch, der meint, dass der Fraktionszwang nicht nur zu einer zunehmenden Aushöhlung des Artikels 38 im Grundgesetz und Schwächung des Handlungsspielraums der Bundestagsabgeordneten führt, sondern ihre Funktion gänzlich infrage stellt. Gleichzeitig wägt der Anwalt jedoch die Gegenargumente ab und attestiert dieser Praxis eine gewisse Notwendigkeit. »Natürlich darf in diesem Zusammenhang nicht verschwiegen werden«, meint er, »dass die Verfassung auch die Parteiendemokratie vorsieht, sodass die Einordnung in die Fraktion und die Anerkennung des Mehrheitswillens durch andersdenkende Abgeordnete zu berücksichtigen ist.« Doch der Fraktionszwang erreicht antidemokratische Dimensionen. »Das Ausmaß, in dem sich das Parlament heutzutage gegenüber der Regierung verpflichtet fühlt, ist alarmierend«, sagt er.

»Aufgrund der Komplexität der Sachverhalte sind Gesetzesinitiativen des Bundestages im Vergleich zu den Vorstellungen der Mütter und Väter des Grundgesetzes ohnehin schon auf ein Mindestmaß geschrumpft. Da auch in den Medien ein Konflikt zwischen der Regierung und den Regierungsfraktionen im Bundestag gleich skandalisiert wird und eine negative Wirkung auf Umfrageergebnisse nach sich zieht, begnügt man sich mit dem Spruch des früheren SPD-Fraktionsvorsitzenden Peter Struck, wonach kein Gesetz das Parlament so verlässt, wie es hineingekommen ist. Das Durchwinken des Griechenland-Rettungspaketes, das massiv in das Urrecht der Budgetplanung des Bundestages eingreift, oder der faktische Kaufvertrag zwischen Bundesregierung und den vier großen Energiekonzernen über die Verlängerung der Laufzeiten deutscher Kernkraftwerke werfen aber letztlich die Frage auf, wozu man überhaupt noch Parlamentarier benötigt. Ein neues Selbstverständnis ist dringend notwendig«,[236] fordert Miersch.

Der Politikwissenschaftler Peter Lösche sieht die Gründe in einer Reihe von Verschiebungen. Seiner Meinung nach wird das Parlament entmachtet »durch die Ministerialbürokratie; den zunehmend großen Einfluss der Lobbyisten; durch Sachverständigen- und Expertengremien; durch Urteile des Bundesverfassungsgerichts, das punktuell die Rolle des Gesetzgebers übernommen hat; durch das Abwandern von Kompetenzen nach Brüssel, also in die Europäische Union«, von wo – wie er sagt – immer mehr Gesetzesinitiativen ausgehen. Gleichzeitig weist er darauf hin, dass diese Entwicklung nicht neu sei, sondern »ein langsamer, historischer Prozess, der seit der ersten Großen Koalition abgelaufen ist«[237].

Eine weitere Methode der Regierung, die Parlamentarier aus dem politischen Prozess auszuschließen, ist, die Gesetzesvorlagen dem Parlament so kurzfristig wie möglich vorzulegen. Innerhalb der Regierungsfraktionen wird dann erklärt, dass es »keine Alternative« zum Gesetz gibt. Eine Mitgestaltung oder eine Einbeziehung der Parteibasis, geschweige denn der Wähler, ist damit ausgeschlossen. Mit Recht fragen sich Parlamentarier, warum sie ihre Wahlkreise überhaupt noch aufsuchen sollen, wenn ihre Meinung sowieso nicht gefragt ist. Mit einer repräsentativen Demokratie hat das wenig zu tun.

Aus der Perspektive der Grünen bemängelt der Bundestagsabgeordnete Anton Hofreiter, dass durch das Procedere bei der Gesetzgebung »die klassische Gewaltenteilung auf den Kopf«

gestellt werde. Gesetze würden in Ministerien ausgearbeitet, erläutert er, und seien von dem Moment an, wo sie dem Kabinett vorgelegt werden, öffentlich. »Damit sind ernsthafte und grundlegende Änderungen nur noch theoretisch möglich«, meint Hofreiter, denn »jeder Aufschub oder jede schwer wiegende Korrektur eines Gesetzes würde als Durchsetzungsschwäche eines Ministers in der Öffentlichkeit kolportiert. Folglich passieren die Gesetzentwürfe aus der Ministerialbürokratie ohne größere Schwierigkeiten sowohl das Bundeskabinett als auch den Bundestag. Die Regierung überrumpelt jeglichen Widerstand mit der Ausrede von Sachzwängen. Das Parlament entmachtet sich auf diese Weise selbst und fügt sich einer modernen Mediendemokratie, die mittlerweile autoritäre Züge trägt.«[238]

Sicherlich auch, doch es gibt zudem andere Gründe, die sich in nüchternen Vergleichen und Zahlen ausdrücken lassen. Auch darüber hat sich Hofreiter Gedanken gemacht. »Zwischen der Exekutive und der Legislative, das heißt zwischen Ministerialbürokratie und dem Mitarbeiterstab im Bundestag, existiert ein enormes Ungleichgewicht bei Mitteln und Personal. In der Fraktion Bündnis 90/Die Grünen beispielsweise befassen sich zehn Mitarbeiterinnen und Mitarbeiter mit Verkehrsthemen, während der Geschäftsbereich des Bundesverkehrsministeriums weit über 10.000 Angestellte umfasst.«[239] Ein ähnliches Missverhältnis könne man feststellen, sagt Hofreiter weiter, wenn man einmal untersuchen würde, »wie viele Gesetze in den Behörden und wie viele in den Fraktionen entworfen« werden. Da herrsche keine Chancengleichheit.[240]

In einem dritten Buch von einem Bundestagsabgeordneten, dieses Mal aus dem Jahr 1995, *Gefährlicher Sieg* von Heiner Geißler, warnte dieser nachdrücklich vor einer Entmündigung des Parlaments und warf der Regierung Kohl vor, »das Parlament und die Fraktionen mehr oder weniger zu umgehen, Entscheidungen in Koalitionsausschüssen, Elefantenrunden und Chefgesprächen zwischen Ressortministern unter souveräner Nichtbeachtung von Fraktionsmeinungen zu treffen, um den Abgeordneten schließlich die Pistole auf die Brust zu setzen und zu sagen: Vogel, friss oder stirb!«[241] Doch der Prozess, den Geißler schon vor 16 Jahren erkannt hat, hat sich durch die zunehmende Macht des Finanzkapitals und der neu formierten politischen Klasse radikal beschleunigt.

Ulrich Kelber, der für den Wahlkreis Bonn im Berliner Bundestag sitzt, sieht ebenfalls Handlungsbedarf. »Der Bundestag verliert zunehmend an Macht, weil er sich Themen und Zeitpläne von der Regierung vorgeben lässt. Selbst in Koalitionsfraktionen werden inhaltliche Konflikte oft nicht durch die gewählten Abgeordneten geklärt, sondern durch Beamte der einzelnen Ministerien. Es wäre an der Zeit, dass sich das Parlament Macht zurückholt«, fordert er. »Durch klarere Vorgaben an die Information durch die Regierung, eine echte wöchentliche Befragung wie in Großbritannien und eine bessere personelle und technische Ausstattung der Abgeordneten.«[242]

Doch Bülow, Simmert, Miersch, Hofreiter und Kelber sind alle Mitglieder der beiden Parteien, die die »Basta«-Regierung von Gerhard Schröder ermöglichten. Wurden die Parlamentarier, die Abnicker, getrieben oder sind sie mitgelaufen oder sogar vorausgeeilt?

»Die Schröder-Ära war absolut stilprägend«, sagt der Journalist Tom Schimmeck. »Es gibt gar keinen Ausweg, war bald das Credo, wir folgen dem Diktat der Märkte, der Industrie, der Unternehmensberater, der Wirtschaftsprofessoren. Der politische Gestaltungswille verschwand hinter dieser vermeintlichen Alternativlosigkeit, und mit ihm die Sprache für die gesellschaftliche Debatte. Seither gibt es nur noch Sachzwänge.«[243] Und alle machten mit, unterwarfen sich den angeblichen Zwängen und

Machtstrukturen: die Genossen ebenso wie die grünen Koalitionspartner. Es scheint fast, als sei mit der Übersiedlung nach Berlin damals auch der Geist der Kaiserzeit zurückgekehrt – ein klarer Fall von Atavismus.

Mit Schröder und seinen Paladinen erlebte die Bundesrepublik in der Tat eine der merkwürdigsten politischen Anomalien. Es waren nicht die konservativen Parteien, die ein neoliberales System installierten, sondern ausgerechnet die Sozialdemokraten und Grünen – dazu mit einem Kanzler, der seine Wurzeln in klassenkämpferischen APO-Zeiten hatte. Abgeschafft wurden Korporatismus und gesellschaftlicher Konsens. Kommissionen ohne demokratisches Mandat bestimmten jetzt über Gesetze und damit über das Schicksal der Nation. Die Namen Rürup und Hartz haben sich dem öffentlichen Gedächtnis unauslöschlich eingeprägt. Unterstützt von Mitgliedern der Regierungsmannschaft sorgten sie nicht nur für einen drastischen sozialen Abbau, sondern lösten auch bis heute fortwirkende soziale Stigmatisierungen aus, wobei ihr heutiger Evangelist der SPD-Politiker Thilo Sarrazin ist. Der Bundestag wurde bei diesem Trauerspiel auf eine Abstimmungs-La-Ola reduziert.

Doch es gab in dieser Ära Andersdenkende. Wie etwa den kürzlich verstorbenen SPD-Bundestagsabgeordneten Hermann Scheer, der in seinem 2003 erschienenen Buch *Politiker* auch von einer Bedrohung der Demokratie schrieb. »Die Dramatik … ergibt sich aus den wachsenden Gefahren für den Bestand der modernen Gesellschaft bei gleichzeitig schwindender Beteiligungs- und Mitwirkungsbereitschaft in politischen Institutionen. Die Zahl der Wähler und Parteimitglieder sinkt unaufhörlich, ebenso wie das Vertrauen in politische Institutionen und Politiker und die Motivation der Noch-Beteiligten und Mitwirkenden. Außerhalb wie innerhalb des Systems der politischen Institutionen verbreitet sich eine ›No-future‹-Mentalität. Diese

Entwicklung muss, würde sie sich fortsetzen, zwangsläufig zum Zerfall der demokratischen Ordnung führen.«[244] Interessanter jedoch als diese Feststellung sind die Ursachen, die Scheer dafür verantwortlich machte. Wie andere Kritiker bemängelte auch er die Mentalität der Politikerzunft, der zufolge sich jeder nach Bedarf bedient und dann denkt: Nach mir die Sintflut.

Zudem ärgerte er sich über das »Allzuständigkeits-Gehabe« der Politiker und ihre »Unzuständigkeits-Entschuldigung«. Und darüber, dass Parlamente, Parteien und die Öffentlichkeit sich fügen, statt sich zu wehren, und damit den Raubzug der Politikgranden ermöglichen.

In einem Gespräch zwei Wochen vor seinem Tod erklärte er mir das Innenleben der Parteien mit der Metapher eines Vogelschwarms: »Der Leitvogel und seine Stellvertreter fliegen voraus. Sie fliegen am Ziel vorbei. Viele sagen gar nichts. Einige flüstern dem Leitvogel ins Ohr, dass er falsch fliegt. Wenn er ein Führungsautist ist, hört der Leitvogel nicht zu. Wenn er klug ist, nimmt er den Rat an. Wenn er souverän ist, ist er dankbar. Wenn er nicht souverän ist, nimmt er den Rat an, aber schasst den anderen, da er es besser wusste … Wenn der mit seinem Rat unrecht hatte und der Schwarm doch am Ziel ankommt, wird alles vergeben. Er hat nur sich selbst blamiert und zeigt Reue. Es darf allerdings nicht zu oft vorkommen, sonst gilt er als Idiot.« Scheers Weg allerdings war ein anderer: »Ich habe dem Leitvogel ins Ohr geflüstert; dann habe ich es laut gesagt; am Schluss bin ich ohne ihn direkt zum Ziel geflogen.«[245]

Scheer sah eine zunehmende Hierarchisierung und Bürokratisierung der Bundestagsarbeit als weitere Ursache für den Demokratieverfall dort. Für ihn war der Parlamentsbetrieb monoton geworden und ließ kaum Raum dafür, »dass sich auch formal Unzuständige äußern, und behindert politische Kreativität … Der Fraktionsvorsitzende wird zum Behördenchef, seine Stellvertreter zu Abteilungsleitern, die Arbeitsgruppenvorsitzenden zu Referatsleitern, die ›einfachen Abgeordneten‹ zu Sachbearbeitern.«[246] Scheer erkannte nicht, dass die Strukturen, die er beschrieb, nicht nur für eine Behörde galten, sondern ebenfalls für ein Unternehmen. Auch Politikkonzerne.

Scheers Fazit war: »Wer sich der Spezialisierung entzieht, gilt als ›bunter Vogel‹.«[247] Und er war sicherlich einer der buntesten Vögel im SPD-Schwarm. Obwohl zumeist im Verteidigungs- und Auswärtigen Ausschuss anzutreffen, schlug sein Herz für das Thema der erneuerbaren Energien, dem er eine hohe soziale und politische Relevanz beimaß. Schon 1987 begann sein Kreuzzug für den Ausbau der erneuerbaren Energieträger und die Dezentralisierung der Energieversorgung. Für Scheer waren diese beiden Themen nicht nur für die Umwelt wichtig, sondern auch von politischer Bedeutung, da sie die Macht der Energiekartelle in der Bundesrepublik und weltweit seiner Meinung nach durchbrechen könnten. Er wollte eine dezentralisierte Energieversorgung, auch weil er darin die Möglichkeit einer dezentraleren Politik erkannte. Er erkannte die immense Gefahr der Atomenergie für die Menschen und von deren Befürwortern für die Demokratie.

Den Machthabenden der SPD war Scheer mit seinen Umwelt- und sozialen Ansätzen immer suspekt, auch wenn es weltweit nicht an Anerkennungen fehlte: 1998 erster Träger des Weltsolarpreises, 1999 Alternativer Nobelpreis, 2000 erster Träger des Weltpreises für Bioenergie, 2004 Weltpreis für Windenergie, 2005 Solar World Einstein Preis, »Hero for the Green Century« des US-amerikanischen *Time Magazine*. Minister oder Staatssekretär jedoch sollte er nie werden. Dafür hat die SPD bis zu seinem Tod gesorgt.

Seine letzten Sätze am Ende unseres Gesprächs waren: »Die Funktion wird von der Partei vergeben. Eine Rolle erwirbt man sich selber und kann man nur selber verspielen. Dabei muss man einen Resonanzboden schaffen, der über die Partei hinausgeht.«[248] Das hat er in der Tat getan.

Wie man es schafft, seinem Mandat trotz Fraktionszwang treu zu bleiben, hat auch ein anderer Bundestagsabgeordneter vorgemacht: Josef Göppel, Umweltexperte der CSU, der ebenfalls für seine unbeirrbaren Standpunkte bekannt ist. »Es ist wichtig, eine klare Linie zu vertreten und abweichende Entscheidungen gut zu begründen. Dann ist eine Partei durchaus bereit, abweichende Positionen zu tolerieren.« Wichtiger aber noch sei, sich von der Parteibasis getragen zu fühlen, denn damit werde oftmals ein Prozess des Umdenkens eingeleitet, sagt er und wählt wie Scheer das Beispiel des Vogelflugs. »Wie in einem Vogelschwarm gibt es die Bereitschaft für eine Richtungsänderung, wenn eine kritische Masse umsteuert«, erklärt er und führt als Beispiel die positive Resonanz in seinem Wahlkreis auf seine Ablehnung des Anbaus von gentechnisch veränderten Pflanzen im Freiland sowie auf seinen Widerstand gegen die von der Koalition beschlossene Senkung der Mehrwertsteuer für Hotels an. Er erklärt: »Der Bundestag verliert nur dann an Gewicht, wenn Abgeordnete die Entscheidungen ihrer Parteispitzen nicht hinterfragen. Ich stimme natürlich nur dann gegen meine Fraktion, wenn ich grundsätzlich anderer Überzeugung bin. In dieser Legislaturperiode habe ich gegen das Wachstumsbeschleunigungsgesetz und die Laufzeitverlängerung gestimmt und mich beim Euro-Rettungsschirm enthalten. In der letzten Legislaturperiode wich ich fünfmal von der Regierungsmehrheit ab.«[249] Damit glaubt er ein »Saatkorn des parteiinternen Zweifels« gesät zu haben, »das sich schon in wenigen Jahren zu einer Richtungsänderung auswachsen kann«.[250] Im Fall der Atomenergie hatte er recht – unser Gespräch fand lange vor der Atomkatastrophe in Japan statt.

Um diesen Konflikt zwischen Parteien und einzelnen Volksvertretern besser zu verstehen, ist es aufschlussreich, sich genauer anzuschauen, wie das eigentlich funktioniert mit der repräsentativen Demokratie in Deutschland. Während dieses Modell im angelsächsischen Raum als »Liberal Democracy« bezeichnet wird, spricht man in der Bundesrepublik von einer »Parteiendemokratie« oder auch vom »Parteienstaat«. Nur eine sprachliche Unterscheidung, oder steckt mehr dahinter?

In seinem Vortrag »Parteienstaat in der Krise« vor zwölf Jahren erklärte Peter Lösche: »Parteien sind dabei die wichtigsten, wenn auch nicht die alleinigen Träger politischer Willensbildung, indem sie unterschiedliche partikulare Bedürfnisse und Interessen in der Gesellschaft (...) aufnehmen und in die legislativen und exekutiven Verfassungsorgane vermitteln und umgekehrt die dort gefassten Entscheidungen gegenüber dem Volk begründen und damit Legitimation für das politische System insgesamt schaffen.«[251] Doch diese Legitimation ist zunehmend fragwürdig geworden, seit sich die Basis der Volksparteien in einem scheinbar unaufhaltsamen Auflösungsprozess befindet. Die Gewerkschaften und Kirchen sind in der Bundesrepublik heute höchstens eine moralische Instanz, kaum noch eine politische. Übrig geblieben sind die Berufspolitiker.

Das schlägt sich deutlich auch in der Tatsache nieder, dass die Zahl der Berufspolitiker drastisch gestiegen ist, wie eine Studie über die berufliche Situation der Abgeordneten des derzeitigen Bundestags der Politikwissenschaftlerin Melanie Kintz belegt. Im Vergleich zur vorigen Legislaturperiode ist die Zahl der Parlamentarier, die Angestellte politischer und gesellschaftlicher Organisationen sind, beachtlich gewachsen – um knapp 50 Prozent. Die Berufspolitiker stellen erstmals die zweitstärkste Berufsgruppe nach den Rechtsanwälten.[252] Es scheint, dass sich hier eine neue Kaste von Politikern formiert, die keine oder kaum andere Berufserfahrungen als innerhalb einer Partei oder anderer gesellschaftlicher Organisationen gesammelt haben. Das hat nichts mehr zu tun mit dem Konzept vom Volksvertreter, sondern ist zu einem Kastensystem mutiert.

Dass in den vergangenen Jahren ein solcher Veränderungsprozess stattgefunden hat, unterstreicht auch der Soziologe Michael Hartmann: »Stammten die Kabinettsmitglieder der beiden letzten Kohl-Regierungen zwischen 1991 und 1998 und des ersten Schröder-Kabinetts noch zu knapp zwei Dritteln aus dem Kleinbürgertum und der Arbeiterschaft, wiesen also die für deutsche Regierungen seit den 1950er-Jahren traditionelle soziale Herkunft auf, so änderte sich das danach durchgreifend. Mit dem Wechsel von Lafontaine zu Eichel 1999 begann eine ›Verbürgerlichung‹ der politischen Elite. In der zweiten Schröder-Regierung 2002 standen sich dann bereits fast gleich viele Minister aus Bürger- und Großbürgerfamilien auf der einen und aus Kleinbürger- sowie Arbeiterhaushalten auf der anderen Seite gegenüber. Unter Bundeskanzlerin Merkel stellen die Kabinettsmitglieder aus Bürger- und Großbürgertum sogar die Mehrheit, und zwar gleich mit einem Anteil von zwei Dritteln, das heißt im genau umgekehrten Verhältnis wie früher.«[253] Allerdings sei das ein globales Problem, wie Hartmann hinzufügt, und in allen westlichen Demokratien anzutreffen.

Überhaupt sollte man sich von dem Gedanken verabschieden, dass gravierende Unterschiede zwischen den gegenwärtigen repräsentativen Demokratien der westlichen Industrieländer bestehen, denn es gibt keine bessere oder schlechtere Demokratie. Zwar wird überall nach einem anderen Modus gewählt, und auch das Verhältnis zwischen Exekutive, Legislative und Judikative differiert. Doch eines haben alle repräsentativen Demokratien gemeinsam: dass der politische Prozess im Grunde genommen vom Volk abgekoppelt ist.

Im Vergleich zu den Vereinigten Staaten, wo ich meine politische Sozialisierung erfuhr, fällt mir immer wieder auf, wie wenige direkt gewählte Regierungsvertreter und Mandatsträger es hierzulande gibt. Den Bundespräsidenten bestimmt die Bundesversammlung, und den Kanzler hebt der Bundestag offiziell ins Amt. Der Kanzler muss nicht einmal ein Direktmandat für den Bundestag haben. Entsprechend sieht es in den Ländern aus. Der Bundesrat wird ebenfalls nicht unmittelbar vom Volk gewählt, während die Europaparlamentarier über Listenplätze nach Brüssel gelangen. Und der Bundestag selbst? Eigentlich sollte hier die Hälfte der Abgeordneten direkt gewählt sein, doch das ist nicht unbedingt der Fall. In der derzeitigen Zusammensetzung etwa überwiegen die Parlamentarier mit Listenplätzen, was an den oftmals wahlentscheidenden Überhangmandaten liegt.

Es gibt in Deutschland kein System für bundesweite Volksbegehren, wodurch eine unmittelbare Mitwirkung der deutschen Wähler ermöglicht wäre. Das Volk wird über wichtige Fragen der EU nicht befragt, wie Eintritt in die EU, Einführung des Euros, Zustimmung zur Verfassung oder EU-Erweiterung, was in einigen europäischen Ländern geschieht – und oft anders ausfiel, als von der herrschenden politischen Klasse gewünscht war. In Deutschland ist das Volk nur dem Namen nach der Souverän. In anderen Ländern, das bekannteste Beispiel ist die Schweiz, sind solche Plebiszite dagegen verfassungsmäßig verankert. Warum solche Referenden bei der politischen Klasse so unbeliebt sind, wird klar, wenn man an die Ablehnungen des Vertrags von Lissabon durch die Bevölkerungen Frankreichs, Irlands und der Niederlande denkt.

In den USA dagegen ist die Liste von direkt gewählten Politikern lang, dort werden sämtliche Mitglieder beider Kammern in Washington, Repräsentantenhaus und Senat, von den Bürgern bestimmt. Ebenso ist es auf Landesebene, etwa in Kalifornien, wo ich herkomme. Dort wählt man die Inhaber von politischen Ämtern direkt, vom Gouverneur über die Richterschaft bis zu den Stadträten von Kleinstädten. Anders als in Deutschland und anderen europäischen Ländern werden die Kandidaten, welche die Parteien letztendlich aufstellen, in Vorwahlen durch die Bürger festgelegt, kommen also nicht zwangsläufig aus dem Parteikader. Allerdings hat diese basisdemokratische Tradition leider nicht zu einer transparenteren Politik und einem besseren Gesamtzustand der US-Staaten geführt. In Kalifornien beispielsweise, das fortwährend am Rande der Zahlungsunfähigkeit steht, ist die Korruption endemisch, und die Volksbegehren haben gelegentlich verheerende Resultate erbracht, da sie öfters stark durch Geld beeinflusst wurden. Jede herrschende Klasse findet einen Weg, ihre repräsentative Demokratie zu korrumpieren.

Zweifelsohne hat das Verhältniswahlsystem, wie es in der Bundesrepublik existiert, seine Vorzüge. Beispielsweise dass es kleinen Parteien den Einzug in die Parlamente ermöglicht, was wiederum für eine größere Meinungsvielfalt sorgt. Andererseits hat es erhebliche Mängel, deren größter die Listenwahl ist. Wer nämlich bei anstehenden Wahlen von den Parteien auf einen dieser begehrten Plätze gesetzt wird, um den Einzug ins Parlament zu schaffen, diese Entscheidung läuft am Bürger vorbei. Die Sozialwissenschaftler Erwin und Ute Scheuch haben das vor über einem Jahrzehnt bildhaft-anschaulich auf den Punkt gebracht: »Wähler können in unserem Proporzsystem nur zwischen ›Körben‹ von Politikern wählen, haben aber keinen Einfluss darauf, welche Politiker an welcher Stelle im Korb platziert sind.« Sie weisen außerdem darauf hin, dass nicht einmal die Parteimitglieder insgesamt bei dieser Auswahl eingebunden werden, sondern nur »Funktionäre innerer Machtzirkel«[254].

Hans Herbert von Arnim, der seit Jahrzehnten Mängel der deutschen Demokratie anprangert, betrachtet die Listenwahl gar als ein »Überlisten« der Wähler. Mit einem vorderen Listenplatz, betont er, sei ein Politiker »praktisch schon gewählt, nur eben nicht von den Bürgern«[255]. Die Listenwahl dient vor allem dem Selbsterhalt der politischen Klasse. Was allein schon ein Blick auf die Listen bestätigt, denn ganz vorne dürfen die treuesten Parteisoldaten Aufstellung nehmen. Mit den Listenplätzen haben die Parteien die Macht, einen Kandidaten, der von seinem Wahlkreis mit Absicht nicht als Direktkandidat aufgestellt wird, über einen Listenplatz doch zum Volksvertreter zu machen.

Darüber hinaus ist ein sicherer Listenplatz ein nützliches Instrument, einen Politiker oder Abgeordneten auf Parteilinie zu halten. Oder anders ausgedrückt: zu erpressen oder zu bestrafen. Tut er nicht, was die Partei von ihm verlangt, wird er beim nächsten Mal übergangen. Ein gutes Beispiel ist der Grüne Hans-Christian Ströbele, zeitweilig stellvertretender Fraktionsvorsitzender. Wegen seiner vehementen Opposition zum Kriegseinsatz in Afghanistan, den seine Partei befürwortete, die damals mit der SPD die Regierung stellte, wurde Ströbele abgestraft und erhielt von seinen Berliner Parteigenossen keinen aussichtsreichen Listenplatz mehr. Woraufhin Ströbele beschloss, sich um ein Direktmandat zu bemühen – und er zog gegen alle Erwartungen als Vertreter des Berliner Bezirks Friedrichshain-Kreuzberg als erster direkt gewählter Kandidat der Grünen in den Bundestag ein.

Anders, aber ähnlich überraschend ging die Sache bei dem Landwirt Hans-Georg von der Marwitz über die Bühne. Er errang sein Mandat über einen anscheinend aussichtslosen CDU-Listenplatz in Brandenburg. Er legt besonderen Wert auf politische Unabhängigkeit von Abgeordneten. »Wer auf einen Erfolg versprechenden Listenplatz angewiesen ist, der wird es sich nicht leichtfertig mit seiner Partei verscherzen. Wer sich wie ich eine wirtschaftliche Basis außerhalb des politischen Raumes erarbeitet hat …, steht unabhängiger da und kann sich abweichende Meinungen eher herausnehmen als ein Kollege, der seinen beruflichen Mittelpunkt in der Politik hat und auf eine Wiederwahl über die Liste angewiesen ist.«[256]

Marwitz weiß, wovon er redet. Als er an einer seiner ersten Fraktionssitzung im Bundestag teilnahm, lag der Koalitionsvertrag, ein längeres Dokument, auf den Plätzen der Fraktionsmitglieder. Als Marwitz seinem Nachbarn erzählte, dass er sich freue, den Vertrag endlich lesen zu können, erfuhr er, dass er zehn Minuten hatte, bis darüber abgestimmt würde. Marwitz zog die Konsequenzen und enthielt sich der Stimme. Viele würden behaupten, dass seine politische Karriere damit beendet war.

Er selbst sieht das ebenso gelassen wie unbeirrt. »Ich bin für vier Jahre gewählt und versuche in dieser Zeit nach bestem Wissen und Gewissen der politischen Verantwortung gerecht zu werden, ohne Rücksicht auf Parteikonformität zugunsten eines Listenplatzes«, sagte er ohne Zweifel an der Richtigkeit seines Verhaltens.[257]

Auch die Abführung von Mandatsträgerbeiträgen an die Partei kann über Listenplätze durchgesetzt werden, wie der Fall Roland Appel von den Grünen zeigt. Appel war von 1990 bis 2000 grüner Landtagsabgeordneter in Nordrhein-Westfalen, ab 1995 sogar einer der Fraktionsvorsitzenden. Schon 1989 hatten die Grünen in NRW beschlossen, dass ihre Landtagsabgeordneten einen hohen Anteil (bis zu 30 Prozent) ihrer Diäten und Kostenpauschalen an die Partei abführen sollten.[258] Ziel war »die direkte finanzielle Unterstützung der Parteiarbeit auf allen Ebenen (inklusiv Unterstützung der Ökofonds) und die indirekte Finanzierung der Partei durch die aus der Spendenhöhe resultierende Höhe der staatlichen Parteienfinanzierung«, wie es in einem Beschluss der NRW-Grünen aus dem Jahr 1999 hieß.[259] Die Beiträge wurden abgestuft, abhängig davon, ob man ledig war und wie viele Personen der Abgeordnete finanziell unterstützen musste. Diese »Spende« war nicht freiwillig. »Über Härtefallanträge von ›freiwilligen‹ Spendern entschied damals wie heute eine ›Diätenkommission‹ – deren Mitglieder ausnahmslos den Gremien angehören, die, wie Landesvorstand und Ökofonds, auf die Spenden der Mandatierten angewiesen sind«, erinnert sich Appel.[260]

Im Jahr 1999 gab es die Forderung der Landesfinanzkonferenz an die Kreisverbände und ihre Delegierten, »die Kandidatinnen, die … ihre Sonderbeiträge nicht oder nicht in voller Höhe zahlen, nicht mehr zu wählen … den ›schwarzen Schafen‹ unsere Solidarität zu kündigen und ihnen ein politisches Amt oder Mandat zu verweigern«.[261] »Von den neun Abgeordneten, die als ›schwarze Schafe‹ galten«, meint Appel, »kandidierten drei, und nur einer bekam einen günstigen Listenplatz bei den nächsten Wahlen«[262]. Appel und seine Ko-Fraktionsvorsitzende zählten nicht dazu.

Dass die vom Parteienapparat beherrschte Listenwahl verbreitet in der Öffentlichkeit als undemokratisch angesehen wird, machte insbesondere ein Fall deutlich, der sich im Juni 2004 in Hamburg abspielte. Dort nämlich kam es durch eine Initiative für direkte Demokratie, »Mehr Demokratie«, zu einem Volksentscheid genau zu diesem Problemfeld, und eine Zweidrittelmehrheit votierte damals für eine Änderung des Wahlrechts im Stadtstaat. Bis dahin wurden alle Abgeordneten der Bürgerschaft ausschließlich über Listen gewählt. Nach dem Volksentscheid sollte jeder Wähler zweimal fünf Stimmen haben – für die Kandidaten im Wahlkreis und auf der Landesliste. Insgesamt sollten 71 der 121 Bürgerschaftsabgeordneten in 17 Wahlkreisen direkt gewählt werden, die übrigen über die Landesliste. Statt weiterhin die von der Partei festgelegte Reihenfolge der Kandidaten einfach durch ein einziges Kreuz zu bestätigen, sollte es auch möglich sein, die zweimal fünf Stimmen freihändig zu verteilen – entweder innerhalb einer Kandidatenliste oder auch zwischen verschiedenen Parteien. Damit sollten Wähler auch Koalitionspräferenzen ausdrücken können. Diese Praxis, die man Panaschieren nennt, gibt es in mehreren Bundesländern, allerdings bis auf Hamburg und Bremen nur auf Kommunalebene. Außerdem sollte man auch einem Kandidaten, dem man zum Durchbruch verhelfen will, zwei, drei oder auch alle fünf Stimmen geben können. Der Fachbegriff dafür heißt Kumulieren.

Wie es allerdings weiterging mit dem Volksentscheid in Hamburg, das ist eine Geschichte für sich, die ein äußerst bezeichnendes Licht auf die demokratischen Gepflogenheiten in der Bundesrepublik wirft. 2006, die CDU regierte mit absoluter Mehrheit, wurde der Volksentscheid gekippt und das genehmere Parteienmodell wieder eingeführt. Woraufhin 2008 ein neuer Anlauf unternommen wurde, die Bürger in einem Volksentscheid abstimmen zu lassen, doch dazu kam es nicht mehr. Die schwarz-grüne Koalition, die inzwischen in der Bürgerschaft regierte, bot Gespräche an und ging auf fast alle Forderungen der Initiative ein. Sie wusste offenbar sehr genau, was beim Volksentscheid herauskommen würde, und änderte, um sich die Peinlichkeit zu ersparen, freiwillig das Wahlrecht.

Bei den Wahlen vom Februar 2011 kam erst einmal Unerwartetes heraus, aus der Sicht der Parteimächtigen zumindest, denn die Wahllistenreihenfolge wurde durch die Wähler durcheinandergebracht, und es zogen Leute in die Bürgerschaft ein, denen man das nie zugetraut hätte. Wie etwa Isabella Vértes-Schütter, die ihre Partei, die SPD, auf den eigentlich chancenlosen Platz 60 gesetzt hatte. Auch der ehemalige Landesvorsitzende Mathias Petersen durfte sich mit Listenplatz 20 keine großen Hoffnungen machen und zog doch an der Nummer zwei der SPD, dem Fraktionsvorsitzenden Michael Neumann, vorbei. Auch bei den CDU-Granden gab es Enttäuschungen. So musste sich einer der Spitzenkandidaten, Landeschef und Fraktionsvorsitzender Frank Schira, am Ende mit Platz fünf begnügen. Insgesamt wurden etwa 20 Prozent der Abgeordneten von hinteren Listenplätzen nach vorne gewählt. Eine solche Mitbestimmung der Bürger sieht die Parteiendemokratie eigentlich nicht vor, und man muss sich fragen, wann die politische Klasse derartigen Demokratieausbrüchen erneut und vielleicht endgültig einen Riegel vorschiebt. Direkte Demokratie bedeutet Machtverlust für die politische Klasse.

Hinter dieser Veränderung der Wahlprozedur in Hamburg steckt die Initiative »Mehr Demokratie«, die sich seit über zwanzig Jahren für den Ausbau der direkten Demokratie in der Bundesrepublik auf allen politischen Ebenen einsetzt, vom Gemeinderat bis zur Europäischen Union. Ihre Kernthese lautet, »dass die heute existierende Demokratie nicht in ausreichendem Maße repräsentativ ist. Die Parlamente sind nicht wirklich repräsentativ zusammengesetzt, der Lobbyismus gewinnt in erschreckendem Tempo mehr und mehr an Einfluss, es gehört zum politischen Alltag, Entscheidungen gegen den Willen der Bürger zu treffen und ›durchzuregieren‹.« Mit der direkten Demokratie will die Organisation Entscheidungen zurück in die Hände jener vielen legen, die von den Auswirkungen letztlich betroffen sind. Damit soll die Politik nicht mehr so einfach ohne den Bürger gemacht werden können, sondern sich wieder stärker daran ausrichten müssen, was der Souverän, der seinen Vertretern die Macht erst zukommen lässt, eigentlich will.

Mit Recht behauptet »Mehr Demokratie«, dass sich durch ihre kontinuierliche Arbeit die Spielregeln für die direkte Mitbestimmung Schritt für Schritt verbessert hätten. Zum Beispiel setzte der

Verein mithilfe eines Volksentscheids das Recht auf Bürgerentscheide in Bayerns Gemeinden durch. Mit etlichen Reformen in deutschen Städten, Gemeinden und Bundesländern sorgte die Organisation dafür, dass Volksentscheide zu Schulreformen, zu Kindertagesstättengebühren, zur Rekommunalisierung von Strom- und Wasserversorgung, zur Offenlegung von Privatisierungsverträgen und zur Privatisierung von Krankenhäusern überhaupt stattfinden können. Aber wie »Mehr Demokratie« selbst erklärt: »Bisher gab es nur in sechs von 16 Bundesländern überhaupt einen Volksentscheid. Und bei der Bundespolitik können Bürger überhaupt nicht per Abstimmung mitentscheiden.«

Die Zunahme der Zahl der Berufspolitiker und die wachsende Kommerzialisierung der politischen Parteien in der Bundesrepublik stehen im diametralen Kontrast zum wachsenden Demokratiebewusstsein der Bevölkerung.

Da muss man logischerweise nach der Motivation der Politiker fragen. Einschlägige Befragungen existieren nicht, und gäbe es eine, so würde sie vermutlich ein wenig ehrliches Ergebnis zeitigen. Die Motivation sei das Gemeinwohl, dürfte die häufigste Antwort lauten, doch das glauben die meisten Bundesbürger nicht mehr.

Ich selbst habe mir aufgrund meiner langjährigen Erfahrung im Umgang mit der politischen Klasse sowie durch viele Gespräche in diesen Kreisen eine eigene Meinung gebildet und die Politiker in drei Gruppen eingeteilt – in zwei kleinere und eine große. Da sind zunächst einmal jene, die danach streben, die Macht zu ihrem persönlichen Vorteil und dem ihres Auftraggebers zu nutzen. Hans Herbert von Arnim behauptet: »In Wahrheit ist es nicht so sehr ›die Parteien‹ als Ganzes, sondern eine zahlenmäßig kleine, aber sehr machtvolle Gruppe *innerhalb* der Parteien, die Berufspolitiker, die die Hauptverantwortung für Fehlentwicklungen tragen. Und die große Mehrheit der Parteienmitglieder übt daran oft am heftigsten Kritik, ist aber meist in einer ganz ähnlichen Ohnmachtssituation wie die Bürger.«[263]

Das andere Extrem bilden die integren Politiker, die »Passionierten«, wie Hermann Scheer sie beschrieb,[264] die sich tatsächlich am Gemeinwohl orientieren. Sie können gelegentlich die Maßnahmen der ersten Gruppe be- oder verhindern. Mit kleinteiliger Arbeit können sie das Feld beackern, sodass in einem Moment der öffentlichen Aufregung über die Politik der Führung eine Alternative bereitsteht, die dann zum Dampfablassen oder als Feigenblatt verwendet werden kann.

Zwischen diesen beiden Extremen findet sich das große Heer der braven Parteisoldaten, Mitläufer und Opportunisten, die wissen, wer die Macht in der Partei hat, und alles tun, um in den Genuss von Privilegien zu kommen und diese auch nicht wieder zu verlieren. Was nicht ausschließt, dass sie sich hier und da für bestimmte Themen engagieren, jedoch für nichts, was ihre Wiederwahl gefährden könnte.

Doch Parteisoldaten sind keine Staatsmänner und -frauen. Sie können zwar ihre Hand heben und gegen die anderen Parteien polemisieren. Die Qualität der ohnehin heruntergekommenen Parteiendemokratie vermag dieses Personal jedoch nicht zu retten. Wie groß dessen Defizite oft sind, merkt man besonders in den Ausschüssen, wo die Mitläufer freie Bahn haben.

Jan van Aken, der für die Linken in dieser Legislaturperiode in den Bundestag eingezogen ist, kommt aus einer harten Schmiede. Der Biologe war nicht nur Biowaffeninspektor bei den Vereinten Nationen, sondern langjähriger Campaigner von Greenpeace gegen Gentechnik. Seine Beobachtung als Neuling ist wertvoll: »Momentan ist aus meiner Sicht das größte Problem der Parteiendemokratie, dass die Auswahl der Abgeordneten nicht richtig funktioniert. Ich finde das intellektuelle Niveau im Bundestag einfach unterirdisch. Am 7. Juli 2010 fand eine

Sitzung des Auswärtigen Ausschusses statt. Die Vertreterin des Ministeriums, Cornelia Pieper, informierte uns, dass der Etat im Rahmen der Sparmaßnahmen um über zwei Prozent reduziert werden müsse. Daraufhin hat sie eine Reihe von Ausgabenerhöhungen aufgezählt, aber nicht eine einzige Kürzung. Danach durften die Vertreter der verschiedenen Fraktionen Fragen stellen. Als Vertreter der Fraktion der Linken war ich als Vorletzter an der Reihe, weil wir die zweitkleinste Fraktion sind. Bis dahin hatte kein einziger die naheliegende Frage gestellt: ›Wo wird denn jetzt genau gekürzt?‹ Dieses Ereignis trotzt dem menschlichen Verstand.«[265]

Angesichts solcher Beispiele verstärkt sich die Vermutung, dass entscheidende Diskussionen weder in Ausschüssen noch im Plenarsaal stattfinden. Und dort auch überhaupt nicht eingeplant sind, wie ein Blick auf die Redezeiten zeigt. Leider haben die Oppositionsparteien, die oft fundierte kritische Argumente vortragen können, nach der Bundestagsregelung am wenigsten Zeit. Bei einer Redezeit von vier oder weniger Minuten wird man kaum Argumente entfalten können. Auf der anderen Seite ist es relativ egal, da die Abgeordneten die Reden oft kaum anhören und der Plenarsaal häufig so gut besetzt ist wie der Wartesaal eines Bahnhofs nach Mitternacht. Diskussionen werden durch die Macht der Regierung und den Fraktionszwang überflüssig.

Marco Bülow und Christian Simmert versuchten in ihren Büchern zu erklären, warum sie gegen besseres Wissen dem Gemeinwohl den Rücken kehrten und der Parteiendemokratie folgten. Dafür gibt es sicherlich keine Entschuldigung in den Augen der Wähler, deren Vertrauen in die Parteiendemokratie damit verraten wird.

Es gibt zweifelsohne in allen Parteien integre Politiker. Sie können anderer Meinung sein, was das Gemeinwohl betrifft, und andere Lösungen haben für die vielen Probleme, mit welchen die Gesellschaft konfrontiert ist. Das ist eher eine Frage der Sichtweise und hat nichts mit einem gekauften Standpunkt zu tun. Es gibt auch Politiker mit einem beeindruckenden Fachwissen. Doch die Politik leidet vor allem an jenen Elementen, die ihr durch ihr Verhalten jegliche Legitimität rauben.

Es ist deswegen verständlich, dass viele in der Bevölkerung alle Politiker als korrupt und gierig ansehen. Und hier dreht sich die Metapher von »wir« und »sie« um. Die Bevölkerung differenziert immer weniger zwischen den Politikern und Parteien. Sie sieht – und ich glaube mit Recht – nur »sie«, eine in der Tat mitunter latent korrupte politische Klasse, und »uns«, die wir dieser politischen Klasse ausgeliefert sind.

In der Opposition ist es besonders einfach, die demokratischen Tugenden verstärkt zu propagieren. Wenn man die postsoziale SPD mit ihrem Linksruck heute hört, ist es kaum vorstellbar, dass sie als Regierungspartei die Deregulierung der Finanzmärkte beschloss, das Rentenalter auf 67 Jahre erhöhte, eine Steuersenkung für Großunternehmen und die Spitzensteuerklassen auf Kosten der Arbeitnehmer durchführte, die Bundesrepublik in einen aussichtslosen, sinnlosen Krieg geführt hat, im Jahr 2000 eine Verschiebung des Atomausstiegs um fünf Jahre gegen den Grünen durchsetzte, Hartz IV einführte und dabei die Flexibilisierung der Arbeitslosen ohne einen Mindestlohn, und geschweige dessen, dass sie keine vernünftige Gesundheitsreform realisiert hat.

Es ist nicht so, dass die SPD nicht begreifen will, dass sie ihr Ethos geopfert und ihre Führungsschicht die Partei durch ihre Handlungsweise diskreditiert hat. Die Partei *kann* es nicht begreifen. Sie hat längst aufgehört, politisch und kollektiv zu denken, sondern orientiert sich zunehmend an kommerziellen Maßstäben. Die Mitglieder haben sich, wie bei den anderen Parteien auch, in die Hände von Karrieristen begeben, verführt von den verheißungsvollen Versprechen von politischer Macht und der dazugehörenden Kriegsbeute. Wie wir jedoch aus der Wirtschaft wissen, kümmern sich solche Manager kaum um die Belegschaft oder das Firmenwohl insgesamt, sondern in erster Linie ums eigene Gehalt, und den nächsten, noch besser dotierten Posten. Die SPD klammert sich neuerdings verstärkt an die Hoffnung, sie könne mit sozialer Folklore die Uhr zurückdrehen. Wie ein Unternehmer nach einem massiven Umsatzeinbruch händeringend versucht, seine alte Kundschaft zurückzuholen, strebt die SPD danach, ihre frühere Wählerschaft von den Linken und Grünen zurückzugewinnen. Was sie nicht begreift, ist die Tatsache, dass sie einen beträchtlichen Teil ihrer Stammwähler vollständig aus dem politischen Prozess vertrieben hat. Trotzdem gibt sie sich weiterhin Illusionen und Selbsttäuschungen hin. Das ist gefährlich, wie bereits der US-Präsident Abraham Lincoln erkannte: »Man kann das ganze Volk eine Zeit lang täuschen, und man kann einen Teil des Volkes die ganze Zeit täuschen, aber man kann nicht das ganze Volk die ganze Zeit täuschen.« Eine These, die die Union und FDP mit ihrer gegenwärtigen Atompolitik prüfen.

Wähler brauchen einen Grund, um zum Wahllokal zu gehen. Den Führungsmitgliedern der SPD persönliche Vermögen zu bescheren wird die wenigsten motivieren, höchstens die Fehler der politischen Konkurrenten. Das gilt ebenfalls für die anderen Parteien. Sogar das doppelte Plebiszit – zu Stuttgart 21 und Atomenergie – in Baden-Württemberg motivierte nur 66 Prozent der Wähler, sich an der Wahl zu beteiligen.

Gerade in der jüngsten Vergangenheit sind Repräsentanten ins Licht der Öffentlichkeit gerückt, die mit ihrem Verhalten der Politik insgesamt großen Schaden zugefügt haben. Nicht nur die eigene Glaubwürdigkeit wurde erschüttert, sondern die der ganzen Klasse.

Beispielsweise durch den Fall des Karl-Theodor zu Guttenberg, der zugleich exemplarisch ist für das Versagen der Regierungsparteien CDU/CSU und FDP. Da nämlich haben die Kanzlerin und ihr Stellvertreter gezeigt, was sie von Recht und Gesetz halten beziehungsweise wie sie es sich passend zurechtlegen. Während einfache Leute ihre Arbeitsplätze verlieren, weil sie angeblich Pfandbons für wenige Cent gestohlen oder sich unerlaubt eine Bulette genommen haben, durfte sich der Minister nach Ansicht der Regierung massiv und ungestraft an geistigem Eigentum vergreifen und es als sein eigenes Gedankengut ausgeben. Das ist nicht nur illegal, sondern auch strafrechtlich relevant. Nicht dass die anderen Parteien anders gehandelt hätten. Als Ausländer in der Bundesrepublik fragt man sich, ob das jetzt die deutsche Leitkultur sein soll, von der im Zusammenhang mit der geforderten Integration so oft die Rede ist.

Die Botschaft der Affäre war eindeutig: »L'état, c'est nous.« Die Politiker machen selbst die Gesetze und bestimmen, was strafbar ist und was nicht. Und sie können sehr nachsichtig sein, wenn es um sie selbst oder einen aus ihrer Klasse geht.

Die Realität ist, dass in der Bundesrepublik die Bestechung von Parlamentariern nicht verboten ist. So wäre es nach der jetzigen Gesetzeslage beispielsweise erlaubt, im entscheidenden Vorfeld eines Gesetzes, zum Beispiel in der Fraktion, einem Abgeordneten Zuwendungen zukommen zu lassen, sei es in Form von Geld, einem Beratervertrag, einem gut bezahlten Vortrag, einem hochdotierten Beiratssitz oder einer Spende. Nach einer Abstimmung im Plenum ist es ebenfalls zulässig, einen Abgeordneten finanziell zu belohnen, vorausgesetzt, es war zuvor nicht abgesprochen. Wer soll das beweisen können? Hans Herbert von Arnim etwa fordert seit Jahren eine Revision des Paragrafen 108e, mit dem das Strafgesetzbuch die »Abgeordnetenbestechung« zu regeln glaubt. Das Gesetz sei eine Fiktion, moniert von Arnim. »Niemand ist jemals deswegen verurteilt worden.«

Auch der Bundesgerichtshof meldete Kritik an. In einem Urteil vom 9. Mai 2006 (5 StR 453/05) heißt es: »Der Strafbestand des 108e Strafgesetzbuch wird … vielfach als praktisch bedeutungslose, symbolische Gesetzgebung angesehen, die mit der Überschrift nur auf den ersten Blick – und namentlich der Öffentlichkeit – vortäuscht, dass Abgeordnete unter dem Gesichtspunkt der Bestechungsdelikte den Amtsträgern wenigstens annähernd gleichgestellt wären.« Obwohl die Regierung zum Handeln aufgefordert wurde, ist bislang nichts geschehen.

Ebenso dilatorisch zeigte sich der Bundestag bei der Ratifizierung einer UN-Konvention gegen Korruption. Im Dezember 2003 in Mexiko von 95 Ländern unterzeichnet, darunter von Deutschland, trat sie zwei Jahre später in Kraft, und inzwischen gehören ihr 143 Staaten an. Die Bundesrepublik jedoch ist insofern außen vor, als bislang keine Ratifizierung erfolgte. Warum? Weil jener Passus der Konvention, der eine Gleichbehandlung von Abgeordneten und Amtsträgern vorsieht, ein Problem darstellt. Denn in der Praxis bedeutet das, dass hinsichtlich der Annahme von Geschenken oder bezahlten Nebentätigkeiten für Parlamentarier die gleichen strengen Regeln gelten müssten, die es für Beamte bereits gibt, und dass darüber hinaus jede Annahme irgendeiner Bestechung unter Strafe stünde – das gilt auch für Vorteile gegenüber Dritten, zum Beispiel Ehepartnern oder Kindern. Begeisterung für die Konvention scheint bei den Bundestagsabgeordneten nicht aufzukommen.

Die Politiker können darauf hinweisen, dass in Zusammenhang mit Korruption selten Anklage gegen sie erhoben wird oder es zu einer Verurteilung eines Politikers kommt. Doch wenn die Täter die Gesetze machen, die Staatsanwälte weisungspflichtig sind und viele Richter ein Parteibuch in der Tasche ihrer Richterrobe haben und ihre Richterernennung der Partei verdanken, ist Gerechtigkeit kaum möglich.

Für den englischen Soziologen Colin Crouch ist »Korruption ein machtvoller Indikator für den armseligen Zustand der Demokratie. Er signalisiert, dass die politische Klasse sich zynisch und amoralisch gebärdet, außerhalb jeder Kontrolle und fern vom Volk.«[266]

Es wird viel darüber nachgedacht, diskutiert und geschrieben, warum die Bundesbürger der Politik den Rücken zuwenden. Die Antwort ist jedoch einfach: Die Politik hat ihre moralische Glaubwürdigkeit verloren. Was die Politiker zu vergessen scheinen, ist die Verantwortung, die sie mit ihrem Mandat übernommen haben, denn dieses Wort scheint im politischen Vokabular kaum noch vorzukommen. An Verantwortung und Bescheidenheit dürfte auch Willy Brandt gedacht haben, als er in seiner Regierungserklärung vom Oktober 1969 sagte: »Wir sind keine Erwählten, wir sind Gewählte.«

Wenn man die Bücher von Marco Bülow, Christian Simmert und Hermann Scheer liest und die integren Politiker hört, begegnet man immer wieder der Forderung: Es muss mehr Demokratie in der Bundesrepublik geben. Darunter verstehen sie Volksentscheide, aber auch eine stärkere Beteiligung des Volkes am politischen Prozess. Was sie alle nicht zu begreifen scheinen, ist, dass wenn das Volk mit einer so undemokratischen Politik der Parteiendemokratie konfrontiert wird, es kaum eine Zusammenarbeit geben kann. Politische Parteien und Demokratie sind für viele Bundesbürger Antonyme geworden. Leider schieben viele Bundesbürger allzu oft die Schuld auf die Demokratie. Doch die Demokratie kann nur so stark sein wie das Volk, das sie einfordert.

Es ist einfach für einen Politiker, die Korruption und antidemokratischen Züge der anderen Parteien zu kritisieren. Man begegnet dieser Vehemenz und einem Handlungsdrang gegenüber der eigenen Partei eher selten. Wenn Politiker mehr Demokratie wollen und gleichzeitig in ihren Parteien bleiben möchten, dann müssen sie sich von der korrupten Obrigkeitspolitik ihrer Parteien klar absetzen und ein anderes Modell der repräsentativen Demokratie entwickeln. Das Volk, und das sieht man an der sinkenden Wahlbeteiligung, braucht die Parteien immer weniger. Direkte Demokratie stellt die Parteiendemokratie nicht nur infrage, sondern ersetzt sie.

Doch die Manager der Parteikonzerne handeln weiter nach der Maxime: Politik ist Geschäft. Auf diese Weise haben sie bislang hervorragend gelebt. Es ist auffällig, dass sich viele Politiker ein programmatisches Steckenpferd aussuchen, Umwelt, Menschenrechte, erneuerbare Energie. Doch man kann nicht mit dem Wolfsrudel laufen mit der Entschuldigung, dass man Vegetarier sei. Keiner tritt offensiv auf, um die Korruption in der Politik öffentlich anzuprangern. Sie wissen sehr wohl, man kann gegen die Fraktion stimmen und sogar die Parteiführung öffentlich kritisieren, aber man greift das Geschäftsmodell nicht an. So etwas verzeiht die Firma nicht.

Wenn das Geld spricht,
ist jeder zum Zuhören verurteilt.[267]
– Christopher Lasch

Werbung ist keine Form des rationalen Dialogs. Sie baut keine Argumentation auf, die sich auf Beweise stützen könnte, sondern bringt ihr Produkt mit speziellen visuellen Darstellungen in Verbindung. (…) Die Übernahme dieser Methoden hat den Politikern dabei geholfen, das Problem der Kommunikation mit dem Massenpublikum zu bewältigen; der Demokratie selbst haben sie damit jedoch einen Bärendienst erwiesen.[268]
– Colin Crouch

Kapitel 5

OWNTHINK ODER DEMOKRATIE ALS SUBVERSIVITÄT

Es gibt wahrscheinlich kaum ein Buch, das meine Generation so beeinflusst hat wie George Orwells *1984*. Während sein früheres Werk *Animal Farm* eine Kritik an der Entwicklung der bolschewistischen Revolution war, setzte sich *1984,* das im Jahr 1949 erschien, mit dem Kampf für Freiheit im Zeitalter von Supermächten auseinander.

Die durch ihre Ideologie intellektuell kastrierten Kalten Krieger deuteten *1984* als Verdammung von Stalinismus und Kommunismus. Das war es – auch. Doch für Orwell ging es um viel mehr. Orwell schrieb über den »oligarchischen Kollektivismus«[269], den Totalitarismus, dass er, wenn man nicht dagegen kämpfe, »überall triumphieren könne«[270]. Er wählte deswegen London als Ort des Geschehens für seinen Roman, nicht Moskau.

Wie Orwells Hauptcharakter im Roman, Winston Smith, feststellt, geht es bei den drei Supermächten, die die Welt unter sich aufteilen, lange nicht mehr um einen Sieg gegeneinander. »Jede herrschende Gruppe führt den Krieg gegen ihre eigenen Untertanen, und das Kriegsziel liegt nicht darin, Gebietseroberungen zu machen oder zu verhindern, sondern darin, die Gesellschaftsstruktur intakt zu erhalten«,[271] also darum, ihre Macht im eigenen Staat, gegen die eigene Bevölkerung, zu sichern. Der Rest der Welt außerhalb dieser drei Supermächte stellt die Quelle von billigen Rohstoffen und Arbeitskräften dar.

Doch für Orwell ging es in *1984* nicht um den gewöhnlichen brutalen Absolutismus seiner Zeit, wie er ihn in Deutschland oder der Sowjetunion erlebt hatte, sondern um weitaus mehr. Ziel von Big Brother war es, »allen Untertanen nicht nur den absoluten Gehorsam gegenüber dem Willen des Staates, sondern auch die absolute Einheitsmeinung aufzuzwingen«[272]. Nicht nur wurden persönliche Erfahrungen geleugnet, sondern die Existenz einer subjektiven Realität – das Ende des Individuums.

Das Erreichen dieses Ziels setzte die Auslöschung von Geschichte, die Vernichtung der Vergangenheit voraus. »Und wenn alle anderen die von der Partei oktroyierte Lüge akzeptierten – wenn alle Berichte gleich lauteten –, dann ging die Lüge in die Geschichte ein und wurde Wahrheit«, lässt Orwell seinen Helden über das System sagen, das gemäß der Parole der allmächtigen Partei funktioniert: »Wer die Vergangenheit kontrolliert …, kontrolliert die Zukunft.«[273] Der Mensch wurde in der Welt von

Big Brother zum Vergessen verdammt, und die Vergangenheit konnte durch die Grundsätze des Herrschaftssystems ersetzt werden: »Die Lügen der Partei wurden zur Geschichte: Alles verschwamm im Nebel. Die Vergangenheit wurde getilgt, die Tilgung wurde vergessen, die Lüge wurde Wahrheit.«[274] Winston Smith erkannte die Konsequenzen. Abgeschnitten von der Außenwelt und seiner Vergangenheit war der Mensch geistig orientierungslos wie ein Astronaut im All, der kaum feststellen kann, wo oben und wo unten ist.[275] Die einzige Möglichkeit des Widerstands, die einzige Waffe gegen diese totalitäre Welt ist die Erinnerung an die eigene Erfahrung, das Gedächtnis.

Ein wichtiges Instrumentarium dieses Albtraums war die Herrschaft über die Sprache, das »Neusprech«. Diese durchrationalisierte Sprache sollte die Möglichkeit eines subversiven Gedankens verhindern: »Wörter, die früher einmal eine ketzerische Bedeutung transportiert hatten, wurden manchmal aus Gründen der Bequemlichkeit beibehalten, aber nur, wenn sie von den unerwünschten Bedeutungen gesäubert worden waren. Unzählige andere Wörter wie Ehre, Gerechtigkeit, Moral, Internationalismus, Demokratie, Wissenschaft und Religion hatten schlicht aufgehört zu existieren.«[276] Bis auf »Wissenschaft« haben diese Begriffe kaum einen positiven Wert in der heutigen deutschen politischen Klasse. Sie werden als »Gutmensch-Begriffe« verpönt. Und der Begriff »christlich« in einem Parteinamen hat wenig mit christlichen Werten zu tun und bestätigt, wie die unerwünschte Bedeutung aus einem Begriff verbannt werden kann.

Die Ähnlichkeiten zwischen Orwells »Neusprech« und den Sprachgepflogenheiten der westlichen Demokratien von 2011 sind verblüffend. Wenn ein Mobiltelefonanbieter mit »Redefreiheit« wirbt, aber eine Flatrate meint, wenn der Begriff »Reform« mit einem Mal »Reaktion« bedeutet, wenn Entlassungen als

»günstige Gelegenheit, sich beruflich zu verbessern« etikettiert werden, dann ist es Zeit, nachdenklich zu werden.

Zweifelsohne gab es keine andere Ära, in welcher der Mensch dermaßen mit Informationen überflutet wurde wie heute – und doch waren die meisten wahrscheinlich seit Generationen nicht so schlecht informiert. Weil es nahezu unmöglich geworden ist, Wichtiges von Unwichtigem zu unterscheiden. Die neueste Information, kaum wahrgenommen, wird schon von der nächsten Informationswelle weggespült. Ohne die Auseinandersetzung mit anderen Menschen sind wir kaum in der Lage, all diese Informationen zu verarbeiten. Doch die findet oft nicht statt, denn in den westlichen Gesellschaften hat die Isolation des Einzelnen bedenkliche Ausmaße angenommen. Die Bevölkerung ist zunehmend von der Berichterstattung und gleichermaßen von der fehlenden Berichterstattung der großen Medien beeinflusst. Wahrscheinlich kann man heute kaum mehr von einer demokratischen Willensbildung sprechen. Der politische Diskurs ist durch die Einstellungen der einzelnen Medieninhaber und -gestalter geprägt, und die sind erschreckend homogen. Das kritische Denken ist heute wahrhaftig ein gefährdetes Gut.

Kritisches Denken und eine lebendige Diskussion sind jedoch die Grundlagen der Demokratie, die Stimmabgabe sollte das Resultat sein, in der direkten wie in der repräsentativen Demokratie. Doch wie kann eine Demokratie funktionieren, wenn dieser Diskurs von einer herrschenden Klasse bestimmt und kontrolliert wird?

Die Massenmedien geben die Themen vor und den Ton an. Sie berichten über die gewählten Volksvertreter, kommentieren ihr Handeln und dienen als Diskussionsforum. Sie bestimmen, was wir hören sollen, wen wir sehen können und welche Informationen wir erhalten dürfen. Sie filtern die Politik und bilden mit dieser eine Symbiose. Politik ohne Medien ist ebenso wenig vorstellbar wie der umgekehrte Fall. Beide arbeiten Hand in Hand – und das Denken erledigen sie sogar mit einem Kopf.

Die Emanzipation der Presse vollzog sich fast zeitgleich mit der Entstehung der repräsentativen Demokratie in Großbritannien. Sie stellte das Gegengewicht zu der neuen Macht im Staat dar, dem Parlament, das die Befugnisse des ehemals absolutistisch regierenden Monarchen einschränkte. Kurz nach der Glorious Revolution im Vereinigten Königreich von 1688/89 wurde erstmals eine Art Pressefreiheit institutionalisiert. Allerdings nicht durch ein Gesetz, sondern weil man 1694 einfach darauf verzichtet hatte, bestehende Zensurvorschriften zu verlängern. Man könnte also sagen, dass sich die Pressefreiheit still und heimlich in die Geschichte schlich. Pandoras Büchse war geöffnet.

Später basierte die Legitimation der repräsentativen Demokratie auf dem durch die Presse »informierten Bürger« und einige Zeit später auf der »informierten Bürgerin«. Ein gebildetes und sachkundiges Volk sollte imstande sein, durch die Wahl ihrer Vertreter die Freiheit zu garantieren. Das ist, gelinde gesagt, eine sehr hohe Anforderung an die Medien, wenn die Partizipation des Volkes – wie in der repräsentativen Demokratie – sich auf diese eine Handlung reduziert.

Es ist ein ewiges Thema, die Rolle der Presse- beziehungsweise Medienfreiheit in einer Demokratie und wie sie gestaltet wurde und wird. Noam Chomsky hat sich in seinem Buch *Media Control – Von Macht und Medien* damit auseinandergesetzt und stellt zwei gegensätzliche Entwürfe von Demokratie einander gegenüber: Der eine gesteht dem Volk das Recht zu, in entscheidenden Fragen an der Gestaltung seiner eigenen Angelegenheiten mitzuwirken, und impliziert einen offenen, freien Meinungsaustausch, während der andere es darauf anlegt, die Menschen genau davon fernzuhalten und sie durch rigide Kontrolle in ihren Informationsmöglichkeiten zu beschneiden. Dies klinge vielleicht merkwürdig, sagt Chomsky, aber genau das sei das vorherrschende Demokratiemodell.[277]

Die Macht der Medien, den politischen Diskurs zu bestimmen, begann sich schon Ende des 19. Jahrhunderts herauszukristallisieren, als der Prozess der Pressekonzentration einsetzte. Immer mehr Blätter befanden sich in immer weniger Händen, was zwangsläufig eine Einschränkung der Meinungsvielfalt nach sich zog. Einige Jahrzehnte später konstatierte der amerikanische Journalist A. J. Liebling, dass die Freiheit der Presse nur für diejenigen gelte, denen die Zeitungen gehörten. Doch die Entwicklung blieb nicht stehen. Mit dem wachsenden Einfluss der Presse kam ein neuer Faktor ins Spiel: die Anzeigenkunden. Sie führten mit ihren finanziellen Mitteln eine Verschiebung der Machtverhältnisse herbei, denn indirekt konnten sie zunehmend mitbestimmen, was gedruckt wurde und was nicht, wie der britische Journalist Hannen Swaffer beobachtete: »In Großbritannien bedeutet Pressefreiheit, dass jene Vorurteile der Zeitungsbesitzer gedruckt werden, gegen die die Werbung nichts einzuwenden hat.« Die Macht über die Presse war vielleicht weiter verteilt, blieb jedoch bei derselben Kaste.

Die Medien wurden zum integralen Teil der politischen Machtstruktur und diktierten den politischen Diskurs mit, wie Orwell in seinem Aufsatz »The Freedom of the Press«[278] schrieb: »Die britische Presse ist extrem zentralisiert und befindet sich zu großen Teilen in den Händen reicher Männer, die guten Grund haben, sich mit bestimmten wichtigen Themen nicht zu beschäftigen. Diese verdeckte Art von Zensur findet sich ebenfalls bei Büchern und Periodika sowie im Rundfunk, Fernsehen und im Filmgeschäft. Grundsätzlich geht man in den Medien insgesamt von der Überzeugung aus, dass alle rechtschaffenen Menschen ihnen fraglos zustimmen, also ihre Wertvorstellungen widerspruchslos teilen werden.«

Die Geschichte der kommerzialisierten Medien ist die Geschichte von der Konsolidierung der politischen Macht in den Händen einer herrschenden Klasse, und in den westlichen Demokratien sind das, wie Orwell richtig erkannt hat, die Reichen. Mit ihren Printmedien und später elektronischen Medien konnten sie die Doktrin ihrer Machterhaltung propagieren. Gleichzeitig wurde die Entwicklung einer eigenen Ideologie der unteren ökonomischen Klassen unterdrückt, sei es durch das Verschweigen dieser Information oder indem sie als lächerlich oder sogar subversiv dargestellt wurde. Das Volk wurde entmündigt, da die herrschende Klasse allein zu wissen beanspruchte, was für die Gesellschaft gut sei: ihre Rendite und der Machterhalt.

Diese Macht der Medien steigert sich unaufhörlich. Heute existieren Medienimperien mit Milliardenumsätzen, wie Rupert Murdochs News Corporation, die Bertelsmann AG oder Silvio Berlusconis Fininvest. Denen kann man kaum noch entkommen. Sie intervenieren nicht nur massiv in der Politik, sondern haben unseren Alltag erobert.

Wie aber sollen die Medien eine Kontrollfunktion über die Politik ausüben, wenn sie selbst Teil des Herrschaftssystems sind? Viele Mitglieder der Medien sind führende Mitglieder der politischen Klasse, einige außerordentlich mächtig. Wie etwa Silvio Berlusconi mit seiner Doppelrolle als Medienmogul und Ministerpräsident. Oder Rupert Murdoch in der angelsächsischen Welt und die Springer-Presse in der Bundesrepublik. Sie betrachten die Medien, ihre Medien, keinesfalls als Teil eines demokratischen Prozesses, sondern als Garant der bestehenden Machtverhältnisse, die ihnen Einfluss und Reichtum sichern. Der englische Dramatiker und Medienkritiker Dennis Potter hat es zutreffend auf den Punkt gebracht: »Sie sind nicht an unserer Entwicklung oder Emanzipation interessiert, und das ist die Eigenschaft einer Besatzungsmacht.«[279]

Durch diese verstärkte Verknüpfung von Staat und Wirtschaft wandern die Politik und die Medien immer weiter nach rechts. Ohne Zweifel gibt es Ausnahmen, aber sie sind so selten wie irrelevant. Die Nische im Internet ist immer noch winzig. Auch die meisten linken oder links-liberalen Medien unterscheiden sich kaum von ihren rechten Gattungsgenossen. Anders als die rechten Medien setzen die linken die Agenda aber nicht, sondern kritisieren vereinzelte Aspekte des vorgegebenen rechten Mainstreams.

Die Warnung des US-amerikanischen Journalisten A. J. Liebling, »die Menschen neigen dazu, die Nachrichten, die sie in Zeitungen lesen, mit Neuigkeiten zu verwechseln«, gilt für die Nachrichtenmedien heute mehr denn je. Die oberflächliche, vereinfachte und sensationell aufgemachte politische Berichterstattung von heute fördert keinesfalls die politische Diskussion. Meldungen über vermeintliche Skandale, Klatsch und Tratsch sowie überflüssige Trivialitäten, wohin man schaut. Solches »Politainment« vernebelt den Blick auf die tatsächlich wichtigen Dinge. Zwar dient es prächtig der Unterhaltung, aber ob dadurch irgendein Beitrag geleistet wird, die Bevölkerung reif zu machen für die Auseinandersetzung mit politischen und staatsbürgerlichen Problemen, geschweige denn sie am politischen Prozess teilnehmen zu lassen, ist zweifelhaft.

Der Fall zu Guttenberg hat erst jüngst ein bezeichnendes Licht auf diese unheilige Allianz geworfen. Schließlich waren es die Medien, die einen Blender, einen schlechten Wirtschafts- und Verteidigungsminister und Plagiaristen zum Politstar, ja bereits zum nächsten Bundeskanzler, hochgejubelt haben. »Die fabelhaften Guttenbergs« titelte sogar der *Spiegel* und reihte sich damit in die Berichterstattung auf *Gala*-Niveau ein. Die Journalisten brauchten nicht mehr zu denken, nur mitzulaufen und nachzuschreiben. Politik wurde zum Kassenerfolg ohne

Aufwand – außer dem Ausverkauf jeglicher journalistischen Integrität. Das war nur der Anfang. Die Medien haben Blut geleckt. Sie wussten, was sie an zu Guttenberg hatten: Rendite.

Und nach dem tiefen Fall wären die meisten Medien, nicht nur die Springer-Presse, gerne auf Regierungskurs eingeschwenkt und hätten die Plagiatsvorwürfe negiert, um wieder zum Beliebtesten-Politiker-Bacchanal zurückzukehren. Sie selbst, wie so viele in der politischen Klasse, haben die Tragweite von zu Guttenbergs Betrug offenbar nicht begriffen – sie nicht begreifen können oder wollen – und hätten die Geschichte gerne schnell abgehakt, wenn nicht eine andere Kontrollinstanz, und zwar vonseiten der Wissenschaft, genau dies verhindert und so lange nachgebohrt hätte, bis eine Lawine losgetreten war, die die politische Klasse nicht mehr zu stoppen vermochte. Selten wurden Politik und Medien so eindeutig gemeinsam in einer Abseitsfalle erwischt wie bei dieser Affäre.

Die Tragweite dieses Ereignisses ist nur wenigen klar. Deutschland hatte Glück, dass es nur ein Adliger war. Dank ihrer Arroganz und fehlenden Wertschätzung von Intelligenz verlor die Aristokratie ihre politische Herrschaft. Zu Guttenberg war Opfer dieser Standesmentalität. Aber was passiert, wenn ein fähiger Rechtspopulist vom Schlage eines Jörg Haider kommt?

Seriöser Journalismus steht unter Druck. Die Medien führen kaum noch eigene Analysen durch, sondern recyceln abgedroschene Formeln, die längst keinen Inhalt mehr haben, höchstens emotionelle Übertöne. Die Gefahr ist eine Banalisierung der Meinungen, wie man das aus den USA kennt.

Wie die Willkür der Medien konkret aussieht, dafür liefern Verlautbarungen zu Afghanistan, offizielle wie mediale, erhellendes Anschauungsmaterial. Als die Sowjetunion im Jahr 1979 in das Nachbarland einmarschierte, wurde das im Westen als ein imperialistischer, völkerrechtswidriger Akt gebrandmarkt, während die Sowjets von Selbstschutz sprachen und behaupteten, im Interesse der afghanischen Bevölkerung zu handeln. 32 Jahre später kehrte sich die Sache um: Jetzt reklamierten die USA und ihre Verbündeten zu Beginn der Operation »Enduring Freedom« das Motiv der Selbstverteidigung und die Rolle der Befreier für sich, während Kritiker von einer unrechtmäßigen Aggression sprachen. Die exakte Umkehrung der Wertmaßstäbe bei den beiden Invasionen ist geradezu unheimlich.

Die Regierung um Hamid Karzai hätte sich nicht zehn Jahre halten können, wären da nicht die Präsenz einer westlichen Besatzungsmacht, heute über 130.000 Soldaten (die Bundeswehr hat nur rund 230.000 Soldaten), und Milliarden von Euros an finanzieller Unterstützung jährlich. Die Medien erklären uns, dass es selbstverständlich um eine stabile und demokratische Regierung und den Aufbau einer Zivilgesellschaft gehe. Doch alles weist darauf hin, dass die Regierungsstrukturen in Afghanistan alles andere als demokratisch sind. Das Land wird von Korruption und Warlords beherrscht, die Wirtschaft von der Produktion von Heroin. Dafür sterben deutsche Soldaten?

Die Berichterstattung ist voll mit den typischen Siegesmeldungen und hohen Verlusten des Feindes. Wie einst bei der Wunderwaffe der Deutschen versprechen heute die Wunderwaffen der USA den unerreichbaren Sieg. Doch das Ziel ist schon lange nicht mehr der Sieg, sondern ein möglichst günstiger Rückzug. Danach werden die Medien, die jahrelang die Illusionen von der Demokratisierung Afghanistans verbreitet haben, wieder an vorderster Front sein, wenn es darum geht, die Flüchtlinge aus Afghanistan, die sich tatsächlich für eine Demokratisierung ihrer Gesellschaft eingesetzt hatten und sich nun, um ihr Leben zu retten, auf den Weg nach Deutschland machen, als Wirtschaftsflüchtlinge zu denunzieren. Bis dahin werden die Deutschen die Lügen von gestern vergessen haben.

Überhaupt das Vergessen. Der Historiker Eric Hobsbawm behauptete schon im Jahr 1994: »Die Zerstörung der Vergangenheit (…) ist eines der charakteristischen und unheimlichen Phänomene des späten 20. Jahrhunderts. Die meisten jungen Menschen am Ende dieses Jahrhunderts wachsen in einer Art permanenter Gegenwart auf, der jegliche organische Verbindung zur Vergangenheit ihrer eigenen Lebenszeit fehlt. Das lässt Historiker – deren Aufgabe es ist, in Erinnerung zu rufen, was andere vergessen haben – am Ende des zweiten Jahrtausends noch wichtiger werden als je zuvor.«[280] Journalisten auch.

Der amerikanische Journalist Bill Moyers schrieb, »die Menschen sind so beschaffen, dass sie sich nur an das erinnern, was man ihnen als erinnerungswürdig vorgegeben hat«,[281] der Rest versinke im Dunkel, auch die eigene Erfahrung. Ein gefährliches Moment, denn Menschen ohne Gedächtnis, so Moyers, seien der Gnade der Herrschenden ausgeliefert, weil ihnen kein Mittel zur Verfügung stehe, um das, was ihnen erzählt wird, zu überprüfen. Ein sehr ähnlicher Ansatz, bloß sechzig Jahre später, wie bei Orwells *1984*.

Aus dem kritischen Bürger ist ein Konsument geworden. Und Politik zur Ware, die verkauft werden muss. Das ist der Markt der Medien. Immer weniger unterscheiden sich Nachrichten und Werbung voneinander, und beides muss konsumentenfreundlich sein. Was Ecken und Kanten hat, wird zurechtgestutzt, umgeschrieben, umgeschnitten. Die politische Klasse hat schnell gelernt, was sie tun muss, um medientauglich zu werden. Mit welchen Konsequenzen, das ist den meisten egal. Hauptsache, man ist präsent.

Die Medien treiben die wenige Demokratie, die wir noch haben, in den Niedergang. Der politische Diskurs reduziert sich auf »smiling drivel« – lächelndes Gefasel –, wie Moyers es nennt.[282] Den Erfolg der Medien hat die Politik längst erkannt und das »Erfolgsrezept« des Warenverkaufs selber übernommen. Jeder politische Auftritt wird mediengerecht inszeniert. Das führt zwangsläufig zu einer falschen Auffassung von Politik, was demokratische Prozesse erodiert lässt.

Durch ihre Symbiose merken die Politik und die Medien nicht, dass sie den Kontakt zur Realität, zur Bevölkerung verlieren. Und wenn die Menschen ihnen enttäuscht den Rücken kehren, ist in den Augen der Politiker das Volk daran schuld. Für die Printmedien trägt das Internet die Verantwortung an ihrem unaufhaltsamen Niedergang. Sogar die *Bild*-Zeitung verbucht empfindliche Auflagerückgänge. Hatte man 2001 noch eine verkaufte Auflage von 4,36 Millionen Zeitungen,[283] so waren es knapp zehn Jahre später weniger als drei Millionen.[284] Politik und Medien scheinen sich nicht vorstellen zu können, dass immer weniger Menschen ihre »Botschaften« glauben und brauchen. In der Vergangenheit führten solcher Interesseninzest und die dazugehörende Abkoppelung vom Alltag der Menschen zu explosiven politischen Situationen.

Einer der schärfsten Kritiker des heutigen deutschen Journalismus ist Albrecht Müller. In seinem Buch *Meinungsmache* beschreibt er, was die Medien darstellen und was sie eigentlich sein sollten. »Leuchtfeuer der Meinungsfreiheit«, »Garant und Beispiel für Pluralität und freie Meinungsbildung«, eine Instanz, um »die Politik, die Verbände, die Parteien und Eliten« zu kontrollieren, »und zwar aus eigener Kraft«. Müller erinnert an die hehren Anfänge und hängt die Ansprüche für die »Meinungsmacher« wieder sehr hoch. »Von ihnen müssten Fragen und Impulse ausgehen. Sie müssten die laufenden Kampagnen der Meinungsbildung aufdecken und gesellschaftliche Entwicklungen vorausdenken, um Anstöße zu einer breiten Debatte darüber zu liefern. Die verschärfte Spaltung unserer Gesellschaft, das Ungleichgewicht der Einkommens- und Vermögensverteilung, die

Verflechtung der Politik mit der Finanzwirtschaft und die daraus folgende unfassbar hohe Belastung für uns alle, die Kommerzialisierung vieler Lebensbereiche, der Klimawandel, die Neigung, die Politik mit militärischen Mitteln fortzusetzen – all das sind Beispiele für die Dringlichkeit, vorauszudenken und rechtzeitig davor zu warnen, wenn die Entwicklung ein kritisches Maß erreicht.«[285]

Doch von seinen eigentlichen Aufgaben und Verpflichtungen hat sich der Journalismus inzwischen weit entfernt. Journalismus hat heute wenig mit Aufklärung oder Kontrolle zu tun, sondern mit »Meinungsmache« und Gewinnstreben.

Ein Blick auf die Pressekonzentration verdeutlicht das. In der Bundesrepublik teilen sich die fünf größten Verlage annähernd 45 Prozent des Tageszeitungsmarkts, angeführt von der Springer AG, der allein fast 20 Prozent gehören. Und nimmt man die zehn auflagenstärksten Zeitungshäuser, so kontrollieren diese beinahe 60 Prozent.[286] Bei den Zeitschriften sieht es noch dramatischer aus: Mit ihren rund 200 Titeln beherrschen die fünf Verlage Bauer, Burda, Springer, Gruner & Jahr (zu 74,9 Prozent in den Händen von Bertelsmann) und die WAZ-Gruppe 65 Prozent dieses Marktes.[287] Das Fernsehen befindet sich in den Händen der öffentlich-rechtlichen Sender, der RTL-Gruppe, die zu 90 Prozent der Bertelsmann AG gehört, und der ProSiebenSat.1 Media AG, die von den Private-Equity-Unternehmen Permira und Kohlberg Kravis Roberts & Co. (KKR) kontrolliert wird und auf die unlängst der Springer Verlag ein Auge geworfen hat.[288]

Es ist überflüssig, die Motive der »Mächtigen« innerhalb der Medienbranche zu analysieren, denn deren Maßstäbe sind allein der Marktanteil und die Rendite. Die Inhalte sind zum Vehikel verkommen, um sich dort Anteile zu erobern. Die Vorgehensweise ist sehr subtil: »Da gibt es keine Zensur in dem

Sinne, dass Themen verboten würden, sondern in der Form, dass einfach nur angeboten wird, was sich verkauft oder vermeintlich verkauft«,[289] konstatiert der Journalist Tom Schimmeck, der sich mit dem Niedergang des deutschen Journalismus und mit der Medienherrschaft auf der Basis eigener Erfahrungen auseinandersetzt.

Dazu passt ein Beispiel, das ich selbst erlebt habe. 2008, als die Finanzkrise auf ihren Höhepunkt zusteuerte, bot ich einer renommierten Wirtschaftszeitung eine Geschichte über Korruption in einer großen Sparkasse an. Diese wurde abgelehnt mit der Begründung: »Wir schauen nicht zurück, es ist wichtiger, uns nach vorne zu orientieren.« Als Public-Relations-Strategie nach einem desaströsen Umsatzeinbruch in einem Konzern mag das legitim und richtig sein, um die Aktionäre bei Laune zu halten, doch was soll man von einem Journalismus halten, der nicht mehr aufklärt und damit zur Aufarbeitung der Vergangenheit beiträgt?

Das Ergebnis sind kurzlebige, hintergrundlose Nachrichten, Behauptungen ohne Wenn und Aber und meistens ohne Wahrheitsgehalt. Dies hat vor allem ökonomische Ursachen. Wozu guten Journalismus, wenn man schlechten Journalismus weitaus billiger produzieren kann? Wichtig ist nur, dass das Blatt oder die Sendung voll ist – am besten ohne juristische Komplikationen. Doch eines vergessen die Printmedien: Im Internet kann man den gleichen schlechten Journalismus früher und umsonst lesen.

Insgesamt suchen die Printmedien ihr Heil nicht durch eine Qualitätssteigerung, sondern durch Kostenreduzierung zu erreichen. Was zu Entlassungen und zur Reduzierung von Honoraren führt, die ohnehin »nur noch selten in einem halbwegs angemessenen Verhältnis zum betriebenen Aufwand« stehen, wie Tom Schimmeck festgestellt hat. »Wenn Sie es richtig gut machen – wenn Sie wirklich recherchieren, telefonieren, nachlesen und nachhaken, wenn Sie noch mal losfahren und richtig hingucken, sind Sie ökonomisch betrachtet ein Vollidiot. Auch ›Qualitätszeitungen‹ zahlen wahrlich keine Qualitätshonorare mehr.«[290]

Als ich als Journalist anfing, begegnete mir erstmals der Spruch: »When in doubt, find it out« – falls du Zweifel hast, gehe ihnen nach. Man blieb an einer Geschichte, bis sie ausrecherchiert war, und wenn es Monate oder gar Jahre dauerte. Heute würde man wohl eher sagen: »When in doubt, leave it out.« Man schreibt, soviel man hat, aber zu einem eindeutigen Ergebnis kommt man nicht. Die neueste Direktive heißt: »When in doubt, throw it out«, also wenn die Recherche droht, länger und teuerer zu werden, die Berichterstattung frühzeitig abbrechen, um Kosten zu sparen. Dazu kommen die immer häufigeren Zivilprozesse, die Unternehmen und reiche Individuen gegen Medien führen. Davor scheut sich jedes Medium.

Im Zuge der Kostenbegrenzung werden außerdem immer mehr Beiträge von Volontären und Praktikanten geschrieben. Die sind vor allem billig, wenn nicht kostenlos. Sie haben kaum Erfahrung oder Hintergrundwissen, um überhaupt das zu verstehen oder zu beurteilen, worüber sie berichten. In zu vielen Artikeln ist zu erkennen, dass die Autoren einfach keine Ahnung haben, worüber sie schreiben.

Aber man ist noch einen Schritt weitergegangen und hat endgültig den journalistischen Tiefpunkt erreicht, ja überschritten. Die finale Bankrotterklärung nämlich besteht darin, dass die Medien teilweise komplett ausformulierte Beiträge von Public-Relations-Firmen oder sogar direkt von der Presseabteilung eines Unternehmens übernehmen. Das hat einen einzigen Vorteil – sie sind umsonst. Das ist Werbung, kein Journalismus. In seinem Buch *Am besten nichts Neues* bringt Tom Schimmeck es auf den Punkt: »Statt Propaganda aufzudecken, sind Medien der Kanal für Propaganda geworden.«[291]

Eine ähnliche Masche ist die Infiltration der Medienberichterstattung durch Studien, Gutachten, Informationsmappen, Experten, Fürsprecher, Partnerschaften und Werbekampagnen. Wichtige Protagonisten bei dieser Entwicklung sind die vom Arbeitgeberverband finanzierte Initiative Neue Soziale Marktwirtschaft (INSM), die Bertelsmann-Stiftung und die Stiftung Marktwirtschaft.

Die neoliberalen Ideologien der INSM finden sind nicht nur an exponierter Stelle in den Medien – dank eines üppigen Etats für die Schaltung von Anzeigen –, sondern die INSM ist sogar, wie der Lobbyismusexperte Rudolf Speth schon im Jahr 2004 kritisiert hatte, »enge Partnerschaften etwa mit der *Wirtschaftswoche*, der *Frankfurter Allgemeinen Sonntagszeitung*, der *Welt* und dem *Handelsblatt* eingegangen. Die INSM beliefert auch Talkshows (Christiansen, Illner etc.) mit Gästen. Journalistenwettbewerbe kommen hinzu. Neu ist die Kooperation mit MTV, um jüngere Leute anzusprechen.« In der Zwischenzeit ist die Liste der INSM-Partnerschaftsmedien noch gewachsen. »Durch die Arbeit der Initiative«, resümiert Speth, »verschwimmen die Grenzen zwischen PR und Journalismus.«[292]

Wie sehen denn diese Partnerschaften aus? Einen besonders signifikanten Beweis für die enge Verknüpfung lieferte folgender Fall: Anfang 2009 brachte die *Wirtschaftswoche* ein Heft mit dem Titel »Wirtschaftswoche Global« in Zusammenarbeit mit der INSM heraus. Das Thema lautete: »Armes Deutschland? 60 Jahre Bundesrepublik: Eine Untersuchung über Einkommen, Vermögen, Lebensqualität und soziale Gerechtigkeit.«[293] Als Autoren der Beiträge zeichneten neben den eigenen Redakteuren zwölf Mitarbeiter von der INSM sowie vom Institut der deutschen Wirtschaft Köln, hinter dem sich die Arbeitgeber- und

Wirtschaftsverbände verstecken. Im Heft allerdings ist über die Beiträger zu lesen: »Auf über 130 Seiten zeichnen wir unter Mitwirkung renommierter Wissenschaftler den Erfolgsweg der sozialen Marktwirtschaft nach.«[294]

Die erstaunlichste und wahrhaftig besorgniserregendste Einmischung der INSM in den Medien fand nicht im Nachrichtenbereich statt. Im Jahr 2002 hatte die INSM dafür bezahlt, um im Dialog der ARD-Serie »Marienhof« ihr Dogma verdeckt unterzubringen. Es ging unter anderem um die Flexibilisierung des Arbeitsmarktes, Bildung und Steuern.[295] Der Fall wurde als Schleichwerbung abgetan, doch es war mehr. Es war ein versteckter Versuch zu proselytieren. Damit hatte die INSM eindeutig eine ethische Grenze überschritten, was ihr sicherlich egal war. Ethik bringt keine Profite.

Einen Fall für sich stellt die Bertelsmann-Stiftung dar. Trotz der Bezeichnung Siftung ist nichts Philanthropisches daran. Sie ist eigentlich wenig mehr als eine finanzstarke, einflussreiche Lobbyingorganisation, die behauptet, sie sei »parteipolitisch neutral«[296]. Es ist der Stiftung zweifelsohne egal, welche politische Partei ihr neoliberales Programm umsetzt und ihren Gewinn steigert.

Der Journalist Harald Schumann hat sich mit der Stiftung näher befasst und ist dabei zu dem Schluss gekommen, dass dort nach einer altbekannten Masche verfahren wird, die da lautet, dass sich die Wohlhabenden erfolgreich vom Staat subventionieren lassen. »Tatsächlich wirtschaftet die Nebenregierung in Gütersloh de facto mit öffentlichem Geld«, erklärt Schumann, weil »Konzernpatriarch Mohn durch die Übertragung von drei Vierteln des Aktienkapitals auf die Stiftung gut zwei Milliarden Euro Erbschafts- oder Schenkungssteuer« gespart habe. Zusammen mit der Steuerfreiheit der Dividendenzahlung ein ganz einträgliches Geschäft. Immerhin gibt sie »mit ihrem Jahresetat von rund 60 Millionen Euro nicht mal annähernd das aus, was sie den Fiskus kostet«[297]. Anstatt sich in die Politik einzumischen und dabei ihre Partikularinteressen durchzusetzen, sollte die Bertelsmann AG die Qualität ihrer Medien steigern um so einen tatsächlichen gesellschaftlichen Beitrag im Sinne der Demokratie zu leisten.

Doch es werden kaum noch solche Lobbyingorganisationen gebraucht, um viele Medien und Journalisten zu beeinflussen. Viele Journalisten verhalten sich schon konform, bevor jemand dieses Ansinnen überhaupt an sie heranträgt, und passen die Auswahl ihrer Themen und den Tenor ihrer Berichterstattung dem Mainstream an.

Besonders aufgefallen ist diese geistige Haltung bei der Wochenzeitschrift *Der Spiegel*, dem wahrscheinlich wichtigsten Medium der Republik, nach dem Zusammenbruch der Investmentbank Lehman Brothers am 15. September 2008. Da der *Spiegel* am 15. September erschien, konnte jenes Heft nicht mehr kurzfristig speziell auf Lehman Brothers reagieren. Doch außer einem kurzen Interview mit Kenneth Rogoff waren die wachsenden Dimensionen der Finanzkrise offensichtlich der Redaktion überhaupt nicht präsent, trotz Rogoffs Behauptung im Interview: »Dies ist die schlimmste Finanzkrise seit dem Zweiten Weltkrieg.«[298]

Erstaunlich war dann allerdings die Titelgeschichte im nächsten Heft vom 22. September: »Die Biologie des Erfolgs: Warum Frauen nach Glück streben – und Männer nach Geld.« Es ging um ein kurz zuvor erschienenes Buch. Zwar versuchte die Wirtschaftsredaktion in einem längeren Artikel, die Lage der Weltfinanzen zu analysieren, doch was die Krise wirklich bedeutete, das schien man nicht begriffen zu haben. Anscheinend herrschte im Hamburger *Spiegel*-Haus ein Konsens darüber, dass das Thema Finanzkrise schon abgeschlossen sei. Man ging davon aus, dass der Markt ganz schnell wieder alles richten werde, und so fand man auch eine spezielle Titelgeschichte zum Thema überflüssig. Der *Spiegel* gehörte damals vermutlich zu den wenigen Medien weltweit, die die Bedeutung der Ereignisse in dieser späten Phase verkannten.

Es entbehrt nicht einer gewissen Ironie, dass ausgerechnet der als neoliberalistisches Kampfblatt verschriene *Economist* aus Großbritannien die Krise vorausgesagt hat. Seit Jahren nämlich prognostizierte er nicht nur den Kollaps des amerikanischen Immobilienmarkts, sondern analysierte ihn auch dezidiert – und war von vielen mit einem müden Lächeln bedacht worden. Trotz allen Spottes blieben die Mitarbeiter an der Geschichte dran – und genau das ist es, was guten Journalismus auszeichnet.

Was ist in den letzten Jahren bloß aus uns Journalisten geworden, Helden so vieler Filme und Romane? Ich glaube, wir lassen uns ähnlich wie die Politiker in drei Gruppen einteilen – in zwei kleinere und eine große. Da sind zunächst einmal jene, die danach streben, die Macht zu ihrem persönlichen Vorteil und dem ihres Auftraggebers zu nutzen. Statt es sich zur Aufgabe zu machen, Lügen und Betrügereien aufzudecken, gestalten sie diese mit. Sie finden sich bevorzugt im Management oder in redaktionellen Schlüsselpositionen. Sie sind Teil der politischen Klasse und arbeiten mit dieser Hand in Hand. Was auch gar nicht anders möglich ist, wie Noam Chomsky einleuchtend analysiert hat: »In seinem Buch ›Media Control‹ hat Noam Chomsky sich ebenfalls mit dieser Problematik beschäftigt und festgestellt, dass all jene, die in der Medienlandschaft Managerposten besetzen oder als Kommentatoren über beträchtlichen Einfluss verfügen, ebenfalls Teil dieser privilegierten Elite sind und sich hinsichtlich ihrer Erwartungen, ihrer Sichtweisen und ihres Anspruchsdenkens nicht von dieser unterscheiden. Mehr noch:

Chomsky ist der Überzeugung, dass kein Journalist innerhalb dieses Systems seinen Weg machen kann, ohne die Wertmaßstäbe dieser Klasse bedingungslos zu übernehmen und sich auf diese Weise dem bestehenden ideologischen Druck zu beugen. Denn es sei, folgert er, kaum möglich, das eine zu sagen und das andere zu tun, weshalb all jene, die diesen Anpassungsprozess nicht leisten, letztlich scheitern müssten.«[299]

Das andere Extrem stellen die integren Journalisten dar, die Passionierten, die tatsächlich versuchen, die Realität und Missstände abzubilden. Zwar können sie bisweilen die Aktivitäten der ersten Gruppe behindern, doch hauptsächlich bewegen sie sich in medialen Nischen oder werden als »sensationelle Enthüllungsjournalisten« funktionalisiert.

Zwischen diesen beiden Extremen findet sich das große Heer von Journalisten, die versuchen, ihre Arbeit den Umständen entsprechend gut zu verrichten, um sich und ihre Familien zu ernähren, denn es geht um berufliches Fortkommen und eine ausreichende finanzielle Absicherung. Diese Journalisten wissen sehr wohl, wer die Macht im Verlagshaus oder Sender hat, und werden alles tun, was von ihnen verlangt wird. Sie werden sich vielleicht ärgern über ihre oberflächlichen Berichte, ihre stupide Arbeit weit unter ihrem geistigen Anspruch, die fehlende Zeit, um eine anständige Recherche leisten zu können, doch das Produkt wird die Erwartungen des Betriebs erfüllen. Diese Gehorsamkeit vieler Journalisten ist nicht nur das Resultat des Drucks von oben. Den brauchen sie schon lange nicht mehr. Viele haben schon eine Schere im Kopf.

Ich persönlich glaube, dass die meisten gar keinen inneren Konflikt mehr empfinden, weil sie ihr Denken bereits nach dem Mainstream ausgerichtet haben. Es gibt bestimmte Themen, gewisse Ansätze, ein begrenztes Spektrum von Meinungen, die zum Bereich des Möglichen gehören. Man reproduziert das, was man vorgefunden hat. Journalisten lesen und sehen, was die anderen Medien produzieren. Diese Information wird dann zur Quelle oder zur Benchmark ihrer eigenen Arbeit. Alles außerhalb ihrer Journalistenwelt existiert einfach nicht. Es ist nicht interessant, es ist nicht verwertbar. Tom Schimmeck schreibt über Journalismus in der Bundesrepublik: »Gleichschaltung und Herdentrieb sind so stark wie seit Adolf nicht mehr.«[300]

Auch die schreibende Klasse unterliegt zunehmend den Verlockungen des Geldes und wird käuflich. Einen schlechten Ruf genossen in dieser Hinsicht schon immer die Reise- und Autojournalisten. Man denke nur an die Einladung von Volkswagen an dreißig deutsche Pressevertreter, die gratis nach Peking zu den Olympischen Spielen reisen durften, einschließlich Aufenthalt in einem Luxushotel, zum Preis von rund 25.000 Euro pro Journalist. Leider spielten die Finanzämter nicht mit. Sie durchschauten das Geschäft und weigerten sich, den viertägigen Luxustrip als Dienstreise anzuerkennen, betrachteten ihn vielmehr als Zusatzeinnahme und verlangten von den Journalisten Steuern. Auf Anfrage räumte Volkswagen ein, dass das Unternehmen diese Kosten dann ebenfalls übernommen hätte.[301]

In der Zwischenzeit ist der Ruf der Wirtschaftsjournalisten ebenfalls völlig ramponiert. Sie scheinen bei der Finanzkrise im Voraus keine Ahnung gehabt zu haben, aber werden immer wieder bei fragwürdigen Allianzen mit Unternehmen ertappt.

So unterhält etwa der »Internationale Club Frankfurter Wirtschaftsjournalisten« mit mehr als 170 in- und ausländischen Mitgliedern »Kontakt zur Europäischen Zentralbank und der Deutschen Bundesbank genauso wie zu den Vertretern der Finanzwelt und des produzierenden Gewerbes bundesweit und in Europa«,[302] wie es in der Selbstdarstellung heißt. »Mindestens einmal im Monat lädt der ICFW einen renommierten Gast aus Unternehmen und Wirtschaftsverbänden in den Club ein«, heißt es weiter. Mag ja sein, dass die Journalisten zu einem Abendessen einladen, aber es sind die Gäste, die die Gesamtrechnung bezahlen. Das hänge, so Robert Landgraf, Geschäftsführer des Clubs und ansonsten Chefkorrespondent Finanzmärkte des *Handelsblatts*, »von der Größe des Unternehmens oder der Organisation« ab, doch Summen und Namen will er nicht nennen.[303] Wenn man die Liste der Clubmitglieder durchliest, finden sich dort viele gut bezahlte Journalisten der wichtigsten Medien, vom Deutschlandfunk bis *Frankfurter Allgemeine Zeitung*. Man kann sich nur fragen, ob sie nicht ihre eigene Rechnung bezahlen können – und die des »eingeladenen« Gasts? Ich will nicht behaupten, dass die Journalisten sich damit kaufen lassen, jedoch ist hier eine Nähe, ein Geben und Nehmen, das nicht zum Journalismus gehört.

Ähnlich sieht es beim »Early Editors Club« aus, der von Northoff.Com, einer Public-Relations-Firma in Frankfurt am Main, als Netzwerk zwischen Presse und Wirtschaft gegründet wurde. Der Club organisiert alle drei Monate ein Frühstück, zu dem rund zwanzig Wirtschaftsvertreter und angeblich ein Dutzend Journalisten geladen werden – über 150 werden als Mitglieder geführt.

Das Frühstück ist für die Journalisten umsonst. Dass sich Journalisten durch ein bezahltes Frühstück korrumpieren lassen, ist wahrlich nicht anzunehmen. Es geht wohl darum, dass Experten und Journalisten sich in einer angenehmen Atmosphäre über aktuelle Themen und Trends austauschen können,[304] ähnlich wie bei den Parlamentarischen Abenden. Auch hier geht es angeblich nur um »den Dialog«[305]. Dadurch gibt es kein Gegenüber – die journalistische Distanz, die uns als Anfänger eingebläut wird – wie in einer Pressekonferenz, einem Interview oder Hintergrundgespräch. Zu den Aufgaben von Journalisten gehört, Fakten zu sammeln und kritische Fragen zu stellen, nicht Dialoge zu führen.

Eine in der Zwischenzeit dafür gegründete Agentur mit demselben Gesellschafter wie bei Northoff.Com[306] hat die Finanzierung dieser Frühstücke übernommen. Die verdient ihr Geld durch bezahlte Dienstleistungen für Unternehmen, die sich an den Frühstücksmeetings beteiligen und an einem dafür geschaffenen Blog teilnehmen. Journalisten können diese Unternehmen – und umgekehrt – über den Blog erreichen. Der Betreiber spricht sogar von einer »Online-Community«[307]. Eine Gemeinde ist eine Gemeinschaft mit höherem Organisationsgrad. Wieder: Wo bleibt die journalistische Distanz? Der Zweck des Blogs für Journalisten ist mir rätselhaft, da es jedem Journalisten offensteht, bei Firmen Anfragen zu stellen. Warum dann diese Beschränkung auf einen Blog mit einer gefilterten Auswahl?

Auf dem Internetportal der PR-Agentur Northoff.Com, die die Frühstücke initiierte, lässt sich nachlesen, um was es wirklich geht. »Wir sprechen regelmäßig mit wichtigen Redaktionen. Unsere langjährigen Kontakte zu führenden Wirtschafts- und Finanzjournalisten sind die beste Grundlage für erfolgreiche Public Relations. Profitieren Sie davon!«[308] Oder weiter: »Führende Redakteure der Wirtschafts- und Finanzpresse kennen Northoff.Com als kompetenten Ansprechpartner für Themen, die unsere Kunden bewegen. Knüpfen auch Sie durch unsere Vermittlung persönliche Beziehungen zu Journalisten, die in Ihrer Branche Trendsetter für die Medienberichterstattung sind. Wir vereinbaren Termine für Sie und bereiten Sie auf Redaktionsbesuche, Interviews und Hintergrundgespräche vor.«[309]

Nicht besser steht es um den dritten Club für Wirtschaftsjournalisten: »The Group 20 + 1«, ebenfalls in Frankfurt ansässig. Die Zwanzig bezeichnet die Mitglieder aus den Medien, die Eins ist Nader Maleki, der eine PR-Agentur betreibt und 1987 das »International Bankers Forum« (IBF) gegründet hat, dessen Präsident er nach wie vor ist. »Das IBF ist heute«, so die Darstellung auf Malekis Internetportal, »Deutschlands größter privat organisierter Berufsverband für Banker mit rund 800 Einzel- und 50 institutionellen Mitgliedern.«[310] Ein Lobbyist also, der sich außerdem auf Finanzkommunikation spezialisiert hat. Seine Gruppe 20 + 1 hat es sich zur Aufgabe gemacht, alljährlich herausragende Leistungen in der europäischen Finanzwelt auszuzeichnen, und verleiht seit 1994 jährlich die begehrte Auszeichnung European Banker of the Year – 2009 erhielt Josef Ackermann von der Deutschen Bank den Lorbeerkranz. Doch nicht etwa die Preisverleiher, also die Wirtschaftjournalisten und Maleki oder seine Firmen, bezahlen die Gala. Nein, diese Kosten werden vom Preisträger des Vorjahres übernommen. Die Neoliberalen haben einmal behauptet, dass es keinen »Free Lunch« geben könne. Ich gehe nicht gerade häufig mit ihnen d'accord, doch in diesem Fall stimme ich zu. Es gibt auch kein Frühstück umsonst und erst recht kein feierliches Preisverleihungsbankett.

Aber die Journalisten erinnern an ein Rugby-Gedränge in ihren Versuchen, an den Geldtrog der Wirtschaft heranzukommen. Sehr aufschlussreich war in dieser Hinsicht ein Beitrag im Rahmen der NDR-Sendung »Zapp« zum Thema »Nebenverdienste: Wie Fernsehmoderatoren ihre Prominenz vermarkten«. Es war wie ein Who's Who des öffentlich-rechtlichen Fernsehens. Beispielsweise kosten durch Agenturen vermittelte Auftritte von Tom Buhrow und Klaus Kleber, so »Zapp«, 20.000 Euro. Andere verdingen sich für Vorträge, die ihren Arbeitsbereich tangieren, wie die ARD-Börsenexpertin Anja Kohl. Sie »moderiert und referiert bei Veranstaltungen, die auch von Banken und Unternehmen finanziert werden, deren Aktien an der Börse gehandelt werden«. Ein anderes Beispiel: Kurz nachdem der Air-Berlin-Chef bei Johannes B. Kerner, der damals noch beim ZDF arbeitete, zu Gast war, warb dieser für den Börsengang der Fluglinie. Bei allen Genannten sollte man doch denken, dass sie als Angestellte öffentlich-rechtlicher Sender solche Klüngelei vermeiden. Hier sind Menschen, deren Ruf auf der vermeintlichen Integrität, Seriosität und Unabhängigkeit der öffentlich-rechtlichen Sender basiert. Sie vermarkten diesen Ruf mit ihrer Person. Es braucht nur ein paar handfeste Skandale – und die werden kommen –, um dieses Merkmal der Öffentlich-Rechtlichen zu zerstören.

Die aufgestellten Fallen sind überall und subtil. Ich habe das selbst mehrfach erlebt, so auch vor etlichen Jahren, als ich in Berlin Recherchen über ein halbstaatliches Unternehmen anstellte. Unter anderem besuchte ich eine ihrer Tagungen, um zu hören, was diese Firma Neues mitzuteilen hatte. Normalerweise haben Journalisten bei solchen Veranstaltungen freien Zutritt, doch in diesem Fall wollte ich von der Firma nichts annehmen und habe die Teilnahmegebühr selbst bezahlt. Irgendwie hat jemand meinen Namen erkannt, und die PR-Agentur, die die Veranstaltung für die Firma organisierte, schickte mir einen Scheck für die von mir bezahlte Teilnahmegebühr. Den sandte ich zurück.

Daraufhin erhielt ich einen Anruf von der PR-Agentur. Es entstand eine ziemlich hitzige Auseinandersetzung, da der Vertreter der Agentur nicht zu begreifen schien, was ich wollte, und umgekehrt. Bald stellte sich heraus, dass er davon ausging, ich fordere mehr Geld als Belohnung dafür, dass ich überhaupt einen Artikel über die Veranstaltung schreiben würde. Deswegen, nahm er an, hätte ich den Scheck zurückgesandt – um einen anderen mit einer höheren Summe zu erhalten. Er wollte den Preis aushandeln. Dass Journalisten zweimal bezahlt werden, ein Mal von einem, der sein Interesse in der Öffentlichkeit dargestellt haben will, und ein zweites Mal vom Medium, das dann den Beitrag veröffentlicht, wird oft behauptet. Ich hatte es bis dahin nie aus erster Hand erlebt.

Nachdem dies endlich geklärt war, lud der PR-Mensch mich ein: »Jede Woche haben wir einen informellen Treff in der Bar in unserem Geschäftshaus mit Journalisten. Alles ist umsonst.« Ich versuchte ihm zu erklären, warum ich an solchen Veranstaltungen nicht teilnehme, aber wieder ohne Erfolg. Am Schluss schlug ich vor, dass wir uns auf eine Tasse Kaffee treffen – ich lade ihn ein und erkläre ihm meine Beweggründe. Er, völlig erleichtert: »Warum haben Sie das nicht gleich gesagt. Selbstverständlich bieten wir den Journalisten bei unseren Abenden auch alkoholfreie Cocktails an.« Damit endete das Gespräch. Die PR-Firma taucht immer wieder in meinen Recherchen bei fragwürdigen Geschäften auf.

In einem anderem Fall bat ich einen beteiligten Anwalt um ein Zitat zu einem Zivilprozess. Es ist üblich, die Kanzlei im Artikel zu nennen, damit das Zitat nachvollziehbar ist. Der Artikel war für ein angesehenes Medium. Das Zitat war in Ordnung, und damit war für mich die Sache erledigt. Kurz danach erhielt ich einen Anruf von der Kanzlei, in der der Anwalt arbeitete, eine deutsche Kanzlei, mit dem Angebot, ihr damals neu entstehendes Internetportal zu redigieren, gut bezahlt, versteht sich. Wer es nicht weiß, mein Deutsch ist fehlerhaft. Was ich schreibe, muss stark redigiert werden. Es ging der Kanzlei eindeutig darum, diese in ihren Augen kostenlose Werbung in einer profilierten Zeitschrift durch den Auftrag zu sichern.

In der Tat sind die Verflechtungen zwischen Public Relations und den Medien ausgesprochen eng, und es ist an der Tagesordnung, dass Journalisten zu PR-Agenturen wechseln, weil sie dort mehr Geld verdienen. Andere nehmen zur Aufbesserung ihres mageren Journalistensalärs einen Nebenjob in solchen Firmen an. Lassen wir wieder einmal Tom Schimmeck zu Wort kommen, der wie kaum ein Zweiter den Ist-Zustand des deutschen Journalismus unter die Lupe genommen hat. »Inzwischen ist in Deutschland und anderswo die Zahl der Leute, die für Geld Meinung machen, also die Zahl der PR-Berater, der Kommunikationsstrategen, der Werber und anderer professionellen Agendasetter mindestens genauso groß wie die der Berichterstattenden. Diese PR-Leute sind in der Regel wesentlich besser bezahlt, wesentlich fokussierter auf ihre Aufgabe. Ihr Hebel wird immer länger: Sie nehmen mit Anzeigen, Veranstaltungen, Umfragen, Fotos und all dem Material, mit welchem sie die Öffentlichkeit bewerfen, immer mehr Einfluss … Da hat sich eine Machtverschiebung ergeben.«[311]

Der Zwang der Medien zur kurzfristigen Gewinnsteigerung und damit Kostenreduzierung resultiert nicht nur in schlechterem Journalismus, sondern darin, dass Journalisten, wie auch Politiker, zunehmend die Seiten wechseln – dorthin, wo viel Geld winkt, wenn sie nicht beide Seiten simultan bedienen dürfen, wie bei den Öffentlich-Rechtlichen. Ein prominentes Beispiel für die Wechsler ist Tasso Enzweiler, bis 2002 Chefreporter der *Financial Times Deutschland,* davor bei Springers *Die Welt* und den Wirtschaftsmagazinen *Capital* und *Manager Magazin*. Er wechselte zur Initiative Neue Soziale Marktwirtschaft, wo er fast vier Jahre als Geschäftsführer blieb. Die verließ er im Jahr 2006, um Managing Director bei einer PR-Agentur zu werden und dort, so die Agentur, »Kunden in allen Fragen der Unternehmens- und politischen Kommunikation« zu beraten. Heute ist er Managing Director von Ketchum Pleon Deutschland.[312]

Im Fall Daniel Goffart kann man wahrhaftig von Drehtür statt Seitenwechsel sprechen. Goffart, der sich beim *Handelsblatt* zum stellvertretenden Leiter des Berliner Büros hocharbeitete, verdingte sich dann als Berliner Lobbyist der Deutschen Telekom, um nach vier Jahren wieder zum *Handelsblatt* zurückzukehren, diesmal als Leiter der Hauptstadtredaktion und Ressortleiter Wirtschaft und Politik.[313] Nebenbei pflegt er bei der einen oder anderen Veranstaltung von PR-Firmen zum Thema Lobbying aufzutreten.[314]

Michael Inacker stellt den umtriebigen Goffart noch in den Schatten. Aus dem Planungsstab des Verteidigungsministeriums wechselte er zum Journalismus, wurde von 1992 bis 1997 Chefkorrespondent und Meinungschef bei Springers *Welt am Sonntag*, zog anschließend als Lobbyist in den Direktionsbereich Politik der DaimlerChrysler AG ein, bis er rund zwei Jahre später Leiter des Hauptstadtbüros der *Frankfurter Allgemeinen Sonntagszeitung* wurde. Dort blieb er ungefähr vier Jahre, bevor er zu DaimlerChrysler zurückkehrte, jetzt als Cheflobbyist, um sich dann wieder dem Journalismus zuzuwenden, und zwar bei der *Wirtschaftswoche* als Leiter des Berliner Hauptstadtbüros. Momentan ist Inacker beim Handelskonzern Metro, als Leiter des neu geschaffenen Bereichs Corporate Communications & Public Affairs. Wie man sieht, gibt es kaum mehr Tabus und Berufsethos unter den Journalisten.

Dass die Fähigkeiten von Journalisten unter diesen Bedingungen verkümmern, zeigt eine Meldung von abgeordnetenwatch.de vom 3. Januar 2011 mit dem Titel »Die größten Parteispender 2010«. Die Meldung wurde von den wichtigsten Online-Medien übernommen und ebenfalls in vielen Zeitungen abgedruckt.[315] Einige Journalisten meldeten sich sogar bei abgeordnetenwatch.de, um nach der Informationsquelle zu fragen. Über diese Resonanz und Nachfragen kann man nur staunen. Einer der wenigen Fortschritte im Bereich Transparenz des Bundestags ist die fast zeitgleiche Veröffentlichung von Parteispenden von über 50.000 Euro. Informationen dazu, auf die man früher mindestens ein Jahr warten musste, kann heute jeder nach kürzester Zeit auf dem Portal des Bundestags abrufen. Offensichtlich fehlen den Medien die Mittel, dies zu tun, oder viele scheinen einfach nicht zu wissen, dass ihnen diese Information zur freien Verfügung steht.

Die Bestandsaufnahme ist eher düster, doch immerhin gibt es Lichtblicke. In das Vakuum, das die etablierten Medien hinterlassen haben, sind andere vorgedrungen. Zweifelsohne war die wichtigste journalistische Enthüllung der letzten Jahre die Veröffentlichung von geheimen diplomatischen Berichten der Vereinigten Staaten. Das war nicht das Ergebnis von Recherchen der *New York Times*, des *Guardian* oder des *Spiegel*, oder von Informanten, die an sie herangetreten sind, sondern es stammte von Wikileaks, keinem profitorientierten Medium, sondern einer unabhängigen Non-Profit-Organisation. Zunehmend wächst die Zahl solch unabhängiger, sich selbst finanzierender Organisationen und Blogs, die inzwischen von Journalisten als eine Art Selbstbedienungsladen betrachtet werden, aus dem man Informationen entnimmt, um sich selbst die Nachforschungen zu ersparen – oft ohne die Quelle zu nennen.

Viele Informationen und Meinungen, die von den etablierten Medien verschwiegen oder kaum behandelt werden, finden sich inzwischen in Blogs. Zu den prominentesten zählt »NachDenkSeiten«, dessen Macher sich zum Ziel gesetzt haben, »etwas gegen die Einseitigkeit und Flachheit der öffentlichen Debatte tun zu wollen«. Einer ihrer Herausgeber ist ein Mann mit Erfahrung. Albrecht Müller, ein Nationalökonom, war für Karl Schiller, Willy Brandt und Helmut Schmidt tätig – für Letzteren als Leiter der Planungsabteilung im Bundeskanzleramt – und verfasste einige Bücher, in denen er die Machtstrukturen in der Bundesrepublik analysierte. Sein Blog beschämt mit seiner Stringenz. Es ist mit Meinungen vermischt, jedoch im Gegensatz zu den Mainstream-Medien offen, nachvollziehbar und belegt – wahrhaftig eine Oase in der bundesrepublikanischen eintönigen Medienwüste. Aber er gehört ebenso zu den Außenseitern wie LobbyControl oder abgeordnetenwatch.de. Gegen die Massenmedien stehen sie auf verlorenem Posten. Andersherum muss man sich allerdings fragen, ob der kritische Journalismus alten Schlages denn überhaupt noch eine Überlebenschance hat.

Ein Zitat von Alexis de Tocqueville, dem Vater der vergleichenden Politikwissenschaft, geht mir in diesem Zusammenhang nicht aus dem Kopf. Es ist nachzulesen in seinem zwischen 1835 und 1840 entstandenen Werk *Über die Demokratie in Amerika* und handelt von der Meinungsfreiheit.

»Ketten und Henker sind die groben Werkzeuge, die einst die Tyrannei verwandte; heutzutage hat die Kultur selbst den Despotismus vervollkommnet, der doch scheinbar nichts mehr zu lernen hatte. Die Fürsten hatten gleichsam die Gewalt materialisiert; die demokratischen Republiken der Gegenwart haben sie ins Geistige gewandelt gleich dem Willen, den sie zwingen wollen. Unter der unumschränkten Alleinherrschaft schlug der Despotismus in roher Weise den Körper, um die Seele zu treffen; und die Seele, die diesen Schlägen entwich, schwang sich glorreich über ihn hinaus; in den demokratischen Republiken jedoch geht die Tyrannei nicht so vor; sie übergeht den Körper und zielt gleich auf die Seele. Der Herrscher sagt nicht mehr: entweder du denkst wie ich, oder du bist des Todes; er sagt: du bist frei, nicht so zu denken wie ich; du behältst dein Leben, deinen Besitz, alles; aber von dem Tage an bist du unter uns ein Fremdling. Du behältst deine Vorrechte in der bürgerlichen Gesellschaft, aber sie nützen dir nichts mehr; denn bewirbst du dich um die Stimme deiner Mitbürger, so werden sie dir diese nicht geben, und begehrst du bloß ihre Achtung, so werden sie tun, als ob sie dir auch diese verweigerten. Du bleibst unter den Menschen, aber du büßest deine Ansprüche auf Menschlichkeit ein. Näherst du dich deinen Mitmenschen, werden sie dich wie ein unreines Wesen fliehen; und selbst die an deine Unschuld glauben, werden dich verlassen, denn auch sie würden gemieden. Ziehe hin in Frieden, ich lasse dir das Leben, es wird aber für dich schlimmer sein als der Tod.«[316]

Es ist keine einfache Zeit für kritisch denkende Journalisten, wie für viele andere in der Gesellschaft. Doch aus unseren Nischen heraus hoffen wir einiges zu bewegen, die Gesellschaft zu erreichen. Dass wir die Menschen an ihre Vergangenheit, ihre Freiheit, an die Werte unserer Wurzeln, den Humanismus, erinnern können.

Bei Simon Schama heißt es in seinem Werk *The History of Britain* zu *1984*: »Orwells Meisterwerk ist da am eindrucksvollsten und am lyrischsten, wo es Winstons Auflehnung gegen das diktatorische System beschreibt. Diese besteht nicht darin, dass er zu den Waffen greift oder auf die Barrikaden geht, sondern dass er sich tatsächlich Freiheiten herausnimmt, normale menschliche Freuden für sich reklamiert: einen Spaziergang auf dem Land, einen Liebesakt, das Singen eines alten Kinderlieds. Winston Smith tut all diese verbotenen Dinge, weil in ihm noch eine schwache Erinnerung an Zeiten lebt, als dies alles absolut normal war. Es ist seine letzte Zuflucht vor dem Zugriff von Big Brother. Die größte Horrorvorstellung, die *1984* heraufbeschwört, ist der Versuch, die Vergangenheit vollständig auszulöschen.«

Orwell hat schon in den Jahren 1947 und 1948, als er sein Werk *1984* schrieb, erkannt, dass die anbrechende Zeit der Superpowers eine Manipulation der Bevölkerungen voraussetzte. Nur so konnte man eine Labilität erzeugen, womit diese Bevölkerung wie eine einzige Entität, eine Maschine, gelenkt werden könne. Nur durch die Ausmerzung der Individualität, und die besteht aus der eigenen Erfahrung, sei das erreichbar. In einem solchen System werden das Erinnern und das Handeln aus eigenen Erfahrungen und Werten zur Subversivität.

Wir leben keinesfalls in Orwells Welt von Big Brother. Doch als das Jahr 1984 kam und ging, hat man sich in den westlichen Demokratien vielleicht zu leichtsinnig gratuliert. Das tatsächliche Wohlergehen einer Gesellschaft ist nicht am Bruttosozialprodukt, Exportüberschuss, an den Arbeitslosenzahlen – nicht mal an einem Zufriedenheitsindex – zu messen. Die Manipulation der Statistiken, und vor allem der Glaube des Volkes an diese Statistiken, war eine wesentliche Stütze des Systems von Big Brother.

Odysseus, der Ur-Ikon der Aufklärung, überwand die Welt des Mythos während seiner Irrfahrt durch die Erinnerung an die Heimat. Heute ist das Erinnern wichtiger als je. Wenn wir das nicht schaffen, stehen wir vor unerbittlichen Konsequenzen, die Orwell in *1984* beschrieb: »Es wird nur noch die Loyalität gegenüber der Partei geben und sonst keine. Es wird nur noch das Lachen des Triumphs über einen besiegten Feind geben und sonst keines. Es wird keine Kunst, keine Literatur, keine Wissenschaft geben. Wenn wir allmächtig sind, werden wir die Wissenschaft nicht mehr nötig haben. Es wird keinen Unterschied zwischen schön und hässlich geben. Es wird keine Neugier, keinen Lebensgenuss geben. Alle konkurrierenden Freuden werden vernichtet sein. Aber immer – vergessen Sie das nicht, Winston –, immer wird es den Rausch der Macht geben, die ständig wächst und immer subtiler wird. Immer, in jedem Moment, wird es den erregenden Kitzel des Sieges geben, die Empfindung, auf einem wehrlosen Feind herumzutrampeln. Wenn Sie ein Bild von der Zukunft haben wollen, dann stellen Sie sich einen Stiefel vor, der auf ein Gesicht tritt – unaufhörlich.«[317]

Natürlich ist da niemand mehr mit der Smoking Gun in der Hand, aber einige stehen mitten im Pulverdampf.

– Anonym

Unehrenhaftigkeit wartet auf Verrat. Ein Mann sollte schamrot werden bei dem bloßen Gedanken an eine Unwahrheit – so etwas ist ein Kennzeichen von Feiglingen.[318]

– Samuel Johnson

Kapitel 6

DAS ERSTE PRIVATENERGIE-UNIVERSITÄTS-PARTYZELT DER DEUTSCHEN HAUPTSTADT

Wenn Sie noch nie vom Europäischen Energie Forum (EUREF), dem »zukunftweisenden Projekt der europäischen Energiezusammenarbeit«[319] gehört haben, dann sagt das schon alles. Es ist eine spannende und aufschlussreiche Geschichte, die ich Ihnen jetzt erzählen werde.

Beim EUREF sollten sich zum ersten Mal Vertreter aus Wirtschaft und Politik zusammenfinden, um Antworten auf die Herausforderungen des 21. Jahrhunderts in dem für die gesamte Menschheit entscheidenden Thema zu suchen: Energie.

Mittelpunkt von EUREF, heißt es in einer frühen Selbstdarstellung, »ist das EUREF-Institut. Die bisher stets getrennt voneinander arbeitenden Energie-Disziplinen (Öl und Gas, Kernenergie, Solarenergie, Windenergie) sollen zusammengebracht, interdisziplinäre Forschung betrieben und Lehre angeboten werden. Mit den technologischen Lehrstühlen erforschen Experten wirtschaftliche und sicherheitspolitische Voraussetzungen, die Folgen der Wandlung der Energieversorgung – aber auch postfossile Mobilität, Nachhaltigkeit sowie die ›Ökonomie des Klimawandels‹.«[320] In Zusammenhang mit dem EUREF-Institut sollte die »erste private Energie-Universität in der deutschen Hauptstadt«,[321] sogar »die erste private Energie-Hochschule der Welt«[322] entstehen. Das Projekt, das im Jahr 2007 initiiert wurde, sollte mit Stiftungsgeldern in dreistelliger Millionenhöhe ausgestattet sein.

Ein Projekt von solch eindeutiger nationaler und weltweiter Wichtigkeit erhielt entsprechende politische Unterstützung, vor allem durch die damalige Bundesregierung: die Bundeskanzlerin, den damaligen Bundesaußenminister Frank-Walter Steinmeier, den damaligen Bundesumweltminister Sigmar Gabriel, den damaligen Bundesbau- und -verkehrsminister Wolfgang Tiefensee, jedoch auch durch den ehemaligen Bundesaußenminister Joschka Fischer, den späteren Wirtschaftsminister Rainer Brüderle, den einstigen Bundesumweltminister und Ex-Exekutivdirektor des UN-Umweltprogramms Klaus Töpfer, um nur ein paar der prominenteren Namen zu nennen.

Was ist vier Jahre später daraus geworden, aus diesem imposanten Schritt für die Menschheit und ihre Zukunft? Wer heute das Projekt besuchen möchte, wird seine Schwierigkeiten haben. Auf einer Industriebrache im Berliner Bezirk Schöneberg befindet sich das EUREF-Institut, soweit man überhaupt von seiner Existenz sprechen kann.

EUREF ist ein Prachtbeispiel für die Förderung von Privatinteressen auf verschiedenen Ebenen der Politik. Dabei ist EUREF völlig unwichtig, eine Lappalie der Geschichte, die wahrscheinlich bald vergessen sein wird. Die beträchtliche Summe von politischer Energie und Zeitaufwand von Regierungsmitgliedern und anderen Politikern, die hineingesteckt wurde, zeigt jedoch, warum Regieren eine Nebentätigkeit der kommerzialisierten politischen Klasse der Bundesrepublik geworden ist.

Hinter EUREF steht nämlich keineswegs ein wissenschaftliches oder internationales Institut, nicht einmal ein Wissenschaftler, auch kein Mäzen aus der Energiebranche. Nein, EUREF ist das Projekt eines Immobilienentwicklers oder, um bei der Berliner Bezeichnung für dieses meist fragwürdige Gewerbe zu bleiben, eines Baulöwen. Er hat zwar ein SPD-Parteibuch und hervorragende Verbindungen in diese Partei hinein – doch er hat bewiesen, dass er ebenso »Freundschaften« mit Politikern anderer Provenienz aufbauen kann. Und er weiß über die Begehrlichkeiten der politischen Klasse Bescheid. Der Mann heißt Müller. Reinhard Müller.

Um die Sache überhaupt zu begreifen, muss man wissen, dass es zwei EUREF-Unternehmen gibt. Das eine, das die erste private Energie-Hochschule der Welt begründen will, heißt »EUREF-Institut Berlin gemeinnützige GmbH« und nennt als Gesellschaftszweck die »Förderung der Wissenschaft und Forschung insbesondere auf dem Gebiet der Energie-, Klima- und Ressourcenforschung und -ausbildung«.[323] Daneben ist da als zweite Variante die »EUREF Aktiengesellschaft«, die als Zweck den »Erwerb, die Entwicklung und die Veräußerung von bebauten und unbebauten Grundstücken« inklusive allem, was dazugehört, bezeichnet,[324] ein Immobilienunternehmen also. Die beiden Gesellschaften sind zwei Seiten einer einzigen Medaille, und im Grunde geht es nur um eines: durch Spekulation viel Geld zu verdienen.

Bei dem Objekt von Reinhard Müllers Begierde handelt es sich um eine rund 60.000 Quadratmeter große, zum Teil verseuchte Industriebrache, einst Sitz des ersten Berliner Gaswerks (1825), die samt einem knapp 80 Meter hohen, stillgelegten Gasometer den Berliner Gaswerken (GASAG) gehörte. Bis zum Februar 2007, als der Architekt Müller über eine seiner Kommanditgesellschaften – nicht zu verwechseln mit der gemeinnützigen EUREF GmbH – einen Großteil der Brache erwarb. Für eine Million Euro sicherte Müller sich ein 40.940 Quadratmeter großes Kernareal rund um den Gasometer. Bei einem Quadratmeterpreis von weniger als 25 Euro ein echtes Schnäppchen angesichts der citynahen Lage. Mit seiner rund um den Gasometer projektierten Bürostadt ließen sich nach einer Erholung des Berliner Immobilienmarkts bis zu 200 Millionen Euro verdienen, schätzen Experten. Also ein großer Wurf, bei dem die Sanierung der Altlasten aus der Portokasse gezahlt werden könnte.

Müller, bekannt für sein Reden in Superlativen, hatte Großes vor: Rund um den Gasometer sollte zwischen 2009 und 2015 »die größte private Baumaßnahme Berlins«[325] entstehen, 15 Baukörper mit insgesamt 165.000 Quadratmetern Geschossfläche und einer Investitionssumme von 600 Millionen Euro. Entstehen sollten ferner »5000 neue Arbeits-, Ausbildungs- und Studienplätze«[326].

Dass auch andere den Deal als ausgesprochen lukrativ betrachtet haben müssen, geht schon allein aus der Tatsache hervor, dass 2008 im Grundbuch eine Grundschuld über 3,1 Millionen Euro zugunsten des Geldinstituts Eurohypo eintragen wurde,[327] was wiederum auf die Gewährung eines entsprechenden Kredits hinweist. Eine solch hohe Kreditvergabe für ein Grundstück mit einem Marktwert von einer Million Euro in Zeiten von Finanzcrash und Immobilienkrise will schon was heißen. Im Laufe des Jahres 2011 wurden weitere Grundschulden in Höhe von vier Millionen Euro eingetragen.[328]

Das Immobilienprojekt hat eindeutig seine Tücken. Wenn man genauer hinschaut, liegt zwar die Brache verkehrsgünstig direkt am S-Bahn-Ring, kommt jedoch mit einer Ansammlung von Gebrauchtwagenhändlern und Autowerkstätten recht schäbig daher. Außer einer Reihe von sanierungsbedürftigen, für Gewerbezwecke kaum geeigneten, aber denkmalgeschützten Gebäuden befinden sich auf dem Gelände lediglich ein paar große, funktionale und hässliche Neubauten. Insofern war das Projekt durchaus mit einem erheblichen Risiko behaftet, denn der Ausbau der Infrastruktur würde zunächst große Summen verschlingen – die im städtebaulichen Vertrag vorgesehene Zufahrtsstraße allein einige Millionen. Allerdings waren die Gewinnaussichten – sollte das Vorhaben gelingen – imposant.

Reinhard Müller war klar, dass sich große Immobilienprojekte nur gut vermarkten lassen, wenn sie ein aktuelles Thema aufgreifen. Man schrieb das Jahr 2007 und befand sich mitten in der Energiekrise, als der Preis für ein Fass Öl rund 150 Dollar erreichte. Müller trug der Situation mit seiner Planung Rechnung. Laut den EUREF-Unterlagen von damals sollte auf dem Gelände in einem »geschützten Bereich«[329] – mit Zäunen abgesperrt, um Unerwünschten den Zutritt zu verwehren – eine Art Plattform mitten in Berlin entstehen, wo sich Politik und Wirtschaft ungestört treffen und namhafte Firmen ihre Hauptstadtrepräsentanzen bauen konnten. Der Flughafen Schönefeld war nah, das Regierungsviertel auch. Sogar ein Hotel für seine künftige Klientel plante Müller auf dem Areal.

Entsprechend der aktuellen Probleme jener Jahre ging es um ganz bestimmte Zweige der Wirtschaft: russische Gas- und Ölunternehmen, große Energieversorger und die Autoindustrie. Branchen, die seinerzeit nicht gerade große Popularität in der

Gesellschaft genossen: Gazprom wegen des Lieferstopps an den Nachbarstaat Ukraine von 2006, was zu vorübergehenden Engpässen in Westeuropa führte; die Energiekonzerne wegen der rapide steigenden Strompreise, ihres Festhaltens an der Atomenergie, ihrer Ausbaupläne für Kohlekraftwerke trotz Klimabedrohung und wegen ihrer unverschämten Ausnutzung des Netzmonopols; die Autoindustrie, weil sie die Gefahren der globalen Erwärmung ebenso ignorierte wie die Notwendigkeit alternativer Technologien angesichts der explodierenden Benzinpreise. Insofern war die Idee hinter dem EUREF-Konzept gar nicht schlecht, und die Auswahl der anvisierten Investoren auch nicht, denn die wussten zum einen nicht, wohin mit ihren damaligen immensen Gewinnen, und konnten zum anderen ein bisschen Imagepflege gut gebrauchen.

Letzteres sollte durch eine Energie-Universität erreicht werden. Sie war das akademische Mäntelchen, das einem kommerziellen Projekt verpasst wurde, um für dieses eine gesellschaftliche Relevanz zu reklamieren. »500 Studenten und circa 50 Doktoranden soll diese Universität beherbergen«,[330] teilte Müllers Immobilienfirma im Jahr 2008 mit. Außerdem hätten zahlreiche europäische und deutsche Unternehmen bereits »Absichtserklärungen zur Zeichnung des notwendigen Stiftungskapitals abgegeben«, hieß es weiter. »Annäherung durch Verflechtung«[331] lautete das EUREF-Motto, dem zufolge bei den Konsultationen zwischen Politik und Wirtschaft Akademiker der Energie-Hochschule zugegen sein sollten. Was im Klartext nichts anderes bedeutete, als mit angeblich unabhängigen Gutachten Flankenschutz für die anstehenden Absprachen zu leisten. Müller konnte sicher sein, dass er genügend geldgierige Akademiker für sein Vorhaben gewinnen könnte. Die Universität also als perfekte Tarnung.

Diese Hochschule sollte in der ursprünglichen Planung mit 400 Millionen Euro Stiftungsgeldern ausgestattet werden,[332] ebenfalls von der Wirtschaft finanziert. Im Gegenzug wurde den Finanziers die Möglichkeit eingeräumt, als Stiftungsmitglieder über die Hochschule mitzubestimmen. Im Angebot waren hier »Einbringung eigener Ziele in das Konzept«, »Stellung von Experten und Dozenten« oder »Einbeziehung des EUREF-Instituts in die Corporate Communication«.[333] Dabei wurde als Anreiz die Entstehung eines propagandistischen Machtzentrums in Aussicht gestellt, ebenso effizient wie die INSM oder die Bertelsmann-Stiftung. Die Universität war die Story, das Grundstück das Geschäft.

Da es vor allem um ein Immobiliengeschäft ging, verwundert es nicht, dass Müllers Geschäftspartner ebenfalls aus dieser Branche kamen. Klaus Groth etwa, einst der führende Immobilienentwickler Berlins, der von seinen CDU-Verbindungen lebte und die Parteizentrale der Christdemokraten in der Hauptstadt baute. Sein Hauptfinanzierer war die Berlin Hyp (eine Tochter der skandalträchtigen Bankgesellschaft Berlin), die damals unter der Ägide des CDU-Landesfürsten Klaus-Rüdiger Landowsky stand. Groth besaß jedoch immer noch ausgezeichnete CDU-Verbindungen. Die beiden, Müller und Groth, ergänzten sich hervorragend mit ihren politischen Beziehungen, und als Dritter im Bunde stieß der Moskauer Immobilienentwickler Andrej Ogirenko dazu, der als Mitgift angeblich enge Kontakte zum Kreml in die Liaison einbrachte. Darüber hinaus wollte er zusätzlich Gelder für die Universität sammeln und russische Firmen akquirieren, die bereit waren, auf Müllers Schöneberger Brache repräsentative Bürogebäude zu errichten. Wo Öl und Gas waren, lockte auch viel Geld, und sowohl die russische Politik als auch die Oligarchen auf dem Energiesektor suchten für ihre steigenden Gewinne händeringend Investitionsmöglichkeiten im Ausland.

Müller, der sich offensichtlich als Seniorpartner sah – er besaß ja das Grundstück – und die Zügel in der Hand hielt, überließ

Groth die Aufgabe, sich um die »Schaffung der Universität und die damit verbundenen Einrichtungen zu kümmern«,[334] wie Groth es beschrieb. Was er auch gewissenhaft tat, indem er die Bucerius Education GmbH engagierte, eine Tochter der Bucerius Law School GmbH, die der *Zeit*-Stiftung gehört. Sie konnte Erfahrung mit Privatuniversitäten vorweisen, denn die Bucerius Law School ist eine der renommiertesten und erfolgreichsten privaten Hochschulen der Bundesrepublik. Gemeinsam mit Groth bemühte sich die Bucerius Education GmbH also um die geplante Hochschule und die Bereitstellung der dafür nötigen Mittel.

Doch die deutsche Wirtschaft winkte relativ schnell ab, wie den Gesprächsnotizen von EUREF-Mitarbeitern zu entnehmen ist. Die Chefs der Energieunternehmen trauten der Berliner Szene nicht. Zum Beispiel erklärte Tuomo Hatakka, Vorstandsvorsitzender von Vattenfall Europe, so eine EUREF-Aktennotiz, scharfsichtig: »Das ist doch eher eine Immobilie.«[335] In einem Memorandum über ein Gespräch mit dem RWE-Chef Jürgen Großmann berichtet ein EUREF-Mitarbeiter über die unflätigen Bemerkungen Großmanns: »RWE hätte gerade soundso viele Millionen bei der European School of Management versenkt, wären jetzt gefordert, noch mehr zu geben, und jetzt kommt wieder so ein Abenteuer«; »das mit der Interdisziplinarität sei alles Quatsch«, so Großmann im Bericht. Ihm gehe es ausschließlich um die »Hardcore-Energieträger«. Doch, notierte der Mitarbeiter hoffnungsvoll, »beim Namen Steinmeier horchte er auf«[336].

In dieser frühen Phase von EUREF galt der damalige Außenminister Frank-Walter Steinmeier eindeutig als politischer Förderer des Projekts auf Bundesebene. Schon bei der ersten öffentlichen Präsentation vom 15. Februar 2008 in Berlins exklusivem Hotel Intercontinental, zu der ein ausgewählter Kreis von potenziellen Stiftern geladen war, trat Steinmeier als einer der Hauptredner auf. Von CDU-Seite wurde der einstige CDU-Umweltminister Klaus Töpfer angeheuert, der das Projekt ebenfalls anpries. Letzterer räumte später ein, rund 15.000 Euro für seinen Einsatz erhalten zu haben.[337]

Besonders hilfreich für Müller war auch Hans-Joachim Weber von Steinmeiers Auswärtigem Amt, ein bereits pensionierter Beamter, der mit einem Werkvertrag für Steinmeier als Protokollchef weiterarbeitete. Jetzt bezog er zudem regelmäßig Honorare von Müller für eine »Beratertätigkeit«[338]. In der Tat sind einige Namen aus dem Kreis von Steinmeiers Ministerium als bezahlte Mitarbeiter bei EUREF aufgetaucht.

Am 27. Mai 2008 traf sich ein Vertreter von EUREF mit einem Stab von Mitarbeitern aus dem Auswärtigen Amt. Gemeinsam erarbeitete man eine Strategie für EUREF und vereinbarte das »weitere Vorgehen«[339]. Unter anderem sollte Steinmeier bei der Bundesministerin für Bildung und Forschung, Annette Schavan (CDU), zum Thema EUREF-Institut vorsprechen. Ferner wurde »ein bilaterales Regierungsabkommen bezüglich EUREF zwischen Russland und Deutschland« ins Auge gefasst, das man den Russen im Rahmen des Petersburger Dialogs, den man für eine »geeignete Plattform« hielt, nahebringen wollte. Eine Idee, die Müller wie gerufen kam.

Der Vorsitzende des deutschen Lenkungsausschusses des Petersburger Dialogs heißt Lothar de Maizière, war der letzte Ministerpräsident der DDR und wurde einst unter dem Decknamen »Czerni« bei der Stasi als Inoffizieller Mitarbeiter geführt. Der eingetragene Geschäftsführer und alleinige Gesellschafter des EUREF-Instituts Berlin gemeinnützige GmbH ist derselbe Lothar de Maizière, auch wenn es kurioserweise eine von Müllers Firmen war, die die 25.000 Euro Stammeinlage für de Maizière einzahlte.[340]

Der Zusammenhang Müller und de Maizière hat Geschichte. Sie verbindet ein inniges Verhältnis, seit sie sich gemeinsam in der 1999 gegründeten Stiftung Denkmalschutz Berlin betätigen, die ebenfalls primär ein Kind von Müller ist, wo aber de Maizière als Vorstandsvorsitzender ins Boot geholt wurde. Die Stiftung hat nichts gemein mit der ehrwürdigen Deutschen Stiftung Denkmalschutz. Das Konzept war einfach: Ein denkmalgeschütztes Gebäude der öffentlichen Hand, wie das Brandenburger Tor, wurde von der Stiftung »umsonst« saniert. Dafür gab es vom Land »umsonst« die Rechte für die Vermarktung und Aufstellung großer Werbetafeln während der Sanierung am Bau.

Einige Politiker aus der Grünen-Fraktion im Abgeordnetenhaus, wie Claudia Hämmerling, bemängelten bei diesem Deal jegliche Transparenz und meldeten Zweifel an, ob es sich überhaupt um ein gutes Geschäft für das Land gehandelt habe. So war auf eine Ausschreibung und damit auf jede Kontrollmöglichkeit verzichtet worden. Das ganze Konstrukt war undurchsichtig, was zwar ein gutes Umfeld für den Filz ist, jedoch in den meisten Fällen ungünstig für die öffentliche Hand. Man braucht nur die Entstehung von Berlins hoffnungsloser Überschuldung zu untersuchen, um zu dieser Erkenntnis zu gelangen.

»Erst nach sieben Jahren kritischen Nachfragens war uns Erfolg beschieden«, erläuterte Claudia Hämmerling bezüglich des Denkmalgeschäfts. »Aber nicht die Landesregierung, sondern Berlins Rechnungshof machte dieser Art der Denkmalsanierung ein Ende. In seinem Jahresbericht 2009 stellte er fest, ein Bezirk habe einer gemeinnützigen privaten Stiftung, EUREF, im Wege einer Baukonzession die Durchführung einer öffentlichen Baumaßnahme übertragen und dabei nachhaltig gegen den Grundsatz der Wirtschaftlichkeit sowie gegen das Vergaberecht verstoßen.«[341]

Trotzdem hatte die Stiftung für Reinhard Müller ihren Zweck erfüllt. Dank seiner umtriebigen Öffentlichkeitsarbeit galt er nicht länger als dubioser Baulöwe, sondern als Gründer und Vorstandsmitglied einer Denkmalstiftung. Ähnliches erhoffte er sich nun einige Jahre später vom Petersburger Dialog, der das Institut und damit das Immobiliengeschäft bei den Russen ins Rampenlicht stellen sollte.

Ziel dieses 2001 ins Leben gerufenen Forums, das erstmals in St. Petersburg stattfand, ist die Verständigung und die Förderung des Dialogs zwischen der deutschen und der russischen Gesellschaft. Zu diesem Zweck sollen von beiden Seiten an den Begegnungen jährlich »jeweils etwa 100 Vertreter des öffentlichen Lebens mit Multiplikatorfunktion und junge Experten aus allen gesellschaftlichen Bereichen teilnehmen. Die Einladung erfolgt durch den Lenkungsausschuss«, wie es auf der Internetseite unter »Ziele und Aufgaben« heißt.[342] Eins der wichtigsten Mitglieder dieses Lenkungsausschusses ist Geschäftsführer und alleiniger Gesellschafter des EUREF-Instituts Berlin gemeinnützige GmbH, Lothar de Maizière.

Kein Wunder, dass beim 8. Petersburger Dialog im Herbst 2008 in St. Petersburg Müller, zwei Mitarbeiter von EUREF und der ehemalige Berliner Bausenator und Müller-Intimus, Peter Strieder, der über die Firma Pleon EUREF beriet, zu den 100 eingeladenen Deutschen »des öffentlichen Lebens mit Multiplikatorfunktion« zählten. Unter den russischen Teilnehmern waren EUREF-AG-Gesellschafter Ogirenko und EUREF-AG-Aufsichtsratsmitglied Sergej Sotow. Müllers Firma KONZEPT plus zählte zu den Sponsoren des Treffens.

Bereits im Vorfeld hatte de Maizière sein Amt genutzt, um Werbung für das EUREF-Institut, sein Institut, zu betreiben. So trat er 2008 anlässlich des Industrietages Russland in Dresden als Vertreter des Petersburger Dialogs auf, um in seinem Grußwort nicht nur das EUREF-Institut, sondern auch das EUREF-Immobilienprojekt ausgiebig zu loben und dafür zu werben. Dass er an EUREF finanziell beteiligt war, hat er jedoch wohlweislich nicht aktiv kommuniziert.

Auch auf der Veranstaltung selbst in St. Petersburg wurde kräftig die Werbetrommel gerührt, sodass EUREF hernach vermelden konnte: »Auf dem diesjährigen Petersburger Dialog wurde das EUREF-Projekt in den Arbeitsgruppen Wirtschaft sowie Bildung und Wissenschaft präsentiert. In Abstimmung mit dem Vorsitzenden des Lenkungsausschusses, Herrn Dr. de Maizière, soll das EUREF-Institut ein wesentlicher Baustein in der deutsch-russischen Modernisierungspartnerschaft werden. Reinhard Müller hat dabei die Gelegenheit, die Unterlagen des EUREF-Instituts dem russischen Energieminister Schmatko zu übergeben. Des Weiteren findet eine Vielzahl von Gesprächen mit deutschen und russischen Delegationsteilnehmern aus Politik und Wirtschaft statt.«[343]

Was nichts anderes bedeutet, als dass de Maizière den zum Teil mit öffentlichen Geldern finanzierten Petersburger Dialog auch für seine persönlichen Interessen nutzen konnte. Doch Fragen dazu wollte er nicht beantworten, auch nicht die nach der Höhe seines Geschäftsführergehalts beim vorgeblich gemeinnützigen EUREF-Institut oder nach den Honoraren seiner Frau, die als Notarin an EUREF-Grundstücksgeschäften verdiente.[344]

Während EUREF für die Russen aufgeblasen wurde, kam es zu einem immensen Ansehensverlust in Berlin. Als Erstes gab es Schwierigkeiten zwischen Groth und Müller, mit dem Resultat, dass Groth, der sich über den Tisch gezogen fühlte, im Juni 2008 ausstieg, da »eine gleichberechtigte Projektdurchführung nicht erfolgreich sein kann«,[345] wie er monierte. Die Bucerius-Stiftung folgte, Töpfer desgleichen. Doch damit nicht genug, denn es gab weiteren Streit. Steinmeier hatte Müller mit seinem Freund Stephan Köhler zusammengebracht, dem Leiter der Deutschen Energie-Agentur (DENA), die daraufhin ein CO_2-neutrales Energiekonzept für die Immobilie erstellte. Doch auch hier stimmte offenbar die Chemie nicht: Köhler distanzierte sich von dem Projekt, und das DENA-Energiekonzept verschwand aus den Prospekten des Instituts. EUREF war unübersehbar angeschlagen. Dann kam die Finanzkrise. Der Preis für ein Fass Öl stürzte auf 50 Dollar ab, es gab kaum Nachfrage nach Autos, die Banken kämpften um Liquidität. Müllers anvisierte Investoren waren weg, seine Stiftungsgelder ließen sich nicht mehr auftreiben, seine Universität war zunächst tot.

Trotzdem machte Müller weiter – es blieb ihm wohl nichts anderes übrig, denn nicht einmal der ambitionierte Bebauungsplan, durch den seine Industriebrache zum Kerngebiet aufgewertet werden sollte, war von der Bezirksverordnetenversammlung Tempelhof-Schöneberg verabschiedet worden. Also verstärkte der Baulöwe seine Bemühungen. Es gab nur eins, das ihn noch retten konnte: die Politik.

Müller hatte die ganze Zeit eine Art Zweifrontenoffensive geführt. Die eine war für die Universitätsfinanzierung und die Akquisition von Immobilien-Investoren. Die zweite war beim Bezirksparlament Tempelhof-Schöneberg wegen des Bebauungsplans, der das Aufbetonieren zur Schaffung eines dichten Gewerbekomplexes erlauben würde. Doch bei Müller ging es nicht um einen normalen Bebauungsplan, sondern die Brache sollte zu einem sogenannten Kerngebiet aufgewertet werden, vergleichbar mit sechs Richtigen im Lotto. Bis auf großflächigen Einzelhandel und Bordelle sollte ihm außerordentlich viel erlaubt sein. Außerdem wurden die normalerweise vorgesehenen Abstandsflächen der Baukörper im Plan reduziert, um eine höhere Geschossflächenzahl – und das ist bares Geld – zu ermöglichen.

Müller wusste, wie man die politische Landschaft pflegt: mit dem Scheckheft. So wurden der schon erwähnte Peter Strieder und der frühere Schöneberger Bürgermeister und Baustadtrat Uwe Saager (SPD) angeheuert. Seine Rechnung, dass es für viele Politiker kaum einen höheren Wert als Geld gibt, ging auf, und so kam es im März 2008 zum »Mäzenatentum-Vertrag« zwischen Müllers Firma KONZEPT plus und dem Bezirksamt. Darin verpflichtete sich Reinhard Müller, zwei Jahre lang die Miete für ein bezirkliches Jugendprojekt, etwa 15.000 Euro, zu bezahlen, während der Bezirk im Gegenzug zusagte, Müller nicht öffentlich zu kritisieren: »Beide Vertragsparteien unterlassen während der Laufzeit der Vereinbarung alles, was das Ansehen, die Unternehmensziele oder den Auftritt des anderen in der Öffentlichkeit beeinträchtigen könnte.«[346] Außerdem zeigten Müller und EUREF ihre Großzügigkeit als Sponsor für andere Bezirksaktivtäten.[347]

Seine Freigebigkeit kam dem Baulöwen zugute. Nördlich des Areals, das Müller von der GASAG erworben hat, liegt ein Grundstück, das als kommunaler Park vorgesehen war. Dieses Areal von ungefähr 10.500 Quadratmetern gehörte ebenfalls der GASAG und sollte ursprünglich nach Beschluss der Bezirksverordnetenversammlung aus dem Jahr 2005[348] an den Bezirk übertragen werden. Wegen der Bodenverseuchung sollte die GASAG 750.000 Euro an den Bezirk als Sanierungsbeitrag zahlen. Den Rest sollte die öffentliche Hand aufbringen. Plötzlich aber wurde die Grundstücksübertragung zugunsten von Müllers Firma gestoppt, die das Grundstück für einen Euro erhielt, dazu 750.000 Euro Sanierungsgelder von der GASAG sowie weitere 400.000 Euro aus bezirklichen Mitteln für die Entseuchung des Parkgeländes. Zwei Drittel des Grundstücks wurden nach der Bodensanierung wiederum für einen Euro an den Bezirk veräußert, den Rest durfte Müller behalten.

Die CDU-SPD-Bezirkskoalition winkte den Plan durch und rechtfertigte die Übertragung von 3500 Quadratmetern an Müller mit dem Argument, dass die Gelder für die Bodensanierung weder bei den Gaswerken noch beim Bezirk ausgereicht hätten. Dabei bezog man sich auf die Kostenschätzung einer Firma, die von Müllers Unternehmen beauftragt worden war.[349] In einer ausführlichen Studie stellte eine lokale Bürgerinitiative diese Schätzung als übertrieben infrage.[350] Nach ihrer Berechnung hätte sich die Sanierung der Parkfläche zum größten Teil mit den Geldern von GASAG und Bezirk finanzieren lassen, vielleicht sogar komplett.

Der Bezirk verzichtete übrigens nicht nur auf Vergleichsangebote, sondern auch darauf, dass die Rechnungen für die Sanierungsarbeiten vorgelegt wurden, obwohl öffentliche Gelder im Spiel waren. Der Bezirk weiß also nicht einmal, ob das von ihm zur Verfügung gestellte Geld wirklich ganz für den Austausch der Erde benötigt wurde. Baustadtrat Bernd Krömer, treibende politische Kraft im Bezirk für das Projekt und überdies Berliner CDU-Generalsekretär, weigerte sich, zum Vorgehen des Bezirks Stellung zu nehmen.[351]

Fakt ist jedenfalls, dass Müller, bei einem konservativ geschätzten Bodenwert von 650 Euro pro Quadratmeter, ein Areal im Wert von rund 2,25 Millionen Euro vom Bezirk erhalten hat, den Sanierungskostenzuschuss von 1,15 Millionen Euro nicht mitgerechnet. Ein gutes Geschäft – und kein seltenes in der Hauptstadt.

Nach dem Rückschlag durch den Abgang von Groth und Töpfer, der *Zeit*-Stiftung und der DENA musste Müller die Glaubwürdigkeit von EUREF neu aufzubauen versuchen. Die SPD ließ ihren Genossen nicht im Stich. Das namhafte Wissenschaftszentrum Berlin (WZB) kümmerte sich nun um die konzeptionelle Entwicklung der Energie-Universität. Dass man dort jedoch kaum Erfahrung – weder im Energiebereich noch mit der Gründung von Universitäten – hatte, spielte anscheinend keine Rolle. Wichtig war bei der Entscheidung offenbar nur die Institutspräsidentin Jutta Allmendinger, die seinerzeit als Mitglied des Kompetenzteams von Kanzlerkandidat Steinmeier zur Debatte stand und im Fall eines Wahlsiegs als zukünftige Bundesministerin gehandelt wurde.

Ebenso wichtig wie das Vorweisen eines namhaften wissenschaftlichen Instituts war die von Steinmeiers Protokollchef, Hans-Joachim Weber, organisierte feierliche Gründung des EUREF-Instituts am 5.11.2008 im Schöneberger Rathaus. Dort hielten Steinmeier[352] und Allmendinger[353] leidenschaftliche Reden für das zukünftige Energie-Institut, doch der Hauptredner war Sigmar Gabriel, der von einem »beispielhaften Projekt für den Zusammenhang zwischen Energie, Klima, der notwendigen neuen Weltwirtschaftsordnung und anderen Zukunftsfragen« sprach, von einem »Leuchtturm-Projekt für Berlin, mit einer Hochschule, an der all diese Fragen flächenübergreifend erforscht und gelehrt werden sollen«, und zu einer »Plattform für den Austausch zwischen Wirtschaft, Wissenschaft und Gesellschaft, die jede Förderung verdient«, hochjubelte.[354]

Müller hatte einen weiteren SPD-Minister auf seiner Seite im Rathaus Schöneberg an jenem Abend, die damalige Bundesministerin für Gesundheit, Ulla Schmidt, mit der Müller eine langjährige Freundschaft pflegt. Dass deren Tochter für EUREF Werbefilme produzierte,[355] hat sicherlich der positiven Einstellung der Ministerin zu Müllers Projekt nicht geschadet.

Die Unterstützung der SPD für Müller war verblüffend, vor allem seitens Sigmar Gabriels, heutiger SPD-Parteivorsitzender. Mit seiner langen Kette von EUREF-Einsätzen verdiente er wahrhaftig die Bezeichnung »Chef des EUREF-Fan-Clubs«. Gabriels Agitation fing schon vor seinem Auftritt im Schöneberger Rathaus an, ging aber weiter:

25. September 2008: Das Bundesumweltministerium organisierte die hochkarätige Veranstaltung »Energiestandort Deutschland 1998 – 2008« in Berlin. Dort hielt Gabriel eine weitschweifige

Rede mit dem Titel »Energiepolitisches Handeln in wirtschaftlicher, sozialer und ökologischer Verantwortung«. Während der Rede wurden keine Institutionen oder Unternehmen erwähnt – bis zum Schluss. Da holte Gabriel aus, um das Projekt EUREF zu beschreiben und zu loben.

5. November 2008: Gabriel trat anlässlich der oben genannten Gründung des EUREF-Instituts im Rathaus Schöneberg als Hauptredner auf.

2. April 2009: In Thalheim bei Bitterfeld wurde im Beisein von Gabriel ein »Letter of Intent« zwischen der EUREF AG (Müller) und dem damaligen Q-Cells-Vorstand Anton Milner unterschrieben. Es ging darum, dass Q-Cells zukünftige Gebäude auf Müllers Gelände mit Photovoltaik ausstatten und EUREF im Gegenzug Strom von einem Q-Cells-Tochterunternehmen beziehen sollte. Falls Sie nicht wissen, was »Letter of Intent« bedeutet: nichts. Und ganz bestimmt impliziert es keinen bindenden Vertrag, sondern höchstens eine lose Absichtserklärung. Das Dokument wurde nicht einmal mit einem Datum versehen. Über zwei Jahre danach ist nichts daraus geworden, und laut einer Sprecherin von Q-Cells wird auch nichts daraus. Trotzdem fühlte sich Deutschlands damaliger Bundesumweltminister verpflichtet, anwesend zu sein, um sich mit Müller fotografieren zu lassen.

6. Mai 2009: Es war zweifelsohne der seltsamste Termin zwischen Gabriel und Müller. Der Baulöwe hatte eine Handvoll Gäste zu einem Abendessen in seine Firmenzentrale in der Berliner Kurfürstenstraße zum »Gespräch im kleinen Kreis mit Sigmar Gabriel, Bundesminister für Umwelt, Naturschutz und Reaktorsicherheit« eingeladen. Eine höchst ungewöhnliche

Handlung für einen Bundesminister. Gefragt, ob das Essen Anlass für die Sammlung von Spenden für den Wahlkampf sei, verneinten alle Beteiligten, bis auf Gabriel, der sich nicht dazu äußern wollte.

8. und 9. Juli 2009: Laut einer Mitteilung aus dem Hause EUREF »flog Reinhard Müller gemeinsam mit Bundesumweltminister Sigmar Gabriel in die Ukraine«[356]. Gabriel war dort auf Staatsbesuch, und Müller gehörte zur Entourage des Ministers.

10. August 2009: Mitten in der heißen Phase des Bundestagswahlkampfs fand der inoffizielle Chef des inoffiziellen EUREF-Fan-Clubs, Gabriel, Zeit, um vor einem kleinen Kreis potenzieller EUREF-Universität-Spender bei einem Dinner zu erklären, »warum er die Idee und den Aufbau eines Europäischen Energie-Instituts vorbehaltlos unterstützt«,[357] wie es in der Einladung hieß.

Summa summarum hat der damalige Umweltminister Sigmar Gabriel also innerhalb eines Jahres – und zwar das Jahr bis zu den Bundestagwahlen – mindestens sechs wesentliche Auftritte für Reinhard Müller und EUREF absolviert. Ich habe viel herumgefragt, ohne auf ein ähnliches Engagement bei einem anderen Bundesminister zu stoßen. Gabriel selbst wollte über seine Gründe keine Erklärung abgeben. Es ist mir unvorstellbar, dass eine Nation einen Mann zum Bundeskanzler wählen möchte, der sich nicht verpflichtet fühlt, der Öffentlichkeit Rechenschaft für sein Handeln abzugeben. Helmut Kohl glaubte ebenfalls über einer öffentlichen Rechenschaft zu stehen. Das Ergebnis ist wohlbekannt.

Auch Frank-Walter Steinmeier ließ Müller nicht im Stich, wenngleich sich sein Einsatz im Vergleich zum Jahr 2008 etwas reduzierte. Immerhin nahm er ihn im Juni 2009 als Teil seiner Handelsdelegation mit nach Moskau. Laut EUREF-Postille traf der Baulöwe dort »unter anderem mit Ministerpräsident Putin zusammen und stellte das EUREF-Institut vor«[358]. Überdies sorgte der Außenminister, als großzügige Geste kurz vor seinem Ausscheiden aus diesem Amt, dafür, dass der Festsaal der deutschen Botschaft in Moskau für eine Präsentation von EUREF zur Verfügung gestellt wurde.[359]

Auch Wolfgang Tiefensee vom Ressort für Verkehr, Bau und Stadtentwicklung ließ sich vor den EUREF-Karren spannen. Angeblich interessierte sich der Minister dafür, »wie die Koordinierung des nationalen Entwicklungsplans Elektromobilität der Bundesregierung dort angesiedelt werden könnte«[360]. Es ging darum, ein oder zwei Verwaltungsgebäude dafür auf Müllers Brache zu bauen. Damit sollte EUREF endlich einen Bauherrn erhalten – die öffentliche Hand.

Als sich die Wahlen näherten und deutlich wurde, dass die SPD keine Zukunft als Regierungspartei hatte, wurde bei einem Termin am 11. August 2009 in den Räumlichkeiten von Tiefensees Ministerium fieberhaft daran gearbeitet, dieses Bauprojekt noch rasch auf den Weg zu bringen.[361] Laut einem Protokoll der Sitzung waren anwesend unter anderem die SPD-Staatssekretäre Engelbert Lütke Daldrup aus Tiefensees Ressort und Matthias Machnig, heute Wirtschaftsminister in Thüringen, der damals Gabriels Umweltministerium vertrat, sowie Lobbyist Peter Strieder, der die Kontakte eingefädelt hatte. Man diskutierte darüber, zwei Häuser auf dem EUREF-Areal zu errichten, und zwar schnell. Machnig ging sogar davon aus, dass es möglich sei, einen Vertrag in zehn Tagen unter Dach und Fach zu bringen. Man hat es offensichtlich nicht geschafft.

Die einzigen beteiligten SPD-Mitglieder, die eine Schamgrenze empfanden, was Müllers Umgang mit der Politik betraf, kamen aus der SPD-Abteilung Schöneberg. Kurz vor den Wahlen wurde ruchbar, dass Müller eine Wahlveranstaltung von Harald Christ, seinerzeit Wirtschaftsexperte in Steinmeiers Kompetenzteam, gemeinsam mit SPD-Bundestagskandidatin Mechthild Rawert auf dem EUREF-Gelände zu sponsorn bereit war. Die SPD-Gruppe reagierte voller Empörung nicht nur wegen der Überlassung des Geländes, sondern vor allem, weil – wie im Sitzungsprotokoll nachzulesen – der »Projektentwickler Reinhard Müller im Rahmen der geplanten Veranstaltung auch für einen ›Imbiss‹ und ein paar ›Erfrischungen‹ sorgen« wollte.[362] Die aufgebrachte Gruppe warnte die Kandidatin Mechthild Rawert »vor dem Eindruck, dass hier Baurecht gegen Wahlkampfhilfe getauscht« werde. Weiter heißt es: »Mechthild bedauerte die massive Ablehnung.«

Doch Politiker anderer Parteien standen Müller zur Seite. So Joschka Fischer, ehemaliger Außenminister der rot-grünen Koalition und inzwischen Lobbyist unter anderem für Kernkraftwerksbetreiber RWE, Kernkraftwerksbauer Siemens und Autohersteller BMW, den Müller ebenfalls ins Boot holte. Allerdings sorgte Fischers Einsatz für EUREF lediglich für ein paar Schlagzeilen in der Lokalpresse, und obwohl er später zum Leiter des EUREF-Dialogforums ernannt wurde, wird er in den Publikationen von EUREF lange nicht mehr erwähnt.

Um die CDU wieder ins Boot zu holen, wurde nun der gescheiterte CDU-Politiker Friedbert Pflüger, in der Zwischenzeit Berater geworden, aktiv. Wenn man zu seiner Firma, der Pflüger und Stuth Internationale Beratung Berlin GmbH, recherchiert, stellt man fest, dass ihr Büro sich in der Firmenzentrale von Reinhard Müller befindet.

Am 14. Mai 2009 organisierte Pflüger auf der EUREF-Brache ein sogenanntes Parlamentarisches Frühstück – wie die besser bekannten institutionalisierten Parlamentarischen Abende eine reine Lobbyveranstaltung. Geladen waren nur die beiden CDU-Bundestagsabgeordneten Joachim Pfeiffer, damals Koordinator in Energiefragen der CDU/CSU-Fraktion, und Hans-Peter Thul – die anderen Fraktionsmitglieder wussten von der Veranstaltung angeblich nichts. Laut Pfeiffers Assistent wurde die Veranstaltung von Pflüger, Müller und Lothar de Maizière geleitet.[363]

Zwei Wochen später war die CDU-Bundestagsabgeordnete Katherina Reiche, heute Parlamentarische Staatssekretärin im Bundesministerium für Umwelt, Naturschutz und Reaktorsicherheit, dran. Sie wurde von Pflüger eingeladen und in einem Alleinbesuch von ihm durchs EUREF-Gelände gelotst.[364]

Doch Pflügers größter EUREF-Erfolg war ein Werbebrief der Bundeskanzlerin: »Mit dem EUREF-Institut soll eine private Hochschule im Zentrum des Europäischen Energie Forums stehen. Die Bundesregierung begrüßt solche privaten Initiativen zur Förderung von Wissenschaft und Forschung sehr«,[365] schrieb Merkel. Die freundlichen Zeilen wurden sogleich in EUREFs Werbebroschüre und auf dem EUREF-Portal für Werbezwecke eingesetzt.

Ich fragte beim Bundeskanzleramt nach, wie dieser Brief zustande kam. Das sonst wortkarge Bundespresseamt hatte erstaunlicherweise einen hohen Kommunikationsbedarf: »Das Zitat der Bundeskanzlerin in der EUREF-Broschüre stammt entgegen dem erweckten Anschein nicht aus einem Brief der Bundeskanzlerin an EUREF, sondern wurde einem Antwortschreiben der Bundeskanzlerin an das Mitglied des Berliner Abgeordnetenhauses, Friedbert Pflüger, vom 6. April 2009 entnommen.«

Weiter heißt es: »Herr Pflüger hatte die Bundeskanzlerin zuvor darum gebeten, den Trägern von EUREF Gelegenheit zu geben, ihr das Projekt in einem persönlichen Gespräch vorzustellen. Diese Bitte hatte die Bundeskanzlerin in dem genannten

Schreiben abgelehnt und empfohlen, sich mit den für Forschungs- und Technologiefragen zuständigen Ministerien für Bildung und Forschung sowie für Wirtschaft und Technologie in Verbindung zu setzen … Eine konkrete Unterstützung der EUREF-Initiative durch die Bundesregierung hatte sie darin aber nicht zugesagt.

Das Zitat in der EUREF-Broschüre enthält Auslassungen, wodurch der Eindruck entsteht, die Bundeskanzlerin habe direkt an EUREF geschrieben. Außerdem wird dadurch nicht deutlich, dass sie die von Herrn Pflüger übermittelte Bitte von EUREF um ein Gespräch abgelehnt hat. Auf der Homepage von EUREF ist zudem ein Foto zu sehen, das die Bundeskanzlerin am EUREF-Stand beim BDEW-Kongress im Frühjahr 2009 zeigen soll. Das Foto ist im Vorbeigehen auf dem Weg zu ihrem Vortrag entstanden.«[366]

So weit das Kanzleramt. Friedbert Pflüger selbst drückte sich, auf die Zweckentfremdung seines Briefes einzugehen. »Diese Frage müssen Sie an EUREF richten«, teilte er mir in einer E-Mail mit.[367] Wie das? Ich soll jemand anderen wegen eines Briefes fragen, der laut Bundeskanzleramt persönlich an Pflüger adressiert war? Und außerdem wäre das ohnehin wenig sinnvoll, da Reinhard Müller meine Fragen niemals beantwortet. Er wird schon wissen, warum.

Wer sonst noch von Rang und Namen besuchte Müllers Brache? CSU-Mann Karl-Theodor zu Guttenberg, damals noch Bundesminister für Wirtschaft und Technologie, wollte eigentlich am 26. August 2009 das Gelände besichtigen, ließ aber wegen eines dringenderen Termins absagen.[368] Dann war da noch zwei Wochen später FDP-Wirtschaftsexperte Rainer Brüderle, der sich damals in Warteposition für ein Ministeramt nach dem erhofften schwarz-gelben Wahlsieg befand. Auf seiner Homepage konnte man nach seinem EUREF-Besuch unter der Überschrift »EUREF Berlin – visionäres Umfeld für den Energiebereich« lesen, »dass Deutschland mit diesem Vorzeigeprojekt eine Spitzenposition einnehmen kann«.[369] Und nach der Wiedergabe von viel Werbetext schloss der Wirtschaftsminister in spe mit den ominösen Worten: »In der Politik ist der Bereich Energie zu sehr aufgestückelt. Es gibt Zuständigkeiten beim Umweltministerium, beim Forschungsministerium, aber auch beim Wirtschaftsministerium. Hier sollte es endlich eine Zentralisierung geben. Am besten im Wirtschaftsministerium.« Sicherlich verheißungsvolle Worte für Reinhard Müller.

Rätselhaft ist der Besuch des damaligen hessischen Ministerpräsidenten Roland Koch im September 2009 kurz vor den Wahlen, denn Energie und Bildung waren noch nie seine Steckenpferde – und Berliner Immobilien erst recht nicht.

Auch Guido Westerwelle war in seiner Eigenschaft als FDP-Vorsitzender auf der Brache erwartet worden. Am 18. Juni, wie aus einem internen EUREF-Vermerk hervorgeht. Der Besuch kam jedoch wegen einer dringlichen Angelegenheit im Bundestag nicht zustande.[370] Das Büro Westerwelle gibt an, von einem solchen Termin nichts zu wissen.[371]

Man muss sich fragen, warum sich so viele prominente Politiker für Reinhard Müller und EUREF dermaßen ins Gefecht gestürzt haben. Besonders zu einer Zeit, als sie eigentlich Besseres zu tun hatten, nämlich auf Wahlkampftour zu gehen. Als Journalist mit einem reichen Erfahrungsschatz in Sachen Filz in der Nähe zur Korruption hätte ich spekuliert: Geld. Ich wäre nicht erstaunt, hätte es sich darum gehandelt – ob nun als Sponsoring oder als Parteienspende, das mag dahingestellt bleiben. Doch alle, bis auf Klaus Töpfer und Peter Strieder, bestreiten diesen Zusammenhang vehement – auch Friedbert Pflüger. Zwar gibt es Politiker, die idealistisch, selbstlos und solidarisch handeln, aber die Regel ist das nicht. Wenn Klaus Töpfer 15.000

Euro für eine Rede für EUREF[372] erhielt, weiß man, mit welchem Maßstab mitunter gehandelt wird.

Doch ich hatte im Lauf meiner Recherche genügend Anhaltspunkte erhalten, die auf eine mögliche Verletzung des Parteiengesetzes hindeuteten. Ich wandte mich mit diesem Verdacht samt detaillierten Informationen (Namen und sogar einer Kontonummer) an die Bundestagsverwaltung. Die Antwort spricht Bände: »Die vorliegenden Behauptungen sind zu allgemein gehalten und enthalten eben keine derartigen konkreten Anhaltspunkte für einen möglichen Verstoß gegen das Parteiengesetz. Solchen möglichen Spendernamen nachzugehen wäre eine unzulässige Ausforschung der Parteien.«[373]

Reinhard Müller ist kein Neuling in diesem Metier. Das erste Mal las ich von ihm in einem Artikel des *Spiegel*-Redakteurs Stefan Berg aus dem Jahr 2000, in dem es um Berlins ehemaligen Bürgermeister Walter Momper (SPD) und um Baufilz ging. Dort findet sich auch ein Fallbeispiel mit Reinhard Müller in vorderster Front. »Müller hat schon früh gewusst, was er an einem multifunktionalen Momper hat. Im Wahlkampf 1999 durfte die SPD an seinen Wohntürmen am Frankfurter Tor große Werbeplakate für den Bürgermeisterkandidaten anbringen. Darauf stand: ›Walter Momper, zeitgenössische Politik‹.«[374] Man fragt sich, wie das wohl finanziert wurde?

Auch im Zusammenhang mit zwei SPD-Sponsoring-Essen vom Oktober 2001,[375] zu denen man die Führungskräfte Berliner Unternehmen zugunsten von Klaus Wowereits Wahlkampf geladen hatte, tauchte Müllers Name auf. Ehrengast bei der ersten Veranstaltung war Gerhard Schröder, amtierender Bundeskanzler, und bei der zweiten Hans Eichel, seinerzeit Bundesfinanzminister. Als Gegenleistung sollten die Gäste einen Beitrag von rund 2500 Euro an die SPD überweisen. Deklariert als Sponsoringausgabe, konnte die Summe in voller Höhe als Betriebsausgabe steuerlich abgeschrieben werden. Bei einem der beiden Abende stand auch »Müller, Reinhard – WERT-KONZEPT« auf der Gästeliste.

Auch beim Berliner Landtagswahlkampf von 2006 begegnete ich dem Namen Reinhard Müller. In einer merkwürdigen Zeitungsanzeige für den SPD-Kandidaten Ralf Hillenberg, der in der Zwischenzeit die SPD-Fraktion wegen des typischen Berliner Baufilzes verlassen musste, prangte unter dem banalen Inhalt in großen Lettern der Name des alleinigen Unterstützers: »Reinhard Müller – Stiftung Denkmalschutz«. Doch bei der angegebenen Adresse handelte es sich um Müllers Firmenzentrale und nicht um die Stiftung. Wer hatte nun die Anzeige gesponsert?

Ich erzähle diese drei relativ unbedeutenden Fälle, weil der *Spiegel*-Redakteur Michael Sontheimer 2009 mit Müller über politische Spenden sprach und dieser leugnete, jemals an einen Politiker gespendet zu haben.[376] Seltsam, denn der ehemalige Bundestagsabgeordnete und SPD-Generalsekretär Klaus Uwe Benneter hatte zuvor freimütig erzählt, Spendengelder von Müller erhalten zu haben. Sontheimer teilte dem Baulöwen diesen Widerspruch mit, und kurz darauf war Benneter am Telefon. Tatsächlich habe er nur eine einzige Spende von Müller erhalten, und zwar im Wahlkampf 2005. Es dauerte nicht lange, und eine Stellungnahme von Müller folgte: »Weder ich noch eine meiner Firmen haben meinem Freund Klaus Uwe Benneter in den letzten vier Jahren Spenden für sein Wahlkampfkonto zukommen lassen.«[377]

Und die paar Fälle, die zufälligerweise ans Tageslicht kamen? Etwa der »Imbiss« und die Räumlichkeiten (beide geldwerte Vorteile) für die Veranstaltung von Harald Christ und Mechthild Rawert? Was ist das? Sponsoring oder Einflussnahme beziehungsweise noch Gravierenderes, wie die SPD-Gruppe Schöneberg befürchtete?

Für die Bezirksverordneten von Tempelhof-Schöneberg, wo Müllers Brache sich befindet, war das Kommen und Gehen von so viel Politprominenz sicherlich beeindruckend. Von Müllers Flutwelle an Superlativen und angeblichen Erfolgsmeldungen ließen sich die Lokalpolitiker blenden. Und besonders vollmundig: »Wir haben hier im Frühling nächsten Jahres (2010) ein großes Dax-Unternehmen«, das ein »Green-Tech Building … mit 12.500 Quadratmetern«[378] bauen wolle. Ein EUREF-Pressesprecher gab im August 2009 sogar preis, dass Stiftungsgelder vorhanden seien: »Wir haben eine ganze Reihe von Partnern an Bord, von denen aber bisher alle sagen, sie möchten das erst im Herbst gemeinsam veröffentlichen.«[379] Bald zwei Jahre später warte ich noch immer.

Der Umgang mit der Schöneberger Bezirksverordnetenversammlung war für Müller ein Kinderspiel. Mich wundert das nicht, denn ich habe jahrelang die politische Szene in Berlin beobachtet und bin zu folgender Überzeugung gelangt: Wenn man eine Plenarsitzung des Berliner Abgeordnetenhauses besucht, verliert man den Glauben an die Politik. Geht man zur Sitzung eines Untersuchungsausschusses im Abgeordnetenhaus, dann glaubt man nicht länger an die menschliche Intelligenz. Und nach dem Besuch einer Bezirksverordnetenversammlungssitzung ist es vorbei mit dem Glauben an die Menschheit. Ich wurde in meiner Einschätzung ein weiteres Mal bestätigt, als ich erfuhr, dass die Bezirksverordneten von Tempelhof-Schöneberg am 7. Juli 2009 den Bebauungsplan von Müller und EUREF verabschiedet hatten. Nur die Grünen und der Abgeordnete der damaligen PDS/WASG stimmten dagegen.

Es gab starken Widerstand in der Nachbarschaft, der schließlich in eine Bürgerinitiative mündete. Christiane Heiß, eine der Initiatorinnen der Bürgerinitiative, beschrieb ihre Erfahrung, die kennzeichnend für die Bundesrepublik ist: »Am Anfang des Planungsprozesses für das ehemalige Gaswerksgelände in Berlin-Schöneberg dachten wir noch, die Planungsfehler, die verdeckten Subventionen, der Kampf gegen die Bürger und gegen die Fachleute in der eigenen Verwaltung seien Produkt einer personell ausgebluteten Verwaltung und politischer Dummheit. Jetzt denken wir das nicht mehr. Das Vorgehen hat Methode.

Alle Entscheidungen der Bezirksverordnetenversammlung rund um dieses Projekt wurden durch geschickte Pressearbeit des Projektentwicklers manipuliert. Kritik von Anwohnern und fehlende Fakten haben weder die Politiker noch die Presse misstrauisch gemacht.

Die Lobbyarbeit zeigte die gewünschte Wirkung: Die Bezirkspolitiker rollten den roten Teppich für den Projektentwickler aus und schlossen Verträge ab, die Anwohnerbelange weitgehend ignorieren und den Bezirk (und das meist ohne erkennbaren Grund) benachteiligen.

Die enge Verfilzung von Politikern mit Bauträgern schadet auch dem Vertrauen der Bürger auf ihre demokratischen Rechte. Es ist kein Wunder, wenn solche Planungskultur Bürgerinitiativen züchtet. Was tun gegen diese Art der Einflussnahme? Wir haben die Bürgereinwände gegen die Planung als sachlich hochkompetent erlebt, das ehrenamtliche Engagement über drei Jahre kritischer Planungsbegleitung ist beeindruckend. Aber eine wirksame Kontrolle von Planungen, bei denen das Einzelinteresse eines Millionengewinns dem abstrakten Gemeinwohl gegenübersteht, sieht anders aus. Hierzu müssen rechtliche Pflichten der Vorhabenträger verschärft und Beteiligungsmöglichkeiten der Bürger massiv gestärkt werden – bei den Klagerechten für Bürger, bei den Informationspflichten der Planungsträger.«[380]

Im Großen und Ganzen aber wurde mehr akklamiert als kritisch hinterfragt. Und kaum jemand überprüfte die Richtigkeit der großen Sprüche. Auch die Medien waren keine Ausnahme. Viele brachten lieber eine Müller-Anekdote nach der anderen – die *Berliner Zeitung* etwa über ein geplantes Hotel auf Müllers Brache:

»Die Kosten für eine Übernachtung werden vom Energieverbrauch des Gastes abhängen. ›Es wird lediglich eine festgelegte Kaltmiete geben‹, sagte gestern EUREF-Initiator und Vorstand Reinhard Müller. Heizung, Licht, Dusche und Strom würden verbrauchsabhängig abgerechnet.

Extra wurde eine neue Maßeinheit kreiert – der Eurometer. ›Den Namen habe ich mir auch schon patentieren lassen‹, sagte Müller. Allerdings müssten Hotelgäste nicht die volle Menge der verbrauchten Eurometer bezahlen, ›sie können sie auch zurückverdienen – und zwar im Fitnessstudio‹.

Dabei soll durch Ausdauersport Strom erzeugt werden, beispielsweise auf einem Fahrrad oder einem sogenannten Stepper. Selbst der Fahrstuhl werde mithilfe eines Dynamos Strom erzeugen, allerdings nur, wenn er abwärts fährt und die Erdanziehung nachhilft. ›Und den Strom speisen wir auch richtig ins Netz ein‹, so Müller.«[381]

Was ist Jahre später aus den beeindruckenden Zahlen und Superlativen geworden? 600 Millionen Euro Investitionsgelder? Nicht geflossen. Die 15 Baukörper, die bis 2015 fertiggestellt werden sollten? Bisher sind nur zwei kleine Altbauten saniert worden. 5000 neue Studien-, Ausbildungs- und Arbeitsplätze? Lange noch nicht da. Das Hotel, das laut Müller ab Herbst 2009 gebaut werden sollte?[382] Laut einem Plan aus Müllers Architekturbüro ist der »voraussichtliche Baubeginn« auf 2017 verschoben worden.[383] Das »Green-Tech Building« eines Dax-Unternehmens? Nicht zu sehen. Müllers geschützte Marke »Eurometer«? Das Verfahren für die »Erstellung von Abrechnungen des individuellen Energieverbrauchs« oder »zur Messung des individuellen Energieverbrauchs« wurde vom Deutschen Patent- und Markenamt zurückgewiesen.

Als klar wurde, dass die Energielieferanten, Autounternehmen und Russen weder Geld für die Stiftung geben wollten noch ihre Unternehmensrepräsentanzen auf dem Gelände bauen würden, musste eine neue Story her: erneuerbare Energie. Beim EUREF-Institut heißt es heute: »In einem Transformationsprozess wird langfristig gesehen eine auf fossilen Rohstoffen basierende Energiegewinnung abgelöst von einer Versorgung, die auf erneuerbare Energien sowie eine deutlich erhöhte Energieeffizienz setzt. Dieser Umstellungsprozess verlangt eine Vielzahl technischer, politischer und sozialer Innovationen. Die Realisierung wird mit großen Unsicherheiten und vielen Widerständen verbunden sein, Lösungen benötigen eine intensive internationale Verständigung. Energieunternehmen und staatliche Politik müssen die bestehenden Infrastrukturen neu ausrichten und die verschiedenen Interessen berücksichtigen. Das EUREF-Institut Berlin spielt hierbei eine neue, zukunftsweisende Rolle.«[384] EUREF in Version 2.0.

Vielleicht. Doch eines hat sich nicht geändert. Es geht immer noch vor allem um die Entwicklung einer Immobilie und Rendite.

Und die »erste private Energie-Universität der Welt«? Zunächst verloren Müller und EUREF Ende April 2009 das Wissenschaftszentrum Berlin als Vertragspartner.[385] Stattdessen sollte eine kleine Firma namens »Innovationszentrum für Mobilität und gesellschaftlichen Wandel Berlin«, woran das Wissenschaftszentrum auch eine Beteiligung hat, einspringen. Übrig bleiben sollte eine »geliehene Reputation«[386] des Wissenschaftszentrums. Was das sein soll, weiß ich nicht.

Die Universität wurde in der Zwischenzeit von EUREF zu einem »Fernziel« umdeklariert.[387] Wen wundert's? Lothar de

Maizières gemeinnützige EUREF GmbH war schon zum 31. Dezember 2009 mit fast 180.000 Euro bilanziell überschuldet.[388] Kein Problem für Müller. Er hat seine Brache einfach »EUREF-Campus« getauft.

Es gibt zwar in der Zwischenzeit ein »EUREF-Instituts-Gebäude« auf dem Gelände.[389] Müller konnte Teile des von ihm sanierten denkmalgeschützten Bürotrakts an einige kleine Energieunternehmen vermieten. Doch selbst dieses kleine Haus konnte Müller nicht mit energieorientierten Firmen füllen, weshalb er die oberste von drei Etagen an den Textil- und Schuhkonzern Nike vermietete. Von einem Institut ist nichts zu sehen.

Gelegentlich finden Veranstaltungen unter der Rubrik »EUREF-Institut« statt, die in Partnerschaft mit einer Agentur durchgeführt werden. Aber sie scheinen eher ein Produkt Müllers zu sein als irgendeines wissenschaftlichen Instituts. Dann gibt es von der GASAG eine Sommerschule, die auf der Brache abgehalten wird, aber sie scheint eher Mieter zu sein.[390] Angekündigt wurde die Abhaltung von einigen Kursen der Technischen Universität auf dem Gelände ab dem Sommersemester 2011, aber auch als Mieter.

Wie immer werden große Baupläne angekündigt. Ein elfgeschossiges Hochhaus, das erste von den neuen Baukörpern, soll angeblich gebaut werden. Vielleicht Müllers Aktiengesellschaft selbst, die er nach dem Ausscheiden des russischen Minderheitsgesellschafters mit der EUREF AG fusionierte? Das könnte zumindest erklären, warum Müllers mondäne Unternehmenszentrale zurzeit zum Verkauf steht.[391]

Doch der Zug ist abgefahren. Direkt neben Berlins Hauptbahnhof entwickelt die Bahn gerade ein 40 Hektar großes Gelände (fast achtmal so groß wie Müllers Brache) namens »Europacity«. Der Grundstein wurde im Februar 2011 gelegt – ausgerechnet für die neue Deutschlandzentrale des Mineralölunternehmens TOTAL,[392] eigentlich genau die Kundschaft, mit der Müller gerechnet hatte. Zudem soll nur wenige Kilometer vom EUREF-Gelände entfernt auf dem ehemaligen Flughafen Tempelhof ein »Demonstrations- und Kompetenzzentrum für Elektromobiliät« entstehen,[393] ein weiteres Konkurrenzunternehmen also für den mit Energiefragen liebäugelnden Müller.

Der bisherige architektonische Höhepunkt des EUREF-Geländes ist zweifellos das »Zelt im Gasometer«[394]. Eine Stahlkonstruktion, die mit klarem, farblosem Kunststoff bespannt wurde und während der Fußballweltmeisterschaft von 2006 neben dem Reichstagsgebäude stand, wo sie für alle möglichen Veranstaltungen des Bundestags diente. Das Zelt in ähnlicher Form wie die Foster-Kuppel fand nach einer längeren Lagerung ein neues Zuhause mitten im Gasometer, der Müllers Brache als Wahrzeichen dient, mietbar für jeden Anlass. Egal ob banale Party oder Premierenfeier eines Bushido-Films. Dort soll Günther Jauch ab September 2011 seine neue Talkshow produzieren.

Mit dem CO_2-neutralen Energiekonzept nimmt es Müller offensichtlich bei solchen Events nicht so genau, denn im Privatenergie-Universitäts-Partyzelt wurde im Sommer wie im Winter gefeiert und vorgetragen. Die Heizung dieses dämmungslosen, dünnen Plastikplanenbaus stammte aus zwei mit Öl betriebenen Luftheizungen. Das Heizöl mag aus nachwachsenden Rohstoffen entstehen, wozu Müller sich nicht äußern will. Jedoch Wärme im Grunde genommen in die Umwelt zu pusten ist ein völlig ineffizienter Umgang mit Energie und hat wenig mit Nachhaltigkeit zu tun, was das wesentlichste Element von Klimaschutz ist.[395]

Und die Politiker? Sie lassen sich immer wieder auf der Brache blicken. Im Jahr 2010 traten Wirtschaftsminister Brüderle[396] und der ehemalige Bundesminister Tiefensee[397] bei Veranstaltungen in Kooperation mit EUREF auf. Steinmeier war angeblich am 2. Mai 2011 wieder dort. Darüber will er sich nicht äußern.[398] Außerdem hielt SPD-Chef Sigmar Gabriel im November 2010 erneut eine Rede auf der Brache. Dort behauptete er, dass es der Sozialdemokrat August Bebel gewesen sei, der als Erster über erneuerbare Energien gesprochen habe.[399] Und darin liegt wahrscheinlich Müllers große Hoffnung, dass Gabriel, der immerhin von EUREF als »einem beispielhaften Projekt«[400] gesprochen hat, dass dieser Sigmar Gabriel, der »Chef des EUREF-Fan-Clubs«, vielleicht der nächste Bundeskanzler wird.

Der politische Geist als demokratische Aufklärung und menschliche Zivilisation ist nicht nur psychisch widerdeutsch; er ist mit Notwendigkeit auch politisch deutschfeindlich, wo immer es walte.[401]

– Thomas Mann

Es liegt nun einmal in meiner Natur, ich will lieber eine Ungerechtigkeit begehen als Unordnung ertragen.[402]

– Johann Wolfgang von Goethe

Kapitel 7

DEUTSCHLAND UND DIE SUCHE NACH DEMOKRATIE

Im Jahr 1953 schrieb Bertolt Brecht nach dem Aufstand vom 17. Juni über die Deutsche Demokratische Republik: »Das Volk hat das Vertrauen der Regierung verscherzt. Wäre es da nicht doch einfacher, die Regierung löste das Volk auf und wählte ein anderes?« Sei es Kohls Kritik am deutschen Freizeitpark, die Umverteilung zugunsten der Reichen und Unternehmen durch die SPD und Grünen oder die Verlängerung des Atomausstiegs durch die Union und FDP – die deutsche Politik hat den Kontakt mit der Realität des Volkes verloren.

Es liegt in der Natur der Demokratie, sich ständig zu entwickeln, sich an die neuen Bedürfnisse und Gegebenheiten des Volkes anzupassen und diese Veränderungen in der Gesellschaft und Umwelt im Gleichgewicht zu halten. Das ist – mindestens in der Theorie – der Katalysator der Demokratie. Doch die Interessen der politischen Klasse in der repräsentativen Demokratie stehen den Interessen des Volkes diametral gegenüber. Das liegt in der Natur von Herrschaft.

Im Kontrast zu einer Diktatur müsste es in der repräsentativen Demokratie, sollte dieser Herrschaftsanspruch zu weit aus dem Lot geraten, eine friedliche Regierungsablösung geben – bevor es zu einem blutigen Aufstand kommt. Entweder führt eine Regierung die notwendigen Reformen ein, oder sie wird aus dem Amt gewählt und von einer anderen, die die Interessen des Volkes angeblich vertritt, ersetzt. Ob die »Reformen« tatsächlich umgesetzt werden oder später langsam von der politischen Klasse zurückgedrängt werden, ist eine andere Frage. Entscheidend ist, dass das Volk an die Reformfähigkeit der politischen Klasse glaubt.

Dazu gehört, dass in der repräsentativen Demokratie eine Regierung als Diener oder Beschützer des Volkes gesehen werden soll, nicht als Herrscher. Doch dies ist die Rolle, die die deutsche Politik gern innehätte und die viele deutschen Medien zu pflegen versuchen. Stark, durchsetzungsfähig, gradlinig sollen die Regierenden sein. Früher hieß es »eisern«. Der alte deutsche Obrigkeitsstaat ist zur Parteiendemokratie transmutiert.

Das Vertrauen der Deutschen in ihre politische Klasse scheint kaum noch zu existieren. Ein zunehmend schrumpfender Anteil der Bürger fühlt sich von den politischen Parteien vertreten. Die Volksparteien haben längst ihren Anspruch verwirkt, solche zu sein. Die Mitgliederzahlen schmelzen dahin, ihr Stimmanteil – bei radikal sinkender Wahlbeteiligung – ebenso.

Doch wo sind dann das Volk und sein Demokratieverständnis geblieben? Die Bundesbürger sind keinesfalls die Opfer ihrer Politiker, sondern tragen hohe Verantwortung für ihr politisches System und dessen Zustand.

Dabei fehlt es der deutschen Gesellschaft keinesfalls an Stabilität, auf der sich eine lebendige Demokratie aufbauen ließe. Deutschland ist eine der reichsten Nationen der Welt – mit einer hervorragenden Infrastruktur, einer robusten Wirtschaft und einem beeindruckenden Wohlstand. Die Bevölkerung weist ein hohes Bildungsniveau auf, ein progressives Umweltbewusstsein und verfügt über eine lange Tradition kritischen Denkens. Trotz dieser im europäischen Vergleich recht günstigen Voraussetzungen begegnet man hierzulande einem erheblichen Grad an Unzufriedenheit.

Weil die neoliberale Lobby, die Medien und die Politik dieses Gefühl zusätzlich verstärken und eine Krisenkultur geschürt haben, sind Krisen in Deutschland zur Obsession geworden und dominieren den öffentlichen Diskurs. Eine Entwicklung, die lange vor der Finanzkrise eingesetzt hat. Rationalität wird durch Angst ersetzt. In einer solchen ununterbrochenen Notsituation werden Entscheidungen der herrschenden Klasse als alternativlos kolportiert, wodurch die herrschende Klasse ihre Interessen problemlos durchsetzen kann.

Wenn man die angeblichen Krisen-Beweise betrachtet, zu hohe Steuern, zu hohe Lohnnebenkosten, zu hohe Renten-, Kranken- und Arbeitslosenversicherungsbeiträge, wundert man sich, warum sich Deutschland nicht einmal zur Abwechslung an den skandinavischen Ländern orientiert und das Thema verdrängt.

Bei einem Vergleich des Bruttoinlandsprodukts ist die Pro-Kopf-Leistung in allen skandinavischen Ländern höher als in Deutschland,[403] durchschnittlich sogar um ein Drittel, wobei sich allerdings der Öl- und Erdgasreichtum Norwegens in dieser Berechnung niederschlägt. Gleichzeitig sind, anders als in Deutschland, die realen Arbeitseinkommen in den nordischen Ländern in der letzten Dekade ansehnlich gewachsen und damit der private Verbrauch.[404] Das hat Konsequenzen: In einer Umfrage stellte die Europäische Kommission fest, dass fast 70 Prozent der Dänen mit ihrem Leben »sehr zufrieden« sind, desgleichen 57 Prozent der Finnen und 45 Prozent der Schweden, doch nur 22 Prozent der Deutschen verteilten die Höchstnote,[405] nicht einmal ein Drittel so viel wie die Dänen.

Eigentlich sind diese Ergebnisse erstaunlich, denn rechnet man die Gesamt-Steuereinnahmen mit den Sozialabgaben für das Jahr 2009 zusammen, dann lag der Durchschnitt in Skandinavien bei 44,7 Prozent des Bruttoinlandsprodukts, in der Bundesrepublik jedoch bei nur 37 Prozent, berechnete Joachim Jahnke, ehemaliger Vizepräsident der Europäischen Bank für Wiederaufbau und Entwicklung.[406] Ein beträchtlicher Unterschied, für den es allerdings Gründe gibt, zu denen allen voran die höheren Ausgaben für Bildung in den skandinavischen Ländern zählen.[407] Laut der neuesten Erhebung der OECD für das Jahr 2007 studierten in Skandinavien relativ gesehen rund doppelt so viele Menschen wie in Deutschland,[408] was wiederum zu einer größeren sozialen Mobilität und einer gerechteren Einkommensverteilung führt. Die Renten sind gleich oder großzügiger als in der Bundesrepublik,[409] die öffentliche Verschuldung im Verhältnis zum Bruttosozialprodukt ist jedoch in allen skandinavischen Ländern substanziell niedriger.[410] Eine Institution wie die norwegischen Ölfonds, die zugunsten kommender Generationen angelegt wurden, gibt es in der Bundesrepublik nicht und wäre hier auch nur schwer denkbar.

Über die Ursachen dieser Unterschiede hat der Soziologe Michael Hartmann in einem Interview Einleuchtendes festgestellt:

»Erstens, in skandinavischen Ländern sind große Unterschiede zwischen den gesellschaftlichen Schichten nicht gern gesehen. Zweitens, der Staat spielt eine wichtige Rolle, sein Image ist positiv besetzt. Und drittens, das Bildungssystem ist durchlässig. Dies zusammen birgt die Chance, die Eliten des Landes gesellschaftlich viel breiter zu rekrutieren als bei uns.«[411]

Doch dieses Bild der skandinavischen Politik passt nicht in den herrschenden politischen Diskurs der Bundesrepublik. Die Politik und Medien blenden Skandinavien aus. Viel lieber ist ihnen die immerwährende Krise. Sie produziert gesellschaftliche Labilität, wodurch der restliche Sozialstaat entsorgt werden kann. Und was kommt danach?

Bereits am Ende des Zweiten Weltkriegs hat der britische Historiker A. J. P. Taylor die These aufgestellt, dass sich die tausendjährige Geschichte der Deutschen nur in Extremen vollziehe. Alles finde sich darin, nur keine Mäßigung und keine Normalität.[412] Dieser Zustand der Nichtnormalität setzte sich durch die Existenz von zwei Deutschlands für weitere 45 Jahre nach dem Erscheinen von Taylors Werk fort.

Nach der Wiedervereinigung und der Beendigung des Kalten Krieges schien die Bundesrepublik vor einer neuen, vielversprechenden Ära zu stehen. Die Nation ist heute ein respektiertes und potentes Mitglied der Europäischen Union, umringt von befreundeten Nationen, mit denen es politisch, wirtschaftlich und militärisch verbunden ist. Als Mitglied der NATO ist Deutschland Teil der mächtigsten militärischen Allianz der Welt. Die Bundesrepublik ist eine Weltwirtschaftsmacht. Sie genießt eine Stabilität, die sie nie in ihrer Geschichte erfahren hat. Jedoch polarisiert sich die Gesellschaft seit der Wiedervereinigung zunehmend.

Allerdings ist die Bundesrepublik noch eine vergleichsweise junge Demokratie. Die Menschen aus der ehemaligen DDR haben bis vor zwanzig Jahren in einer Diktatur gelebt, und auch die »Altbürger« im Westen können auf keine sonderlich lange demokratische Tradition zurückblicken. Bisher war der Übergang im Jahr 1969, als die CDU/CSU die Macht an eine SPD/FDP-Regierung abgab, die größte politische Prüfung, die der westliche Teil der Bundesrepublik erlebte.

Für das deutsche Volk sind solche Anpassungen historisch doppelt schwierig. Wenn man einmal von Bismarck und Brandt absieht, hat es in Deutschland keine großen Reformwellen gegeben, die bei dem Reichskanzler überdies dazu dienten, in homöopathischer Dosierung die Krankheit Demokratie auszumerzen.

Die wesentlichen politischen Umwälzungen in Deutschland kamen von außen. Es war Napoleon, der die Deutschen aus dem politischen Mittelalter löste und den Feudalismus beendete – und die Juden emanzipierte. Doch die liberalen Reformen, die sich die Mittelschichten anderer Nationen durch eigene Kraft eroberten, wurden in den deutschen Staaten als aufoktroyiert empfunden. Die politische Verantwortung scheuten die Deutschen jedoch. Weshalb auch in breiten Kreisen der Bevölkerung die Rückkehr zur alten absolutistischen Ordnung durch die Beschlüsse des Wiener Kongresses begrüßt wurde. Das deutsche Annus mirabilis hatte wenig mit politischer Befreiung zu tun.

Und die liberale Revolution der Deutschen von 1848? Sie endete mit einem Fiasko, da sie lediglich von einer relativ unbedeutenden intellektuellen Schicht getragen wurde, die überdies ebenfalls wenig oder gar keine Verbindung zum Volk hatte. Sie setzte auf aufgeklärte Herrscher und militärische Gewalt.

Taylor fasste die Tragödie zusammen: »1848 war ein entscheidendes Jahr für die deutsche Geschichte, und damit auch für die europäische. Es rekapitulierte Deutschlands Vergangenheit und antizipierte seine Zukunft. Ferne Echos des versunkenen Heiligen

Römischen Reiches verschmolzen mit Vorahnungen der neuen nationalsozialistischen Ordnung, das Gedankengebäude Rousseaus' mit dem von Marx, der Schatten Luthers mit dem von Hitler, jeder jeden in verstörender Abfolge bedrängend. Niemals hatte es eine Revolution gegeben, die so durchdrungen war von einem grenzenlosen Glauben an die Macht der Ideen – und nie zuvor wurden diese im Endergebnis dermaßen diskreditiert.«[413]

Bismarck hatte nichts für die Demokratie übrig, und seine Reformen verdankten sich ganz anderen Motiven. Sie waren Manöver, um einer demokratischen Revolution zuvorzukommen. Inneres Prinzip von Bismarcks Sozialpolitik war, wie Ralf Dahrendorf es ausgedrückt hat, »gerade nicht die Sicherung menschlicher Bürgerrechte, sondern die Sicherung menschlicher Unmündigkeit«[414]. Und die Liberalisierung der Wirtschaft war nichts anderes als eine Konzession, um das politische Streben des deutschen Bürgertums in andere Bahnen zu lenken. Nur durch die Passivität der Bevölkerung konnte Bismarck die politische Dominanz des Kaisers und Junkertums bewahren. Bismarcks Verfassung war Absolutismus verkleidet als Demokratie – eine Charta zur Privilegierung von Junker und Industriemagnaten.

»Die deutsche Gesellschaft ist nicht bürgerlich geworden, sondern quasi-feudal geblieben. Die Industrialisierung in Deutschland hat keine selbstbewusste Bourgeoisie mit eigenem politischem Anspruch hervorgebracht. Insoweit eine Bourgeoisie überhaupt entstand, blieb diese klein. Vor allem aber unsicher und in ihren sozialen und politische Maßstäben abhängig«,[415] urteilte Dahrendorf. Während die Industrialisierung anderswo zu einer liberalen oder demokratischen Reform führte, integrierte man in Preußen und im Deutschen Reich die Industriellen in das feudalistische System, in die Klasse der Herrschenden also. Die Deutschen wollten einen Machtstaat und keine Demokratie. Das Ergebnis waren die deutsche Hybris und der Erste Weltkrieg.

Nachdem die Alliierten die preußische Kriegsmaschine im Ersten Weltkrieg besiegt hatten, war das Supremat der Junkerklasse und der Armee gebrochen, jedoch nicht beendet. Die alten Ideen lebten fort und zerstörten am Ende die Weimarer Republik und mit ihr die Anfänge der Demokratie, die sich nie richtig entfalten konnte. Die Oktoberrevolution verursachte zwar einen Kollaps der staatlichen Autorität, aber kaum eine soziale Umwälzung. Der Kaiser war weg, der Obrigkeitsstaat und ihre Akteure blieben. Während der Weimarer Republik konnten die Sozialdemokraten für ein paar Jahre die Strukturen einer Demokratie aufrechterhalten, doch es fehlte, meinte Taylor, die »demokratische Vitalität«, um eine stabile Republik zu tragen. Die Mittelschicht war erneut moralisch zu schwach und politisch zu verantwortungslos, um eine demokratische Nation zu führen. Die Deutschen waren nur zu froh, die Demokratie loszuwerden. Sie waren viel glücklicher mit ihrer neuen absolutistischen Regierung, dem Nationalsozialismus.

Nach dem Zweiten Weltkrieg trennten die Alliierten klugerweise die Junkergebiete östlich der Oder-Neiße-Linie von Deutschland ab, während der Rest der Nation militärisch besetzt wurde und für die nächsten 45 Jahre blieb. Schon wieder waren es Kräfte von außen, die politische Reformen für die Deutschen durchsetzen mussten. Während der sowjetische Sektor nahtlos in die nächste Diktatur überging, wurde den drei westlichen Sektoren unter der Hegemonie der Vereinigten Staaten eine repräsentative Demokratie aufgezwungen. Die Deutschen hatten weder ihre nationalsozialistische Regierung abgeschafft noch ihre Freiheit selbst erkämpft.

Doch die kurze Herrschaft der Deutschen über Europa hat nicht nur so viel Leben und Wertvolles vernichtet, sondern, wie der Historiker P. G. J. Pulzer argumentiert, auch die Strukturen der deutschen Gesellschaft: »Das Dritte Reich brachte eine Reihe tiefgreifender sozialer Veränderungen mit sich, die sich möglicherweise sogar günstig für eine demokratische Entwicklung auswirkten. Die Erfordernisse des totalen Krieges zwangen das Regime zu Maßnahmen, die völlig in Widerspruch standen, was einst proklamiert worden war. Blut-und-Boden-Romantik sowie dezidiert antikapitalistische Parolen, die zuvor das nationalsozialistische Gesellschaftsmodell bestimmten, ließen sich nicht mit den wirtschaftlichen Anstrengungen zur Vorbereitung eines Krieges verbinden – schon gar nicht, wenn man ihn gewinnen wollte. Folglich sah man sich gezwungen, andere, fremde Maßstäbe zu übernehmen: Industrialisierung, Spezialisierung, technischer Fortschritt, persönliche Leistung. So gesehen begann die Amerikanisierung der deutschen Gesellschaft nicht erst unter Adenauer, sondern bereits unter Hitler. Damals veränderte sich die Gesellschaft: Man war weniger traditionell gebunden, weniger hierarchisch denkend und sehnte sich weniger nostalgisch zurück zu den Zeiten von Weimar oder des Kaiserreichs.«[416]

Die neue westdeutsche Regierung unter der Führung von Konrad Adenauer und Politikern, die nicht zu belastet waren von einer nationalsozialistischen Vergangenheit (oder diese Tatsache verheimlichen konnten), befand sich vor einer äußerst schwierigen Aufgabe. Sie musste klarkommen mit einer Bevölkerung, deren Liebesaffäre mit den Nationalsozialisten gerade rüde beendet worden war und die die Besatzung als demütigend empfand, nachdem man noch kurz zuvor geglaubt hatte, vor einer deutschen Herrschaft über Europa zu stehen. Die alte deutsche Elite war in ihren Augen völlig diskreditiert wegen des ruinösen Krieges. Und es galt überdies, die alten Eliten, nationalkonservative und rechte Kräfte, die sich im Dritten Reich willig zur Verfügung gestellt hatten und die nun um ihre Stellung bangten, in die neuen Machtstrukturen einzubinden. Bei beiden war Überzeugungsarbeit für eine westliche Demokratie zu leisten.

Doch die Teilung Deutschlands, zumindest dessen, was von Deutschland übrig blieb, und die daraus entstehende Animosität verliehen beiden deutschen Nationen eine politische Stabilität. Beide konnten die Urkämpfe der Deutschen, was auch eine wesentliche ideologische Stütze des nationalsozialistischen Credos war, weiterführen – und das nach kurzer Zeit als wiederbewaffnete Alliierte der zwei Supermächte. Die Bundesrepublik konnte den Kreuzzug gegen die slawistische – nun bolschewistische – Gefahr aus nationalsozialistischen Kampfzeiten fortsetzen, während die DDR zum Bollwerk gegen »das Imperium der Zivilisation, die ›Gesellschaft der Menschheit‹ des Westens«, wie Thomas Mann es beschrieb,[417] wurde. Deutschland, konfrontiert mit lebensbedrohenden Feinden an seinen Grenzen, war ein Deutschland, das in sich ruhte.

Eigentlich hatte die neue politische Klasse der Bundesrepublik keine große Wahl. Ihre Macht entstammte nicht dem deutschen Volk, sondern den westlichen Alliierten. Ob sie es wollte oder nicht, sie war zu einer repräsentativen Demokratie verdammt. Wäre sie dazu nicht in der Lage gewesen, hätten die Alliierten andere gefunden oder selber regiert.

Doch das Schicksal erleichterte die politische Transition der Bundesrepublik zu einer repräsentativen Demokratie. Durch die Zuspitzung des Ost-West-Konflikts verloren die Vereinigten Staaten schnell das Interesse an einer kompletten Entnazifizierung und Umerziehung der westdeutschen Gesellschaft, denn vor allem brauchte man jetzt einen zuverlässigen, innerlich stabilen Verbündeten, und die Gründung der Bundesrepublik fand beinahe gleichzeitig mit der des militärischen Bündnisses NATO statt, worin die Bundesrepublik sechs Jahre später Mitglied wurde. Sogar den wirtschaftlichen Aufbau finanzierten die Amerikaner, um ihre eigenen militärischen und politischen Ziele zu erreichen. Die Strategie ging bekanntermaßen auf: Die Bundesrepublik erlebte ihr Wirtschaftswunder, die USA besiegten die Sowjetunion.

Diese Schicksalswendung des Kalten Krieges kam der Elite der Bundesrepublik sehr gelegen. Sie hatte nie eine hohe Achtung vor dem Volk, und nach dem Debakel des Zweiten Weltkriegs war diese mangelnde Wertschätzung gegenseitig. Man entschied sich für eine salomonische Aufarbeitung der Geschichte: die kollektive Unschuld. Der Tunnelblick war nach vorne gerichtet.

Die repräsentative Demokratie, wie sie die Verfasser des Grundgesetzes als Basis des neuen Staates adoptierten, sah von vornherein keine große Beteiligung des Volkes vor. Sie war auch nicht gewollt. Die westdeutsche Bevölkerung war an der Entstehung des Grundgesetzes nicht beteiligt, noch wurde sie gebeten, es zu bestätigen. Sie war von Anfang an weitgehend aus dem politischen Prozess ausgeschaltet, auch durch die sehr begrenzten Direktwahlmöglichkeiten. Wichtige Säulen waren die Parteiendemokratie und der Korporatismus, der im Grunde genommen einen Staat im Staat darstellte und sich aus neuen wie alten Eliten aus Wirtschaft, Interessenverbänden, Gewerkschaften und Kirchen zusammensetzte. Gemeinsam bestimmten sie die bundesrepublikanische Politik.

Die Wirtschaft wurde von der Deutschland AG dominiert. Dieses hochkomplexe, engmaschige Netzwerk von Kreuzbeteiligungen und Verflechtungen von Vorständen und Aufsichtsräten unter den führenden Banken und Unternehmen resultierte in einem Kartell, das im politischen System integriert war. Sie haben mit Geld die Parteimaschinerie wortwörtlich geschmiert. Das hatte zwar wenig mit Demokratie oder freier Marktwirtschaft zu tun, war jedoch über Jahrzehnte höchst effizient.

Die repräsentative Demokratie in der Bundesrepublik war geprägt durch endlose Debatten, die zwar zum Teil geistig beeindruckend gewesen sein mögen, jedoch oft wenig Konsequenzen hatten, denn die Auslands- und Militärstrategie der Bundesrepublik wurde unter der Ägide der Vereinigten Staaten geführt. Hinsichtlich der Innenpolitik wurde viel hinter verschlossenen Türen und in Hinterzimmern ausgehandelt. Man könnte sagen, dass die Bundesrepublik von der Politik weniger regiert als verwaltet wurde.

Eine solche Reduzierung der Demokratie förderte im Verein mit der nach wie vor existierenden Akzeptanz eines paternalistischen Obrigkeitsstaates den wirtschaftlichen Wiederaufbau und die Prosperität. Die Bevölkerung war bereit, auf politische Macht zu verzichten, solange sich der zunehmende Wohlstand fortsetzte. Auch die SPD begriff das und streifte alle klassenkämpferischen Ansätze ab, sie versuchte sich in der politischen Mitte zu positionieren. Anders, so viel war klar, würde sie nie den Sprung in die Regierung schaffen.

Einer, der diese Periode miterlebte, ist der Politologe Peter Lösche. Er fasste das »Adenauer'sche Biedermeier« zusammen: »Damit meine ich insbesondere die Fünfzigerjahre. Sie waren durch das sogenannte Wirtschaftswunder und die Westintegration der Bundesrepublik bestimmt. Da es wirtschaftlich bergauf ging, konnte man sich allmählich wieder etwas leisten. Es gab drei Konsumwellen: die Fresswelle, die Möbelwelle und die Reisewelle (in dieser zeitlichen Reihenfolge). Man verdrängte die Schrecken des Krieges und des Nationalsozialismus – ja, wer die Nazizeit ansprach, der störte nur.«[418]

Im Jahr 1966 erschien dann ein Buch, das diese Idylle sprengte und das politische Denken in der Bundesrepublik verändern sollte. Der Autor war kein Politiker, kein Politikwissenschaftler und auch kein Journalist. Das Buch hieß *Wohin treibt die Bundesrepublik?*, und sein Verfasser war Philosoph und Psychiater.

Karl Jaspers hatte, was die Deutschen anging, einen besonders scharfen Blick. Was nicht nur an seiner intellektuellen Brillanz lag, sondern auch daran, dass er in der Nazizeit Opfer einer von unmenschlicher Hybris geprägten Gesellschaft geworden war. Seine Frau war Jüdin, und er stand zu dieser Ehe trotz aller Gesetze und Repressalien. Man entzog ihm seinen Lehrstuhl, belegte ihn mit einem Schreibverbot. Dass nicht noch Schlimmeres passierte, verdankte er vermutlich dem rechtzeitigen Einmarsch der US-Armee in Heidelberg, denn gerade kurz vor dem absehbaren Ende des Krieges schickten die Nazis noch viele Opfer in die Konzentrationslager.

So etwas prägt. Jaspers, wie Taylor, sah das Dritte Reich nicht als historischen Unfall, sondern als logisches Resultat der deutschen Geschichte, und entsprechend kritisch betrachtete er auch die Bundesrepublik. Während Bertolt Brecht formulierte: »Erst kommt das Fressen, dann kommt die Moral«, heißt es bei Jaspers: »Die Wiederherstellung der materiellen Voraussetzungen des Lebens war viel leichter zu gewinnen als die Freiheit des Denkens und des politischen Willens.«[419] Er machte es sich zur Aufgabe dagegenzuhalten und lieh den zunehmenden Unzufriedenen eine Stimme – eine sehr mächtige sogar.

Jaspers, nach Meinung des damaligen *Spiegel*-Herausgebers Rudolf Augstein »ein konservativer, ein aufs Bewahren europäischer Traditionen gerichteter Geist«,[420] stellte fest, dass in der Bundesrepublik die Einflussnahme des Volks in der Parteiendemokratie unwesentlich war. »Sie ist ungemein gering. Selbst die Wahlen sind keine eigentlichen Wahlen, sondern Akklamation zur Parteienoligarchie.«[421]

Jaspers war überzeugt, dass die deutsche politische Klasse von Natur aus undemokratisch sei und alles tue, um das Volk vom politischen Prozess fernzuhalten. »Man kann kaum behaupten, dass in der Bundesrepublik eine politische Willensbildung des Volkes stattfindet. Die Unkenntnis der meisten ist erschreckend groß. Die Parteien informieren und unterrichten das

Volk nicht und erziehen es nicht zum Denken. Bei den Wahlen operieren sie nach Prinzipien der Reklametechnik.«[422]

Außerdem erkannte er die Wiederherstellung des autoritären, nicht demokratischen Staats. Die Parteien knüpften an die Herrschaftsform von vor dem Ersten Weltkrieg an, doch das Vakuum, das die Auflösung der autoritären Junkerklasse hinterlassen hatte, wurde nun von einer neuen politischen Klasse besetzt. Wieder Jaspers: »Sie waren gemeint als Organe des *Volkes*, das durch sie seinen Willen kundtut und umgekehrt wieder von ihnen politisch erzogen wird. Aber sie werden zu Organen des *Staates*, der nunmehr wieder als Obrigkeitsstaat die Untertanen beherrscht. Die Parteien, die keineswegs der Staat sein sollten, machen sich, entzogen dem Volksleben, selber zum Staat. Ursprünglich vielfach autonome Bildungen aus der unbegrenzten Freiheit des Volkes, werden sie in ihrem Bewusstsein zu den Machtträgern selber. Der Staat, das sind die Parteien. Die Staatsführung liegt in den Händen der Parteienoligarchie. Sie usurpiert den Staat.«[423] Die westdeutsche Bevölkerung respektierte die neue Regierungsgewalt »im Untertanengeist … wie in der wilhelminischen Zeit«[424].

Den Grund für das Überdauern dieser alten Strukturen sah Jaspers vor allem in der Lebenslüge der Deutschen, in ihrer Weigerung, eine Verantwortung für das Aufkommen des Nationalsozialismus und für dessen Verbrechen zu übernehmen. Er hat die im Zusammenhang mit dieser Weigerung gerne vorgebrachten Verteidigungslügen in seinem Buch zusammengefasst: »Die Deutschen waren eigentlich nie Nationalsozialisten. Sie sind einem bösen Verbrecher durch ein unbegreifliches Verhängnis in die Hände gefallen. Ihre Denkungsart mag durch den Terror, wie es menschlich ist, hier und da getrübt worden sein. Aber im Grunde waren sie immer anständig, wahrheitsliebend und friedfertig geblieben, waren es vorher und sind es heute.«[425] Diese Lüge lebt bis heute fort, wie etwa der damalige baden-württembergische CDU-Ministerpräsident Günther Oettinger mit seiner Trauerrede beim Begräbnis von Hans Filbinger bewies, jenem Ministerpräsidenten und früheren Marinerichter, der noch kurz vor Kriegsende Todesurteile wegen Desertion verhängte und sich auf einen Befehlsnotstand berief. Kein Wort davon beim Staatsakt 2007.

Der *Spiegel* druckte Auszüge von Jaspers' *Wohin treibt die Bundesrepublik?* in drei Fortsetzungen vorab. Das Buch wurde zum Bestseller, angeblich das auflagenstärkste philosophische Buch in deutscher Sprache im 20. Jahrhundert bis dahin. Die Politik saß das Ganze aus.

Es dauerte jedoch nicht lange, dann gab es die von Jaspers erwartete politische Explosion, heute bekannt und zunehmend verschrien als die »Achtundsechziger«. Die Parteiendemokratie, die herrschende Klasse und die nationalsozialistische Vergangenheit der Bundesrepublik wurden infrage gestellt. 1968 war ein Wendepunkt in der Geschichte der Bundesrepublik, dessen Widerhall immer noch hörbar und dessen Wirkung noch lange nicht zu Ende ist. Damals verhalf diese Aufbruchsstimmung von unten der SPD im Allgemeinen und Willy Brandt im Besonderen zu dem Wahlerfolg von 1969. Brandt und die SPD führten das Volk nicht, sondern hechelten hinterher.

Die Sozialdemokraten und Brandt reagierten auf diese Bewegung mit dem Radikalenerlass – ausgerechnet in einem Land, das es Richtern und Staatsanwälten, Professoren und Polizisten, Diplomaten und Militärs aus der Zeit des Nationalsozialismus erlaubt hatte, ihre Karrieren nahtlos fortzusetzen, und ein ehemaliges NSDAP-Mitglied, Kurt Georg Kiesinger von der CDU, sogar zum Bundeskanzler machte.

Als andere Probleme hinzukamen, wurde der politische Aufbruch in Bonn gestoppt, und die politische Klasse, jetzt besetzt mit vielen Gesichtern auch aus den Reihen der »Erneuerer«, kehrte zur Konsolidierung ihres Machterhalts zurück. Doch die Achtundsechziger sowie Brandt und einige seiner Weggefährten hatten einen Samen in viele Köpfe gesät, der zu einem partiellen Umdenken führte – dass nämlich das Volk Träger der Demokratie sein müsse und nicht die politische Klasse.

Ebenso wichtig für die Entwicklung der Demokratie war die in der Zwischenzeit verklärte Dampfwalzenpolitik von Brandts Nachfolger, Helmut Schmidt. Dadurch entstanden die Friedens-, die Anti-Atom-, Ökologie- und Hausbesetzerbewegungen, die Letzte gegen den Abriss alter Bausubstanz in den Städten. Schmidts Umgang mit der Roten Armee Fraktion und der Bewegung 2. Juni hatte beträchtliche Teile der Jugend der Bundesrepublik nicht nur traumatisiert, sondern auch mit Misstrauen und Angst gegenüber dem Staat erfüllt. Der Wehrmachtsoffizier Schmidt konnte seine Vergangenheit nicht abschütteln.

Die politische Klasse wurde zunehmend vom Volk isoliert und immer mehr zu paternalistischen Administratoren im Dienste der Deutschland AG. Kohl hatte eine einfache politische Überlebensstrategie: Ihm sagt man nach, dass er erst einmal feststellte, aus welcher Richtung der politische Wind blies, bevor er die Segel des Staatsschiffs ausrichtete. Im Vergleich zu der neoliberalen Margaret Thatcher oder Ronald Reagan und seinen Komplizen war Helmut Kohl ein paternalistischer Opportunist, der jedoch um ein gewisses soziales Gleichgewicht bemüht war. Doch unter seiner Ägide feierten Korruption, Vetternwirtschaft und Filz fröhliche Urstände. Die konservative, jedoch sozial geprägte Wählerschaft zog den wenig experimentierfreudigen Kohl immer wieder vor. Sie war sogar dankbar dafür, dass er sie, im Gegensatz zu den Absichten einiger Parteifreunde, von allzu sozial zerstörerischem Neoliberalismus verschonte. Sehr zum Ärger vieler Mitglieder der Union und der herrschenden Klasse.

Doch unter dem intellektuellen und kulturellen Mehltau verbreiteten sich neue Ansichten bezüglich Demokratie, Minderheitenrechten und der Konsumgesellschaft in der heranwachsenden Generation. Hinzu kam, dass die Alten, die noch Kaiserreich und Nationalsozialismus erlebt hatten, langsam wegstarben und mit ihnen das alte Obrigkeitsdenken.

Doch in der Euphorie der Selbstbefreiung im Osten und der Wiedervereinigung begriffen die meisten Deutschen nicht, dass damit die *raison d'être* der sozialen Marktwirtschaft – die Systemkonkurrenz – auch beendet war. Die Jubelszenen in Berlin erinnerten mich fatal an eine Sequenz aus dem etwa gleichzeitig entstandenen Film *Roger & Me* von Michael Moore, der später vor allem als vehementer Kritiker der Bush-Ära von sich reden machte. Darin geht es um die Schließung von General-Motors-Fabriken in Flint, Michigan, und als das letzte Fahrzeug vom Band rollt, jubeln die Fließbandarbeiter, während Moore mit einem Mikrofon herumläuft und fragt, warum sie sich dermaßen freuen – schließlich würden die Fabriken geschlossen, ihre Arbeitsplätze vernichtet und sie soeben ihre Existenz verlieren. Bei den Deutschen wurde das »soziale« von der »Marktwirtschaft« abgekoppelt.

Nicht nur hatte die Wirtschaft in der Bundesrepublik eine neue Quelle für billige Arbeitskraft in der damaligen DDR, sondern nach dem Zusammenbruch des Sowjetimperiums waren Hunderte Millionen noch billigerer Arbeitskräfte in den anderen Ostblockländern, sogar China, zu haben. Für die deutsche Wirtschaft ein Grund mehr, den Gewerkschaften nicht länger entgegenzukommen oder ein soziales Image zu pflegen. Immer mehr zerbrach der politische, soziale und wirtschaftliche Konsens, der die Bundesrepublik 45 Jahre lang wesentlich stabilisiert hatte.

Zunächst einmal begann die größte Umverteilungsaktion in der Geschichte der Bundesrepublik: der Aufbau Ost. Dazu gehörten ebenso die Verschleuderung von Volksvermögen wie die damit einhergehende Vernichtung von Arbeitsplätzen durch die Treuhand, der überdimensionierte Ausbau einer Infrastruktur in den neuen Bundesländern sowie die großzügigen Steuerabschreibungsmöglichkeiten für Investitionen in den neuen Bundesländern, die in Milliardenhöhe gingen.

Kaum war dieses Feld abgegrast, schweifte der Blick der Wirtschaft und der Finanzinstitute in die restliche Welt. Viele deutsche Unternehmen fühlten sich nicht länger verpflichtet, die deutsche Wirtschaft und den hohen Lebensstandard ihrer Mitarbeiter zu unterstützen. Es war das Ende von Solidarität und Verantwortungsgefühl, und die soziale Marktwirtschaft hatte endgültig ausgedient.

Die herrschende Klasse der Bundesrepublik wählte stattdessen die Profitmaximierung, die die Globalisierung anbot. Sie verlagerten ihre Produktion nach China – nicht um Entwicklungshilfe zu leisten oder die Demokratie zu fördern, sondern wegen der außerordentlich niedrigen Löhne, einer repressiven, jedoch stabilen Diktatur, arbeitgeberfreundlichen Gewerkschaften und mangelhafter Umweltvorschriften, wenn es überhaupt welche gibt. Das spiegelt den Geist des Kapitalismus wider, aber nicht einer Demokratie. Diese Bedingungen hätten dieselben Unternehmer gerne auch in der Bundesrepublik, vielleicht jedoch mit Umweltschutz, zumindest in der Nähe ihrer Villen. Die deutschen Unternehmen stellten außerdem fest, dass es im eigenen Land billiger ist, Vorteilsgewährung bei der deutschen Regierung über Lobbying, Sponsoring oder Gefälligkeiten zu erreichen, als Einfluss durch gesellschaftliche Verpflichtungen zu gewinnen.

Nicht nur war der paternalistische Korporatismus tot. In den Neunzigerjahren erfuhr die Bevölkerung im Westen und Osten der Bundesrepublik eine ähnliche Metamorphose. Werte wie Solidarität, politische und finanzielle Verantwortung wurden abgestreift. Millionen stürmten die Börse und forderten Shareholder Value, ohne über die Konsequenzen nachzudenken. Man konnte meinen, sie freuten sie regelrecht über Massenentlassungen, stiegen doch dadurch ihre Aktien. In den »blühenden deutschen Landschaften« mutierten vorsichtige Sparer zu aggressiven Glücksrittern. Damit leisteten sie ihren Beitrag, besser gesagt Kapital, das die politische und wirtschaftliche Elite benötigte, um sich von jeglicher demokratischen Verantwortung zu verabschieden.

Seitens der Politik lieferte ausgerechnet die rot-grüne Koalition unter Gerhard Schröder den Flankenschutz bei diesem ruinösen Prozess, bekannt als »Stärkung der Wettbewerbsfähigkeit« etwa durch Abschaffung der Vermögensteuer und Reduzierung der Körperschaftsteuer und des Spitzensteuersatzes. Sie schenkte der Wirtschaft und den Banken Milliarden, die dann im Haushalt fehlten und zu der gegenwärtigen hohen Verschuldung der öffentlichen Hand in der Bundesrepublik führten. Ebenso wie das daraus resultierende Ungleichgewicht der Einkommen. Stattdessen redete man vollmundig von Wachstumspotenzial und steigenden Jobchancen, aber die Zahlen erzählen eine andere, eine ernüchternde Geschichte. Seit dem Jahr 2000 sind die Reallöhne um vier Prozent gesunken,[426] die Zahl der niedrigen Einkommensgruppen wächst, während die der mittleren schrumpft. 21,7 Prozent der vollzeitbeschäftigten Arbeitnehmer erhielten im Jahr 2009 einen Niedriglohn,[427] rund 20 Prozent mehr als im Jahr 2000, und in derselben Periode ging der Anteil der mittleren Einkommensgruppe von 66,5 Prozent auf 61,5 Prozent zurück.[428] Anfang 2011 mussten rund 1,4 Millionen Erwerbstätige ihren geringen Verdienst mit dem ergänzenden Arbeitslosengeld II »aufstocken«,[429] was bedeutet, dass der Staat, und damit der Steuerzahler, gezwungen ist, Niedriglöhne zu subventionieren. Laut Berechnungen der Wirtschaftswissenschaftlerin Irene Becker dürfte es jedoch etwa 1,7 Millionen weitere Erwerbstätige geben – darunter rund eine halbe Million Vollzeitbeschäftigte –, die diese Zusatzleistung in Anspruch nehmen könnten, aber darauf verzichten.[430] Zehn Prozent der Bundesbürger waren überdies 2010 überschuldet.[431] Gleichzeitig besitzt ein kleine Minderheit einen wachsenden Anteil des Reichtums der Nation.

Um das Volk weiter unter Druck zu setzen, propagierte die politische Klasse, inspiriert von der Wirtschaft, vor allem von Pseudo-Institutionen wie der Initiative Neue Soziale Marktwirtschaft oder der Bertelsmann-Stiftung, einen strengen monetaristischen Kurs. Heute sind Enthaltsamkeit und Sparsamkeit die Panazeen, die von der politischen Klasse angepriesen werden. Man vergisst zu schnell, dass dieselbe politische Klasse für die gegenwärtige Verschuldung der Bundesrepublik verantwortlich ist. Ihre Mitglieder sind es, die das Volkseigentum verschleuderten, Steuern für die Wohlhabenden und Unternehmen radikal reduzierten und sich selber und ihre Klienten bedienten. Nach der Finanzkrise soll nun die breite Bevölkerung die immensen Kosten tragen, nicht die Profiteure.

»Demokratie heißt Selbsterziehung und Information des Volkes. Es lernt nachdenken. Es weiß, was geschieht. Es urteilt. Die Demokratie befördert ständig den Prozess der Aufklärung«, schrieb Jaspers vor 45 Jahren. »Parteienoligarchie dagegen heißt: Verachtung des Volkes. Sie neigt dazu, dem Volke Informationen vorzuenthalten. Man will es lieber dumm sein lassen. Das Volk braucht auch die Ziele, die die Oligarchie jeweils sich setzt, wenn sie überhaupt welche hat, nicht zu kennen. Man kann ihm stattdessen erregende Phrasen, allgemeine Redensarten, pompöse Moralforderungen und dergleichen vorsetzen.«[432] Die politische Klasse der Bundesrepublik hat sich seitdem wenig verändert.

Eines hatte Jaspers allerdings unterschätzt: wie skrupellos die Parteienoligarchie ist. Unter den gewaltlosen Widerstandsformen, die er auflistete, um die Freiheit des Staates und Bürgers zurückzuerobern, war die »Verweigerung der Mehrzahl, die Wahl auszuüben«[433]. Die ist schon Realität und stört die politische Klasse überhaupt nicht. In der Bundesrepublik nahmen im Jahr 2009 nur 43 Prozent der deutschen Wähler an der Europawahl teil,[434] also nicht annähernd die Hälfte. Wenn man die Zahlen weiter ansieht, merkt man, wie fadenscheinig diese Legitimation ist. Knapp 16 Prozent der Wähler stimmten für die CDU/CSU, neun Prozent für die SPD, fünf Prozent für die Grünen, viereinhalb Prozent für die FDP, drei Prozent für die Linken. Doch mit wenigen Ausnahmen purzeln die Wahlbeteiligungen, sei es bei Bundestags-, Landtags- oder Kommunalwahlen. Dieses Ergebnis bringt weder die deutschen Europa-Abgeordneten noch die politische Klasse einmal zum Nachdenken über die Legitimität ihrer Mandate.

Zum Funktionieren einer Demokratie gehört unabdingbar das Volk selbst. Es muss sich einbringen, sich engagieren. Nichts ist schlimmer, als das politische Feld freiwillig zu räumen. Die Geschichte lehrt, dass sämtliche demokratischen Errungenschaften durch Handeln erreicht wurden, nicht durch Resignation. Grund für Sorge ist, wie wenig sich Teile der deutschen Bevölkerung, seitdem Jaspers sein Werk schrieb, verändert haben: »Sie ergeht sich in bloßen Verneinungen, ist befriedigt im Enthüllen als solchem, im Sichempören und Schimpfen, und genießt das. Diese Kritik wird Selbstzweck und damit böse. Da in ihr so vieles richtig ist, wird sie zur Verführung, ein verantwortungsloses Leben zu ergreifen und nichts zu sein.«[435]

Die politische Klasse von heute kann als grandiosen Sieg verbuchen, dass sie einen großen Teil des Volkes ohne Gewalt aus dem politischen Prozess vertrieben hat. Es gibt sicherlich welche, die glauben, dass dieser bei Bedarf wieder zu mobilisieren ist. Das ist jedoch der Dreh- und Angelpunkt von Jaspers' Buch. Wie in der Weimarer Republik werden diese Menschen nicht nach einem erlernten politischen Kalkül handeln, sondern rein emotionell. Dafür trägt nicht die Demokratie die Verantwortung, sondern die fehlende Demokratie.

Auf der anderen Seite hatte Jaspers – und das wollte er sicherlich – die demokratische Schleuse aufgemacht. Deutschland hat eine beeindruckende freiheitsliebende Kultur, jenseits und trotz der »Parteienoligarchie«, hervorgebracht. Viele Menschen versuchen, die politische Verantwortung selber in die Hand zu nehmen. In den letzten Jahren hat sich die Vorstellung von direkter Demokratie, etwa mithilfe von Volksbegehren, immer stärker entwickelt – trotz des Widerstands der Parteienoligarchie. Die zahlreichen Bürgerinitiativen haben das nicht nur verstanden, sondern schon eindrucksvoll vorgelebt.

Gleiches beanspruchen auch die zahlreichen Protest- und Widerstandsbewegungen, friedlich und militant, für sich, die seit dem Aufbruch der Achtundsechziger aus der Bundesrepublik nicht mehr wegzudenken sind. Als ich 1980 nach Westberlin kam, tobte dort die Hausbesetzerbewegung. Man wollte nicht einsehen, dass Profit und große Spekulationsgewinne wichtiger sein sollten als die Rechte der Mieter auf bezahlbaren Wohnraum. Viele Menschen entdeckten damals das, was man heute »People's Power« nennt. Es wurde nicht nur das staatliche Gewaltmonopol infrage gestellt, sondern auch das politische Monopol der Parteienoligarchie. Es war eine Zeit, so pulsierend und prägend wie fast zwei Jahrzehnte später der Zusammenbruch der DDR. Nie wieder habe ich so viele Flugblätter, Broschüren und alternative Zeitungen gesehen und Diskussionsrunden, Demonstrationen und Aktionen erlebt wie damals. Die Hausbesetzungen waren gekoppelt mit einer kulturellen Revolution, mit der Ablehnung der Konsumgesellschaft und der Suche nach neuen Werten. Man versuchte, die Demokratie wiederzubeleben beziehungsweise sie in Deutschland erst richtig ins Leben zu rufen. Doch der preußische Repressionsapparat wusste dieses Problem niederzuknüppeln und zu kriminalisieren. Darin hatte man schließlich jahrhundertelange Erfahrung.

Trotzdem hielten die Widerständler durch und protestieren bis heute. Etwa die Gegner der Castor-Transporte, die sich jedes Mal aufs Neue an die Gleise ketten lassen oder ansonsten die Strecke zu blockieren versuchen, um endlich Bewegung in das Problem der Endlagerung von Brennstäben zu bringen. Es ist schon die zweite Generation, die im Wendland im Kampf gegen Gorleben dem Wetter und der polizeilichen Brutalität trotzt. Ein Name, der zum Synonym geworden ist für eine der größten politischen Fehlentscheidungen in der Geschichte der Bundesrepublik, aber auch zum Inbegriff für praktizierte Demokratie und selbstloses Engagement. Eine ganz andere Welt als die Parlamentarischen Abende in Berlin.

Jedes Mal, wenn das Begehren des Volkes die Einflussschneise der bundesrepublikanischen Parteienoligarchie verlässt, endet es auf dieselbe Weise. Die Politik greift auf das einzige Argument zurück, das ihr übrig bleibt: Gewalt. Die Szenen, als der Schlosspark in Stuttgart geräumt wurde, hatten mehr mit Birma, Weißrussland oder der Volksrepublik China gemeinsam als mit einer Demokratie. Das waren keine Szenen, auf die ein zivilisiertes Land stolz sein kann.

Dass die Bundesrepublik ihre Vergangenheit als Polizeistaat nie ganz abschütteln konnte, erfahre ich immer wieder. Ein Fall sei für alle anderen stellvertretend geschildert. Als ich im Jahr 2007 in Heiligendamm über den G8-Gipfel berichtete, traf ich auf ein Fernsehteam, das gerade in eine Auseinandersetzung mit den Ordnungshütern verwickelt war. Einer der Polizisten hatte dem Kameramann gerade sein Arbeitsgerät unsanft ins Gesicht gedrückt, um ihn am Filmen zu hindern. Die ganze Einheit weigerte sich, seine Dienstnummer oder seinen Namen preiszugeben. Als ich den Täter selber fragte, mit welchem Recht er Gewalt gegen den Kameramann angewendet habe, meinte er, dass er mir das Recht zeigen würde. Ich nahm an, er würde ein Büchlein herausholen und mir etwas wie das Allgemeine Sicherheits- und Ordnungsgesetz zeigen. Stattdessen zeigte er auf das Wappen von Sachsen-Anhalt, das auf seinen Ärmel genäht war. Es hätten das kaiserliche Wappen oder die SS-Runen sein können. Das Prinzip ist das gleiche. Viele – zu viele – Deutschen kommen nicht von der Denkungsart der Herrschaft weg. Wenn die Polizei nicht begreift, dass sie Recht und Gesetz zu schützen hat und es nicht zu personifizieren oder zu bestimmen, hat Deutschland Probleme. Wenn jedoch die Parteien sich selbst als den Staat ausgemacht haben und nicht das Volk, ist es kein Wunder, wenn sich diese Mentalität nach unten fortschreibt.

Am gleichen Tag wurde ich jedoch auch Zeuge eines Vorfalls, der das gegenwärtige Deutschlandbild wieder zurechtrückte. Es waren die vielen jungen Leute, die allen polizeilichen Warnungen und Verboten zum Trotz zum Schutzzaun gingen. Es war beeindruckend: Sie taten das in dem Bewusstsein, nicht nur von der Sache her recht zu haben, sondern dass dieses Vordringen auch ihr gutes Recht sei.

Ähnliches hatte ich schon früher an den Zäunen von Wackersdorf, Startbahn West oder Brokdorf erlebt. Die jungen Leute waren ebenfalls überzeugt, dass es richtig war, aber sie wussten auch, dass sie sich wahrscheinlich mit der Gewalt des Staates auseinandersetzen mussten. Man hatte zwar in der Theorie das Recht zu demonstrieren, doch die Praxis sah anders aus: Auf den Feldern und in den Wäldern gab es keinen Richter, keinen Prozess, kein Rechtsprechung. Das Strafmaß wurde unter Umgehung all dieser Instanzen von der Polizei entschieden und gleich ausgeführt.

Beim G8-Gipfel wurde mir auch klar, dass diese jungen Menschen in der Schule und von den Medien jahrelang mit den hehren Idealen der deutschen Demokratie großgezogen wurden, sie glaubten daran, und nun kamen sie, dieses Recht zu reklamieren. Sie waren furchtlos. Zunächst war die Polizei völlig verblüfft und hielt Abstand. Die angedrohten Konsequenzen der Staatsgewalt blieben aus. Zunächst. In den nächsten Tagen reagierte die Polizei jedoch mit aller Gewalt. Doch bei der nächsten Gelegenheit werden die Protestierer wiederkommen. Man kann sie mit Schlagstöcken, Wasserwerfern, Tränengas und Pfefferspray traktieren, aber wie lange noch?

Damit hat die politische Klasse in der Bundesrepublik ein Problem. Solange sie den Schein einer partizipatorischen Demokratie propagiert, werden die Menschen dies auch erwarten – und nicht nur alle paar Jahre im Wahllokal.

Es ist unbestritten, dass Bildung eine wesentliche Grundlage der Demokratie darstellt. Sie fördert die Chancengleichheit, öffnet Türen in der Gesellschaft und erzieht das Volk dazu, für sich selbst politische Entscheidungen treffen zu können. Außerdem sorgt Bildung dafür, dass ein Volk sich auch als solches wahrnimmt und nicht bloß als disparate Gruppe. Der amerikanische Philosoph und Pädagoge John Dewey hat sich bereits 1916 grundlegend mit dem Verhältnis von Demokratie und Bildung auseinandergesetzt. »Dass die Demokratie sich zur Bildung bekennt, ist hinlänglich bekannt. Weil – so die vordergründige Erklärung – eine Regierung, die sich als Ergebnis einer Wahl konstituiert, ein gebildetes Wahlvolk braucht, das ihre Positionen akzeptiert. Doch man kann auch mehr in die Tiefe gehen und voraussetzen, dass Demokratie nicht nur ein politisches System ist, sondern ein Modus des gesellschaftlichen

Miteinanders, das Kommunikation und Erfahrungsaustausch voraussetzt.«[436]

Christian Füller, einer der kompetentesten hiesigen Bildungs- und Wissenschaftsjournalisten, ist der Meinung, dass dieser Prozess der Demokratisierung durch Bildung nicht wirklich stattfindet. »Deutschland hat eine zutiefst undemokratische Schultradition. Sie ist auch heute, im 21. Jahrhundert, noch nicht überwunden. Das Land teilt seine Kinder bereits mit zehn Jahren in Gewinner und Verlierer. Das bedeutet, es erschafft durch die Schule Bürger erster und zweiter Klasse. Es gibt Schichten, die von besser ausgebildeten Lehrern mehr lernen und für andere Berufe vorgesehen sind als andere Schichten. Das ist für eine demokratische Gesellschaft untragbar.«[437]

Demokratie bedeutet Wissen. Die demokratischen Revolutionen sind auf die Beendigung des Wissensmonopols der herrschenden Klasse, als eine breitere Schicht Lesen und Schreiben lernte, zurückzuführen. Dies ermöglichte zum ersten Mal den freien Austausch von Ideen jenseits der Elite. Auf die demokratischen Revolutionen folgte die Bildungsrevolution. Dies ist zweifelsohne eine der größten Errungenschaften der Demokratie.

Die vom Staat finanzierte universale Schulbildung wurde in den Vereinigten Staaten schon kurz nach ihrer Unabhängigkeit propagiert. Der zweite Präsident, John Adams, forderte bereits Jahr 1785: »Das ganze Volk muss die Bildung der Gesamtbevölkerung übernehmen und bereit sein, dies zu bezahlen.« Ihm schwebte ein dichtes Netz öffentlicher Schulen vor, die nicht abhängig waren von einzelnen Wohltätern, sondern von der Gemeinschaft aller Bürger. Bis dies auf breiter Ebene in die Realität umgesetzt wurde, sollten jedoch noch rund hundert Jahre vergehen.

Das öffentliche Schulsystem Preußens wurde modellhaft, doch es war eine Stütze des Absolutismus, wie Füller analysiert:

»Die Entdemokratisierung der Schulen beginnt paradoxerweise mit einem Akt der Demokratisierung Mitte des 18. Jahrhunderts. Friedrich II. nimmt den Kirchen den Betrieb und die Aufsicht über die Schulen weg und führt eine allgemeine Schulpflicht ein. Aber der preußische König erzeugt damit nicht eine Bildung für alle, sondern er bürokratisiert die Schulen – und teilt sie in oben und unten. Die allgemeine Schulpflicht war von Anfang an eine Zweiklassengesellschaft. In den Volksschulen hatten die Untertanen eine strenge Lektion vor sich. Sie sollten, so formulierte es der Preußenkönig Friedrich II., lediglich ›bisgen lesen und schreiben lernen, wissen sie aber zu viel, so laufen sie in die Städte und wollen Secretairs und so was werden‹. Damit waren die Lernprinzipien der preußischen einfachen Schule gut beschrieben: viel Gottesfurcht und eine gute Portion Unterwürfigkeit. Schreiben wird eher nebenbei gelernt.

Die dünne Oberschicht hätte ihre Kinder niemals auf eine solche Schule für das gemeine Volk geschickt. Die Kinder der Oberschicht erhielten die höheren Weihen in speziellen Eliteschulen, den Gymnasien, zu denen in Preußen selbst zu Zeiten der Industrialisierung nur ein Prozent der Bürger zugelassen waren.«[438]

Es ist eine Ironie, dass die Bewegung für öffentlich finanzierte Schulen in den Vereinigten Staaten von der Propagierung des »Preußischen Modells« durch Horace Mann, einen prominenten Bildungsreformer aus der Mitte des 19. Jahrhunderts, beeinflusst wurde. Mann übernahm die Organisationsform des preußischen Bildungssystems, lehnte jedoch die Ziele ab – humanistische Bildung für die Elite, Berufsbildung für die Masse. Ihm war klar, dass Bildung positive Energien freizusetzen vermöge, ein geknebelter Geist dagegen ebenso nutzlos sei wie ein gefesselter Körper. Auf die politischen Systeme bezogen folgerte er daraus, dass sich die Fähigkeiten des Menschen erst in einer Demokratie voll entfalten könnten – »sie glühen mit intensivem Leben« –, während sie in einem despotischen Staat verkümmern müssten.[439]

Mann sah Bildung nicht als Indoktrinierung des Untertanengeists, sondern als Vehikel zur Emanzipation und Gleichheit in der Gesellschaft. Er unterschied zwischen der »Europäischen Theorie« – die Menschen sind nach Klassen unterschieden, und die einen schuften und verdienen sich mühsam ihr Brot, während die anderen die Früchte ernten und sich ihres Leben freuen – und der »Massachusettstheorie«, der zufolge alle die gleichen Chancen haben: sowohl hinsichtlich ihrer Verdienstmöglichkeiten als auch der Aussichten, das Erarbeitete genießen zu können.[440] Laut Mann führt die zweite Theorie zur Gleichheit in der Gesellschaft, die erste zur grausamsten Ungleichheit.

»Inzwischen sind die Proportionen selbstverständlich ganz andere«, resümiert Füller. »In den meisten Bundesländern ist das Gymnasium zur Hauptschule der Nation mit einem Anteil knapp der Hälfte der Schüler geworden. Die institutionelle und mentalitätsmäßige Zweiteilung aber ist geblieben. Noch immer aber betrachtet ein gehobenes Bürgertum Gymnasien als ausschließlich für ihresgleichen reserviert.«[441]

Dewey behauptet, eine Klassengesellschaft brauche sich hauptsächlich nur um die Bildung der herrschenden Elemente zu kümmern.[442] Eine Demokratie muss sich um alle Mitglieder der Gesellschaft kümmern, nicht nur um eine soziale Mobilität zu schaffen, sondern um zu ermöglichen, dass eine Gesellschaft sich optimal geistig und technisch entwickeln kann. Die Tendenz in Deutschland war die erste: Bildung bedeutete Klassenerhalt.

Wahrscheinlich ist dieser Zustand nirgendwo eindeutiger als bei den Immigranten in der Bundesrepublik zu beobachten. Über Generationen haben die Deutschen sie als billige Arbeitskräfte bewahren können, indem sie die meisten Einwanderer mit einer Schulbildung zweiter, wenn nicht dritter Klasse versorgt haben. Es scheint, dass die Deutschen sich kaum in die Situation dieser Einwanderer versetzt haben. Es ist außerordentlich schwierig, in einer Schule in einer Fremdsprache unterrichtet zu werden, wenn ein Großteil der Mitschüler durch de facto Ghetto-Bildung fast kein Deutsch spricht. Doch für die Deutschen ist das das Problem der Immigranten selber, der »Integrationsverweigerer«, die irgendwie synonym mit Muslimen sind. Es wäre eine spannende Studie, den von den Immigranten produzierten Mehrwert in Deutschland mit den Transferleistungen, die sie in Anspruch nehmen, zu vergleichen.

Neben den Menschen mit Migrationshintergrund hat die politische Klasse neuerdings eine weitere Gruppe ins Visier genommen: die »Unterschicht«. Selbstredend fallen die Ausländer, zumindest die aus Entwicklungsländern, sowieso in diese Kategorie, doch wurde auch vielen Deutschen diese Etikettierung verpasst. Oftmals handelt es sich um Geringverdiener, Arbeitslose, Hartz-IV-Bezieher, und in den meisten Fällen gehören sie zu den sogenannten bildungsfernen Schichten. »Die schulische Bildung und Erziehung dieser Kinder aus sogenannten bildungsfernen Schichten ist wesentlich schwieriger zu bewerkstelligen und mit geringeren Erfolgen verbunden als bei anderen Kindern. Die Bildungsforscher führen das auf Sozialisationsdefizite zurück, die sich durch die Herkunft ergeben. … Die diagnostizierten Sozialisationsdefizite würden also selbst dann auftreten, wenn Intelligenz gar nicht oder nur in geringem Umfang erblich wäre. Intelligenz ist aber zu 50 bis 80 Prozent erblich«, wie der SPD-Politiker und Neuzeit-Eugeniker Thilo Sarrazin behauptet.[443]

Eine Einzelbetrachtung? Nein, sagt der Soziologe Michael Hartmann. Er sieht diese Entwicklung nicht als Anomalie, sondern getragen von einflussreichen Mitgliedern der politischen Klasse und beklagt die »gezielte soziale Desintegration«, wie sie sich derzeit in Deutschland beobachten lasse. »In den letzten beiden Jahren ließ sich in den großen deutschen Zeitungen, vor allem auf den politischen Meinungsseiten und im Feuilleton, eine bemerkenswerte Entwicklung beobachten. Massive Angriffe auf die sozial Schwachen in der Gesellschaft wurden salonfähig. Es waren nicht mehr nur die üblichen Verdächtigen wie der frühere Berliner Finanzsenator und Bundesbankvorstand Thilo Sarrazin oder der ehemalige FDP-Vorsitzende Guido Westerwelle, die mit populistischen und inhaltlich unqualifizierten Äußerungen über Hartz-IV-Empfänger oder Migranten die Spalten füllten, sondern auch prominente Wissenschaftler und Journalisten wie Peter Sloterdijk oder Giovanni di Lorenzo, der Chefredakteur der *Zeit*, des Leitorgans der deutschen Bildungsbürger und derer, die sich dafür halten.«[444]

Tatsache ist jedenfalls, dass der Abstand zwischen oben und unten in der Bundesrepublik immer größer wird, was sicherlich weniger mit dem Erbgut als mit der Erbschaftsteuer zu tun haben dürfte. Der deutsche Soziologe Sighard Neckel spricht von einer »Refeudalisierung« der Gesellschaft und hat festgestellt, dass »in den unteren Schichten bis zur gesellschaftlichen Mitte Aufstiegsmobilität faktisch zum Erliegen gekommen« sei, was bestätigt wird durch die Statistiken einer zunehmenden Verarmung der einst prosperierenden Mittelschicht. Für die Nutznießer dieses Prozesses dagegen sieht Neckel glänzende Aussichten: In diesen Kreisen herrsche »ein hohes Ausmaß an Selbstrekrutierung« vor, das »weitgehende Exklusivität unter den höheren Bildungsschichten« garantiere und eine Abschottung »gegenüber anderen Sozialschichten in den Parallelgesellschaften der Begüterten und Bevorteilten« erlaube.[445] Und das alles mit dem Segen der politischen Klasse.

Es ist kaum 45 Jahre her, dass Ralf Dahrendorf folgende These aufstellte: »Der Staatsbürger ist der Feind der Klassen, weil er keinen Menschen zweiter Klasse neben sich duldet.«[446] Heute herrscht in der Gesellschaft ein Hauen und Stechen vor, bei dem es um die richtige Klassenzugehörigkeit und damit um Machterhalt geht. Die gegenwärtige deutsche Mittelschicht verhält sich wie ihre Vorgänger im 19. Jahrhundert, deren Scheitern als Demokraten Dahrendorf treffend beschrieb: »Im Gegensatz zur englischen hat sich die deutsche Bourgeoisie nie zur Klasse gebildet. Sie blieb individualisiert, eine Menge von Aspiranten in der klassenzerstörenden Situation der Konkurrenz zwischen Einzelnen. Diese Konkurrenz aber schafft nichts Neues …«[447] Doch die Deutschen brauchen das Neue – und das ist keinesfalls die gesellschaftliche Polarisierung. Die ist das Alte.

Die gegenwärtige politische Lage in den Vereinigten Staaten und in Großbritannien ist keinesfalls besser als in der Bundesrepublik, wenn nicht sogar schlimmer. Allerdings haben beide Nationen etwas, was hierzulande fehlt: Sie können sich auf eine lange nationale Geschichte und demokratische Tradition berufen, mit all den Hochs und Tiefs, die dazugehören. Beide erschufen sich ihre eigenen Demokratien. Beide standen vor Krisen der Demokratie und haben sie letztendlich überwunden.

Der Bundesrepublik fehlt diese demokratische Tradition. Auch die schlagkräftigen Institutionen, die die Bürgerrechte verteidigen können, existieren kaum. Die politischen Parteien haben sich in der Vermarktung der Demokratie spezialisiert und monopolisiert. Den Medien geht es immer weniger um Aufklärung als um Marktanteile. Die Kirche und Gewerkschaften haben sich über die Jahrzehnte durch den Korporatismus korrumpieren lassen. Die meisten wichtigen Think Tanks und Wissenschaftler werden von der Wirtschaft finanziert. Die tatsächlichen Graswurzel-Organisationen, die die Interessen des Volkes vertreten, sind jung und unterfinanziert. Einen Volkstribun oder politischen Deus ex Machina gibt es in der Demokratie nicht.

Der letzte Versuch der Deutschen in diese Richtung kulminierte in einer Götterdämmerung.

Deutschlands gegenwärtige Krise ist das Ergebnis von politischen, sozialen und kulturellen Ungleichgewichten. Dieser Zustand ist nichts Neues für die Deutschen, sondern prägt ihre Geschichte. Das ist keine gute Voraussetzung für eine Demokratie.

Das Schicksal der Deutschen ist die »Suche nach Normalität«, wie A. J. P. Taylor betonte. Doch bisher endete diese Suche immer wieder in verheerenden Konsequenzen. Das deutsche Volk wird seine Demokratie, die es gegenwärtig scheibchenweise verliert, dieses Mal selber verteidigen müssen – oder wieder verlieren.

Einen kleinen Trost hat Karl Jaspers, der im Jahr 1966 Schweizer Staatsbürger wurde, den Deutschen und uns allen hinterlassen: »Wer aber die Verantwortung der Freiheit erfährt, der gibt nicht auf, solange noch andere ihm begegnen, die auf gleichen Wegen den Mut nicht verlieren.«[448]

Tyrannei, wie wir sie heutzutage bekämpfen, bedeutet Kontrolle der Gesetze, der Gesetzgebung und der richterlichen Entscheidung zum Zweck privaten Eigennutzes durch Organisationen, die nicht das Volk vertreten. Wir meinen speziell die Einflussnahme auf die Politik und die Legislative zugunsten des Kapitals und von Korporationen, die dessen Interesse vertreten. Wir meinen die Allianzen zwischen dem politischen Apparat und privaten Wirtschaftsunternehmen. Wir meinen die Ausbeutung des Volkes durch gesetzliche und politische Mittel. Wir haben viele unserer Regierungen erlebt, die unter diesem Einfluss aufhörten, repräsentativ zu sein im Sinne von Volksvertretern, sondern die zu Repräsentanten von Spezialinteressen wurden, kontrolliert von Institutionen, die sich selbst jeder Kontrolle durch das Volk entziehen.[449]

– Woodrow Wilson

Wir können in diesem Land eine Demokratie haben oder großen Reichtum in den Händen einiger weniger – aber wir können nicht beides haben.[450]

– Louis Brandeis

EPILOG:

VON ENTSTEHUNG UND WESEN DER DEMOKRATIE

Es gibt kaum ein Wort, das die menschliche Fantasie heutzutage so beflügelt wie Demokratie. Sie scheint der politische Kern der westlichen Zivilisation geworden zu sein, der Motor unserer Geschichte, so wie einst Klassenkampf in der marxistischen Analyse. Nach dem Zusammenbruch des realen Kommunismus schien der Begriff Demokratie teleologische Qualitäten gewonnen zu haben, das hehre Ziel der abendländischen Aufklärung, ja sogar mit Zivilisation synonym zu sein.

So kündigte der amerikanische Politologe Francis Fukuyama vor rund zwanzig Jahren das »Ende der Geschichte« an, also »den Endpunkt in der ideologischen Evolution der Menschheit und die westliche liberale Demokratie als die universale und endgültige Regierungsform«.[451] Neoliberale Propheten indes sahen die Krönung dieses Prozesses noch nicht erreicht – sie prognostizierten nämlich, dass die freie Marktwirtschaft der repräsentativen Demokratie zu noch größerem Glanz verhelfen werde.

Doch die Zeloten von gestern wurden Opfer ihrer Hybris, denn die westliche repräsentative Demokratie ist aufgelaufen, gestrandet auf den Riffen ihrer eigenen Form und Partikularinteressen. Die guten Absichten, die einst so einfach und sinnstiftend schienen, sind komplex und zerstörerisch geworden, und die Anzeichen mehren sich, dass die Demokratie bedroht ist. Weder von rechts noch von links, sondern von einer ökonomischen Oligarchie.

Dieses Vorkommnis ist nichts Neues. Schon im Jahr 1936 warnte US-Präsident Franklin D. Roosevelt das Volk seines Landes über die damalige Krise der amerikanischen Demokratie: »Diese privilegierten Prinzen aus den neuen ökonomischen Dynastien der New Economy. Sie dürsten nach Macht, die sogar die Kontrolle über die Regierung beinhaltet, und haben eine neue Form von Despotismus geschaffen, den sie in den Mantel der Legalität hüllten und damit sanktionierten. In ihren Diensten stehen neue Söldner, die sie unterstützen, das Volk zu reglementieren, seine Arbeit und seinen Besitz zu kontrollieren.«[452]

Diese politische Entwicklung vollzieht sich erneut in sämtlichen westlichen Demokratien. »Der allgemeine Verlauf der neueren Geschichte bevorzugt nicht mehr die Reduzierung von sozialen Unterschieden, sondern bewegt sich zunehmend in Richtung einer Zweiklassengesellschaft, worin die Begünstigten eine kleine Minderheit mit dem Monopol auf Reichtum, Bildung und Macht sind«,[453] schrieb der amerikanische Historiker Christopher Lasch kurz vor seinem Tod im Jahr 1994. Für ihn war dies ein »Verrat an der Demokratie«[454].

Zehn Jahre später kam der britische Soziologe Colin Crouch in seinem Werk *Postdemokratie* zu dem Schluss: »Bei den meisten industriellen Staaten stellte sich heraus, dass, egal welche Partei an der Regierung war, es einen beständigen Druck auf die Politik gab, die Wohlhabenden zu begünstigen – also diejenigen, die von der ungezügelten kapitalistischen Wirtschaftsordnung profitierten, anstatt diejenigen, die vor ihr geschützt werden mussten.«[455]

Solche Angriffe auf das Gemeinwesen und die dazugehörende Umverteilung von Macht und Reichtum sind in der Geschichte ein sich ständig wiederholendes Phänomen. Schon vor rund 2500 Jahren forderte der griechische Philosoph Heraklit: »Das Gesetz muss ein Volk verteidigen wie seine Stadtmauer.«[456] Doch nicht um Recht und Gesetz allein ging es in den attischen Staaten. Der Unterschied zwischen orientalischer Autokratie und hellenischem Konstitutionalismus verlieh dem Gemeinwesen jene Qualität, wodurch die wachsende griechische Zivilisation sich von dem Absolutismus der asiatischen Satrapen absetzte: die Freiheit. Und erst das Spannungsfeld zwischen Gesetz und Freiheit war es dann auch, das später zur Basis der abendländischen Kultur wurde: Demokratie und Humanismus. Zwei Elemente, die sehr eng miteinander verwoben, wenn nicht gar unzertrennlich sind.

Ursprünglich genoss in den griechischen Staaten ebenfalls nur der Tyrannis oder ein kleiner Kreis, nämlich die Aristokratie, die Vorteile der Gesetze, und doch entstand dort etwas völlig Neues: die Demokratie. Ihre Genese in Griechenland fing nicht mit einer Revolution an. Sie erschien nicht plötzlich, sondern wuchs aus einem immer größer werdenden Kreis der Gesellschaft, der an der Macht beteiligt war. Als die Demokratie in Athen ihre Blütezeit erreichte, gehörten alle freien Männer dazu. Ausschlaggebend war die persische Bedrohung am Anfang des 5. Jahrhunderts v. Chr., als alle Bevölkerungsschichten zur Verteidigung gebraucht wurden, was einen Demokratisierungsprozess unumgänglich machte.

Der griechische Begriff *demokratia* bedeutet Herrschaft, *kratos*, in den Händen des Volkes, *demos*, wozu allerdings Frauen, nicht eingebürgerte Ausländer und Sklaven – also die große Mehrheit – nicht zählten. Eine Einschränkung, die nicht zu zynischer Selbstzufriedenheit verführen sollte, denn sie gehört zu unserer abendländischen demokratischen Geschichte, sogar der Gegenwart, nicht weniger als damals zu der der Athener.

Jeder männliche Bürger der attischen Demokratie hatte das Recht, an den Diskussionen der Volksversammlung teilzunehmen und dort seine Stimme abzugeben. Selbst einem einfachen Mann aus dem Volk, der sich seinen Lebensunterhalt mit schwerer körperlicher Arbeit verdienen musste, standen sämtliche politischen Rechte zu, einschließlich Zugang zu allen Regierungsämtern. Ohnehin rekrutierte sich die Volksversammlung in der Mehrheit aus den unteren Schichten der Gesellschaft: direkte Demokratie, frei von Stellvertretern und Gewaltenteilung.

Diese demokratische Gleichberechtigung bedeutete nicht nur die politische Entmachtung einer kleinen Elite, sei es der Tyrannis, König, oder die aristokratische Oligarchie. Demokratie beinhaltete die Bestimmung über die Verteilung des gesellschaftlichen Reichtums von oben nach unten: eine Verteilungsgerechtigkeit.

Es fehlte damals allerdings nicht an Kritik an diesem System, die eindeutig und verblüffend sachlich war. So hatte Platon, der einer aristokratischen Familie entstammte, diesen wirtschaftlichen Aspekt erkannt: Durch die Gleichberechtigung würde die Menge durch ihre Überzahl die Vermögenden überstimmen. Für den klassenbewussten Philosophen war diese Umkehrung des sozialen, politischen und materiellen Status quo der Inbegriff der Ungerechtigkeit, ohne Ansehen des Standes allen die gleichen Rechte und Freiheiten zuzugestehen.

Ein unbekannter Zeitgenosse von Platon, den man in der Literatur als »alten Oligarchen« kennt, störte sich ebenfalls daran, dass die Demokratie die Macht an das Volk praktisch verschenkte, Reichtum umverteilte, indem man den Reichen etwas wegnahm und es den Armen gab, und letztendlich sogar dem Volk einen Vorrang vor der Aristokratie, den »Hochgeborenen«, einräumte. Die Menschen wünschten keine Regierung, und möge sie noch so gut sein, argumentierte er, »unter der sie Sklaven« seien. »Sie wollen frei sein und herrschen. Es interessiert sie wenig, ob das schlecht ist.«[457]

Das sind Sätze, die an das Gespräch aus dem Jahr 1942 zwischen dem britischen Unterhändler Sir Stafford Cripps und Gandhi erinnern. Der indische Politiker forderte die Unabhängigkeit und Selbstbestimmung für sein Land, während Cripps argumentierte, dass ohne die führende und schützende Hand der britischen Herrschaft das Land in die Anarchie stürzen würde. Gandhi antwortete: »Irgendjemand fragte mich, ob am Ende der britischen Herrschaft Chaos ausbreche. Ja, das kann sein. Aber ich sage den Briten, uns dieses Chaos zu geben.«[458] Die Konsequenzen waren anfangs in der Tat horrend.

Platons Schüler Aristoteles gilt als der objektivste Demokratiekritiker unter den attischen Philosophen. Für ihn war das Maß eines erfolgreichen Staates das Allgemeinwohl: »Denn die Tyrannis ist eine Alleinherrschaft zum Nutzen des Herrschers, die Oligarchie eine Herrschaft zum Nutzen der Reichen und die Demokratie eine solche zum Nutzen der Armen. Keine aber denkt an den gemeinsamen Nutzen aller.«[459] Für Aristoteles ging es nicht so sehr um die Macht, sondern deren Ziel. Für ihn war der Zweck von Gesetz und Regierung eindeutig: »Soweit also die Verfassungen das Gemeinwohl berücksichtigen, sind sie im Hinblick auf das schlechthin Gerechte richtig; diejenigen aber, die nur das Wohl der Regierenden im Auge haben, sind allesamt verfehlt und weichen von den richtigen Verfassungen ab. Denn dann sind sie despotisch; der Staat ist aber eine Gemeinschaft von Freien.«[460] Diese Gesellschaft war für ihn ausschließlich über eine Gemeinschaft von Gleichberechtigten erreichbar.[461]

Deswegen erkannte Aristoteles, dass auch der soziale Faktor eine wesentliche Rolle für das Gemeinwohl spielte: »Der wahrhafte Demokrat muß also vielmehr darauf schauen, daß das Volk nicht gar zu arm werde. Denn dies ist die Ursache, wenn eine Demokratie schlecht wird. Man muß es also so einrichten, daß eine dauernde Wohlhabenheit entstehe [...].«[462] Er erkannte, dass Gleichberechtigung nicht funktionieren konnte, solange zu starke finanzielle Ungleichheit herrschte. Denn in diesem Fall, so fürchtete er, würden die Armen die Demokratie nur benutzen, um eine Linderung ihrer Armut zu erreichen, und das Gemeinwohl des Staates aus den Augen verlieren. Man könne, stellte Aristoteles fest, nur dagegenwirken, indem jeder Bürger ein ausreichendes Auskommen hätte.

Die Bürger der attischen Staaten sahen als höchste Verpflichtung das Gesetz an, so etwa nachzulesen in den Reden des Aischines, der im 4. Jahrhundert v. Chr. in Athen lebte: »Autokratien und Oligarchien folgen den Bedürfnissen und Launen der Herrschenden, demokratische Staaten sind jedoch fest gegründet auf allgemein akzeptierten Gesetzen.«[463] Doch das attische Demokratiebewusstsein machte nicht beim formal Rechtlichen Halt, sondern fühlte sich zudem ungeschriebenen Gesetzen wie gesellschaftlichem Mitgefühl und Solidarität verpflichtet. Perikles, führender Staatsmann Athens, bezeichnete dies als einen der höchsten Werte der Demokratie: »Wir sind eine freie Demokratie (...), aber wir gehorchen den Gesetzen – insbesondere jenen, die die Unterdrückten schützen, sowie den ungeschriebenen Regeln, deren Überschreitung Schande über einen bringt.«[464]

Die Athener besaßen, wie die deutsch-amerikanische Schriftstellerin Edith Hamilton feststellte, eine Erkenntnis, die uns heute verloren zu gehen scheint: »Gehorsam gegenüber dem nicht Erzwingbaren – Dingen, wozu uns keine Macht bewegen kann – akzeptierten die Athener als Grundlage eines freien menschlichen Miteinanders.«[465]

Was die Männer von Athen begriffen hatten, war die unabdingliche, zwangsläufige Verbindung von sozialer Gerechtigkeit und dem bedingungslosen Glauben an Freiheit, die ihnen nicht als persönlicher Wert oder als Ausdruck von Offenheit und Toleranz galt, sondern als ein gesellschaftliches Konzept. Sie war ein Synonym für Verantwortung – Verantwortung für das eigene Leben und für das Wohlergehen der Gemeinschaft.

Man kann viel über die Erfolge und Misserfolge der attischen Demokratie bezüglich der Innen- und Außenpolitik diskutieren. Ihre Geschichte verlief ohne Zweifel durchaus stürmisch und wechselhaft, doch lässt sich über diese Errungenschaft trotz mancher Widersprüche nicht streiten. Auch scheiterten die attischen Demokratien letztendlich nicht etwa an innerer Zerrissenheit, sondern wie der oligarchische Konkurrent Sparta an der Übermacht Makedoniens. Als sie hinweggefegt wurden, verschwand mit ihnen für Jahrtausende die Demokratie aus Europa.

Ihre Wiedergeburt ließ lange auf sich warten. Hier und da gab es temporäre Ansätze, die jedoch ohne Konsequenzen und damit bedeutungslos blieben. Bis es endlich im 17. Jahrhundert durch eine glückliche Verkettung von Ereignissen in England – Magna Charta, Simon de Montfort, der Bürgerkrieg – zu einer Neuerfindung des demokratischen Gedankens kam. 1688 wurde in Großbritannien der bereits lange schwelende Konflikt zwischen dem Stuart-Königtum und immer einflussreicher werdenden Gegnern des Absolutismus zugunsten Letzterer entschieden. Die Glorious Revolution bescherte den Engländern eine parlamentarische Monarchie, in der die »Bill of Rights« die Rechte des Parlaments gegenüber dem König festschrieb.

Obwohl oft als Demokratie oder Teildemokratie etikettiert, war das damalige System eine Plutokratie, denn das House of Lords blieb allein für die Aristokratie reserviert, und die Mitglieder des Unterhauses wurden nur durch ein paar Prozente der männlichen Bevölkerung, die besitzende Klasse, gewählt. Außerdem schrieb ein Gesetz die Mitgliedschaft in der Anglikanischen Kirche als zwingend für einen Mandatsträger im Parlament vor. Und das in einem Land mit vielen Katholiken und evangelischen Splittergruppen. Doch was Simon Schama, britischer Professor für Geschichte, als »bloody minded liberty«[466] bezeichnete, erwies sich am Ende als treibende Kraft der politischen Kultur. Denn die Freiheit in Großbritannien faszinierte die führenden Köpfe der Aufklärung. Rousseau und Voltaire reisten nach England, um sich aus erster Hand einen Eindruck zu verschaffen, und in Mozarts Oper *Die Entführung aus dem Serail* liefert die vom türkischen Sultan gefangene englische Dienerin den Satz: »Ich bin eine Engländerin, zur Freiheit geboren; und trotze jedem, der mich zu etwas zwingen will!«[467]

Es war nicht allein die geringe Zahl der britischen Wahlberechtigten, die uns die parlamentarische Monarchie kaum als Demokratie bezeichnen lässt. Auch die Wahlen waren öfters alles andere als »free and fair«, ohne geheime Wahl und eher durch Geld als durch politische Inhalte bestimmt, was treffend in William Hogarths Bilderreihe »An Election« und Charles Dickens' Beschreibung von den Wahlen in Eatanswill in *The Pickwick Papers* dargestellt ist. Was zählte, war die Existenz dieser ersten Blüte der Demokratie, die als Ausgangsmodell und Inspiration für die Intellektuellen und Denkenden Europas diente.

Die nächste ernst zu nehmende Manifestation der modernen Demokratie ereignete sich dann nicht auf dem Humus von Europa, sondern in Nordamerika,[468] wo britische Kolonisten im 18. Jahrhundert ihre Rechte und Freiheiten gegen das Mutterland verteidigten, so wie die Engländer im Jahrhundert davor ihre Freiheit mit Bürgerkrieg und der Hinrichtung von Karl I. verteidigt hatten. Der Anlass hatte vordergründig mit finanziellen Interessen zu tun: Die Siedler verweigerten die Entrichtung einer

Steuer, die König Georg III. erhoben hatte. Sie argumentierten, dass das Parlament im fernen London kein Recht habe, sie, die keine Vertreter im Parlament stellten, zu besteuern. »Keine Besteuerung ohne Repräsentation« lautete die Parole. Der Konflikt verschärfte sich, zunächst als Aufstand, wurde zum Kampf um die Unabhängigkeit, um dann zu einer demokratischen Verfassung zu metamorphosieren.

Heute fällt es einem schwer, über Demokratie im Zusammenhang mit den USA zu reden. Vor der Ära von George W. Bush war es unvorstellbar, dass in einer modernen westlichen Demokratie der Sieg in einer Präsidentenwahl gleichsam gestohlen werden könnte; oder Folter sanktioniert würde; oder das Recht so weit gebeugt würde, dass Menschen durch den Staat entführt und jahrelang im Gefängnis festgehalten werden – trotz Habeas-Corpus-Akte und Genfer Konvention. Doch wir kommen nicht darum herum. Die politische Entwicklung in den nordamerikanischen Kolonien vor rund 230 Jahren prägte weltweit maßgeblich die Wahrnehmung und die Praxis von dem, was wir heute als Demokratie bezeichnen.

»Wir halten diese Wahrheiten für ausgemacht, dass alle Menschen gleich erschaffen wurden, dass sie von ihrem Schöpfer mit gewissen unveräußerlichen Rechten begabt wurden, wozu Leben, Freiheit und das Streben nach Glückseligkeit gehören.« Die Ideen hinter diesem bekannten Satz aus der amerikanischen Unabhängigkeitserklärung waren damals keinesfalls neu. Doch begegnete man ihnen höchstens in philosophischen Werken – nicht als politischem Grundsatz einer Nation. Insofern war diese Unabhängigkeitserklärung von 1776 eine revolutionäre Aussage. Sie verfügte darüber hinaus, dass die Regierung ihre Macht von der Einwilligung der Regierten herleiten müsse, und sprach dem Volk ausdrücklich das Recht zu, jene Regierung, sollte sie diese Rechte verletzen, notfalls sogar mit Gewalt zu stürzen;

was die Kolonisten erfolgreich in der Praxis – unter Einsatz ihres Lebens – gegen die Briten umsetzten. Pazifismus und das Prinzip des passiven Widerstands waren noch nicht in Mode.

Doch die amerikanische Revolution war keine Revolution im Sinne der Französischen oder Russischen Revolution, sondern ein Unabhängigkeitskrieg. Die herrschende Klasse der Kolonien stellte sich ein ähnliches politisches System wie in Großbritannien vor, bloß ohne den König und das Parlament in London. Die politische Macht sollte in der Zukunft sie ausüben.

Die Gründungsväter der Vereinigten Staaten waren hauptsächlich Patrizier. Einige, wie George Washington, Thomas Jefferson und James Madison (sie alle wurden später einmal Präsident), besaßen eine große Zahl von Sklaven. Sie waren klassenbewusst und hatten eindeutig Angst vor dem »Pöbel«, und es ging ihnen durchaus darum, die Interessen ihrer Klasse gegen die wachsende Zahl der Tagelöhner zu schützen:[469] »Um die Minderheit der Wohlhabenden gegen die Mehrheit zu schützen«,[470] wie Madison, der als Autor der amerikanischen Verfassung gilt, damals erklärte. Madison betrachtete den Schutz des Eigentums, wozu auch Sklaven zählten, als vorrangige Aufgabe einer Regierung:[471] »Im England dieser Tage würden sich Landbesitzer in einer sehr unsicheren Situation befinden, wenn es die Wahlberechtigung für alle Klassen gäbe. Die Verabschiedung eines Agrargesetzes wäre dann unausweichlich. Unter dieser Voraussetzung sollte unsere Regierung darauf bedacht sein, die Interessen des Landes langfristig gegen Neuerungen zu schützen.«[472] Für John Jay, sowohl prominenter Politiker und Verfechter der Verfassung als auch erster Vorsitzender des Supreme Court, war klar, wer das Land führen sollte: »Jene, die die Nation besitzen, sollen sie regieren.«[473]

Weil das Primat für die Verfassungsväter eindeutig auf dem Schutz der eigenen Interessen und denen ihrer Klasse lag, kam eine Demokratie nach attischem Vorbild, die sich der direkten

Demokratie und dem Allgemeinwohl verpflichtet fühlte, nicht infrage. Man zog das Modell der römischen Republik vor. Im Lateinischen jedoch taucht der Begriff Demokratie gar nicht auf und entsprach auch seinen Charakteristika nach nicht der Vorstellung der Römer von Politik, moniert der britische Politologe John Dunn: »Die Römer gingen keineswegs davon aus, dass Gesetze aus dem Volk, populus, heraus entstanden und das es der eigentliche Träger der Herrschaft in Rom war. Sie wären nicht einmal auf den Gedanken gekommen, es gleichberechtigt an der Regierung zu beteiligen oder ihm innerhalb des politischen Systems eine Mitbestimmungsmöglichkeit einzuräumen.«[474] *Senatus Populusque Romanus*, der Senat und das Volk von Rom, wurde vielleicht überall in Stein gemeißelt, doch im politischen Alltag der römischen Republik gab es sehr viel Senat und kaum Volk.

Besonders wichtig für die Autoren der amerikanischen Verfassung war das römische Konzept der Gewaltenteilung. Diese sollte zum einen als Machtbegrenzung innerhalb der Regierung dienen und damit die Entstehung einer Tyrannei verhindern, und zum anderen sollte sie die Interessen der »Minderheit der Wohlhabenden« vor dem Pöbel schützen. Dazu wurde die Direktwahl vieler Ämter gar nicht erst eingeführt und erst später unmittelbar vom Volk bestimmt.

Das Volk in seiner Gesamtheit sollte aus dem unmittelbaren politischen Entscheidungsprozess ausgegrenzt werden, und genau das wurde auch erreicht. Und zwar indem die Amerikaner eine »repräsentative Demokratie« begründeten – ein Begriff, der ebenso wie das System selbst von ihnen erfunden wurde.[475] Thomas Paine, angloamerikanischer Agitator in Sachen Demokratie sowohl im Unabhängigkeitskrieg als auch in der Französischen Revolution, war Apologet für dieses System. Er sprach vom Aufpfropfen der Repräsentation auf den Stamm der Demokratie.[476]

Die repräsentative Demokratie ist eine minimalistische Form der Demokratie. Durch periodische Wahlen geben die Bürger einer Handvoll Politiker, die aus einer sehr engen zahlenmäßigen und ideologischen Auswahl stammen, die Legitimation, als ihre Stellvertreter jahrelang über das Land zu herrschen. Dadurch, so die Gründungsväter, solle der Bürger eine ausreichende Kontrolle über die Gesetze und die Personen, die die Gesetze machen und umsetzen, haben. Doch der Bürger wurde so zum Zuschauer der Regierung degradiert.

Die repräsentative Demokratie war von der unmittelbaren Teilhabe des Volkes in der attischen Demokratie weit entfernt. Es gehörte zum Selbstverständnis, ja Stolz der Athener, dass sie sich selbstbestimmt regierten. Für sie war Politik unmittelbare Teilnahme, gleichberechtigt und frei. Politische Stellvertreter, die sie regieren sollten, wären für sie unvorstellbar.

Doch die Gründungsväter von Amerika gingen kein Risiko ein. Die Mehrheit der erwachsenen Bewohner der jungen Republik war zunächst vollends aus dem politischen Prozess ausgeschlossen. Wie bei der attischen Demokratie durften nur Männer das Wahlrecht ausüben, und auch nur die Männer, die Grundeigentum besaßen. Frauen waren vom politischen Prozess ausgeschlossen, die Sklaverei wurde im großen Umfang fortgesetzt, und die systematische Vernichtung der Ureinwohner wurde institutionalisiert. Mit »dass alle Menschen gleich erschaffen wurden« hatte das wenig zu tun. »Man mag dem neuen amerikanischen Staat viele Etiketten verpassen, doch er könnte keinesfalls als Demokratie bezeichnet werden«,[477] schlussfolgerte Dunn. Es war trotzdem ein System, das – zum Erstaunen der Welt – einen unvorstellbaren Erfolg haben würde. Die Weichen für die westlichen Demokratien waren gestellt.

Die repräsentative Demokratie ist, und das wird gern übersehen, das politische System des Kapitalismus, eine Prämisse, der wir zwanzig Jahre nach Beendigung des Kalten Krieges ins Auge schauen können. Die repräsentative Demokratie und der Kapitalismus bedingen einander – die eine verdankt dem anderen die weltweite Geltung. Beide konnten nur so erfolgreich werden, weil sie sich gegenseitig stützten.

Es ist kein Zufall, dass man England als die Wiege der repräsentativen Demokratie und des modernen Kapitalismus bezeichnet. Fast 150 Jahre vor der amerikanischen Verfassung erkannten die Engländer den engen Zusammenhang. Der englische Bürgerkrieg war ein Aufstand vor allem des niederen Landadels und der reichen Kaufmänner, einer aufstrebenden kapitalistischen Schicht, gegen den Versuch von König Karl I., den Absolutismus, politischer und ökonomischer Art, wieder einzuführen.

Durch den prekären Kriegsverlauf wurden viele bisherige soziale Regeln außer Kraft gesetzt. In der Armee, die die politische Macht im Lande darstellte, wurden viele Offiziere nicht nach Klassenzugehörigkeit befördert, sondern nach militärischem Können. Außerdem entstanden innerhalb des Puritaner-Heeres demokratische Strukturen. Durch ihr republikanisches Ziel, ihre antiautoritäre Einstellung gegenüber der Kirchenhierarchie, die Notwendigkeit, eine motivierte Armee aufzustellen, und die Kriegswirren entstanden bei diesen Aufständischen Anfänge einer egalitären Demokratie. Es bildeten sich politische Splittergruppen, die eine radikale Erneuerung in Staat und Gesellschaft forderten, eine Abschaffung der Stände und die Gleichheit vor dem Gesetz, eine völlige Einebnung der gesellschaftlichen Besitzverhältnisse, eine Landreform und Religionsfreiheit.

Irgendwann jedoch dämmerte es den nach persönlichen Vorteilen strebenden Aufrührern der ersten Stunde, dem niederen Adel und dem Bürgertum, dass diese radikalen Gruppen ihren Zielen ebenso im Weg standen wie die Allmachtsansprüche des

Königs. Eigentum und Besitz würden nicht mehr sicher sein, gesellschaftlicher Aufstieg, politischer Einfluss und wirtschaftliche Macht keinen Wert mehr darstellen. Am Ende schlug man nicht nur die Königstreuen, sondern erledigte die unbequemen Radikalen gleich mit.

Doch seit ihren Ursprüngen hat die amerikanische Demokratie, dank den Forderungen und der Durchsetzungskraft des Volkes, sich weiterentwickelt. Die Bürger hatten erkannt, dass politische und ökonomische Ungleichheit an und für sich in einer Demokratie nicht wünschenswert ist. Viele Deutsche glauben, der amerikanische Traum heiße »Vom Tellerwäscher zum Millionär«. Vor dem Hintergrund der politischen Entwicklung der Bundesrepublik ist diese Auslegung für viele sehr bequem. Doch das ist nicht der amerikanische Traum. Der amerikanische Traum heißt »Chancengleichheit«: dass jede und jeder die Gelegenheit hat, seine Träume nach den eigenen Fähigkeiten zu realisieren, »das Streben nach Glück« der Unabhängigkeitserklärung. Das setzt die prinzipielle Gleichheit aller Einzelnen voraus, nicht nur bei ihren Möglichkeiten in der Gesellschaft, sondern auch in ihrer Würde und ihren Rechten.

Chancengleichheit garantiert weder Reichtum und Erfolg noch Glück. Doch der amerikanische Traum, so Martin Luther King, verspricht jedem Bürger »die Reichtümer der Freiheit und die Sicherheit der Gerechtigkeit«[478]. Jeder sollte eine »faire Chance« bekommen. »Kein Mensch sollte irgendwelchen Einschränkungen unterliegen außer den Begrenzungen seines eigenen Charakters und seines Geistes, unabhängig von sozialem Status, gesellschaftlicher und rassischer Zugehörigkeit, sondern hinsichtlich seiner Chancen nur nach seinen Leistungen beurteilt werden«,[479] wie der ehemalige US-Präsident Woodrow Wilson postulierte. Doch diese Prämisse steht heute, nicht nur in den USA, erneut stark unter Druck.

In einer Welt der strukturierten sozialen Ungleichheit infolge des Kapitalismus gehört es zur Aufgabe der repräsentativen Demokratie, bei Bedarf einen Kompromiss auszuloten. Doch diese Forderung hat die repräsentative Demokratie nie freiwillig erfüllt und wird sie wahrscheinlich nie erfüllen. Unsere Vorfahren, und wir in unserer Zeit, haben viele wichtige Kämpfe gegen die herrschende »Demokratie« und für die Gleichberechtigung gewonnen: Abschaffung der Sklaverei und des formalen Kolonialismus, allgemeines Wahlrecht für Männer und Frauen, Arbeiter- und Frauenrechte, Rechte für Minderheiten, Schutz für Kinder, Anspruch auf Gesundheits- und Altersversorgung, um nur einige wenige Punkte zu nennen. Die Menschen der westlichen Nationen sind weit gekommen seit dem Jahr 1787, als in den Vereinigten Staaten die Verfassung ausgearbeitet wurde.

Diese Fortschritte für eine »gute und gerechte Welt« stammten nicht von der politischen Elite, sondern vom Volk. Die repräsentative Demokratie öffnete hier eine Perspektive, die als wichtiger Fortschritt bezeichnet werden muss: Politische Änderungen mussten nicht mehr durch gewalttätige Umstürze erreicht werden. Es gab Alternativen. Die erste große friedliche politische Bewegung in einem repräsentativen demokratischen System entstand im Vereinigten Königreich im 18. Jahrhundert. Es war eine Bewegung der britischen Mittelschicht, die durch die aufkeimende industrielle Revolution ein wachsendes Selbstbewusstsein entwickelte, um ein Ende des Sklavenhandels und der Sklaverei zu fordern. Schätzungsweise zwei Millionen Afrikaner kamen allein beim Transport von Afrika in die Neue Welt ums Leben, um danach ein unmenschliches und entwürdigendes Dasein zu fristen.

Die Methoden der Protagonisten würden uns über 200 Jahre später sehr geläufig vorkommen: Informationsveranstaltungen wurden in Kirchen und Sälen organisiert; Pamphlete produziert, Petitionen geschrieben, Plakate gedruckt, Boykotte aufgerufen, sogar kleine Plaketten wurden produziert, die auf der Kleidung angebracht werden konnten.[480] Frauen spielten dabei eine wesentliche Rolle, auch wenn sie damals von der repräsentativen Demokratie vollständig ausgeschlossen waren.

Die Profiteure der Sklaverei sammelten Geld und starteten eine Gegenoffensive, wofür sie professionelle Unterstützung einkauften: die ersten Lobbyisten. »So wie die Gegner der Sklaverei den Aktionismus der modernen Zivilisation verkörperten, repräsentierte die West-India-Lobby den Prototyp eines unter Druck geratenen Industriezweigs«,[481] fasst der US-amerikanische Buchautor Adam Hochschild das Vorgehen der Wirtschaftsinteressen zusammen. Wenn man die Argumente dieser Gruppe betrachtet, wird man Vertrautes aus heutigen Diskussionen wiederfinden. Man warnte vor immensem wirtschaftlichem Schaden, vor hohen finanziellen Verlusten für Investoren, prognostizierte den Verlust vieler Arbeitsplätze, verbat sich die Einmischung der Regierung, da es sich um private Geschäfte und bei den Sklaven um Eigentum handele, und verwies zur Entschuldigung noch darauf, dass die Konkurrenz sowieso weitermachen werde.[482] Wie wenig sich doch der politische Diskurs verändert hat in den letzten 200 Jahren.

Im Jahr 1807 verbot das britische Parlament den Sklavenhandel, 1833 die Sklaverei allgemein – kein Paradebeispiel für eine schnelle Reaktionsfähigkeit der repräsentativen Demokratie. Dabei dürfen wir nicht vergessen, dass in derselben Ära die britische Mittelschicht eine Entwicklung in der eigenen Nation völlig ignorierte, die fast genauso entsetzlich war: die Erniedrigung und gnadenlose Ausbeutung eines großen Teils der Bevölkerung während der industriellen Revolution.

Die Kampagne gegen die Sklaverei war nur der erste in einer Reihe von wesentlichen Triumphen des Volkes in der Geschichte der repräsentativen Demokratie. Sie waren jedoch alle schwere Kämpfe gegen die repräsentative Demokratie.

Die repräsentative Demokratie und *demokratia* stehen sich diametral gegenüber, ständig im Widerspruch. »Die Rolle der Demokratie als eines politischen Wertes innerhalb dieser bemerkenswerten Lebensform einer egoistischen Weltordnung besteht darin, ständig die Toleranzgrenzen für Ungerechtigkeit auszuloten und eine bisweilen schwierige Vermittlung zwischen kulturellen Rücksichten und politisch-sozialem Kampf zu leisten. Der Schlüssel zu dieser Lebensform als Ganzer ist ein endloser Kampf zwischen zwei lehrreichen, wiewohl unterschiedlichen Definitionen von Demokratie. In dieser Auseinandersetzung erschüttert die zweite, die Demokratie als einen politischen Wert begreift, ständig die erste, die Demokratie als bestehende Regierungsform definiert und legitimiert«,[483] resümierte John Dunn.

Dieser Widerspruch verschwindet nicht. Es scheint, dass viele Menschen einen Funken oder ein Feuer der *demokratia* in sich tragen, aus welchem Grund auch immer. Sie finden sich nicht mit der Herrschaftsform der repräsentativen Demokratie ab. Doch dieses Streben verläuft nicht linear mit ständigen Fortschritten hin zu einer gerechteren Demokratie.

Zwar zeigt die Geschichte, dass große Siege von einer Volksbewegung ausgehen können, doch ebenso lässt sich feststellen, dass ein Großteil des gewonnenen Bodens im Lauf der Zeit wieder verloren geht, weil die herrschende Schicht die Zugeständnisse, die man ihr abgetrotzt hat, Schritt für Schritt unauffällig rückgängig zu machen versucht. Da hilft alles nichts: Man muss so handeln, wie Heraklit es vor fast 2500 Jahren erkannt hat – mit Helm, Speer, Schwert und Schild Richtung Stadtmauer ziehen, um Angriffe auf die Rechte des Volkes – heute meistens von seiner eigenen Regierung – abzuwehren.

Diese Kämpfe und Etappensiege vergessen wir zu schnell. Das, was wir heute mit einer erstaunlichen Selbstverständlichkeit als Demokratie bezeichnen, ist relativ neu. Das Wahlrecht für Frauen setzte sich auf breiter Front erst nach dem Ersten Weltkrieg durch, und selbst dann nicht überall – in Frankreich dauerte es sogar bis nach dem Zweiten Weltkrieg und in Liechtenstein bis 1984. Und in den Vereinigten Staaten ist es erst ein paar Dekaden her, dass die Schwarzen ihren Anspruch auf dieses Recht landesweit erkämpften. In Südafrika herrschte bis 1994 Apartheid. Erst recht besteht ein großer Teil der Europäischen Union aus demokratischen Neulingen, denn viele ihrer Mitgliedsstaaten haben bis vor gar nicht langer Zeit unter ganz anderen Herrschaftssystemen gelebt. Damit meine ich nicht nur die Länder des ehemaligen Sowjetimperiums, sondern auch solche, die zur westlichen Hemisphäre zählen. Als ich im Jahr 1974 als Student erstmals Europa besuchte, herrschten in Spanien, Portugal und Griechenland Diktatoren; Zypern war Kriegsgebiet und Malta erst zehn Jahre zuvor aus der britischen Kolonialherrschaft in die Unabhängigkeit entlassen worden.

Das sind alles nur Etappensiege – wenn auch sehr wichtige – der Demokratie. Durch den Neoliberalismus der letzten dreißig Jahre sind die westlichen Demokratien erneut in eine Legitimitätskrise getrieben worden, weil die politischen Entscheidungsprozesse immer stärker von einer kleinen Minderheit dominiert werden und Partikularinteressen zunehmend die Richtung der Politik bestimmen. Was dazu führte, dass die gesellschaftlichen Ungleichheiten und Ungerechtigkeiten, von denen wir dachten, sie seien aus den westlichen Demokratien verbannt und es gebe sie nur noch in der Dritten Welt, durch die Hintertür praktisch zurückgekommen sind und die demokratischen Errungenschaften heimlich, still und leise zerstören. Insofern ist es durchaus legitim, mit Sighard Neckel von einer Refeudalisierung der Gesellschaft zu sprechen.

Zweifelsohne gab es in den westlichen Demokratien immer Reich und Arm und zwischen diesen beiden eine breite, selbstbewusste Mittelklasse. Was alle drei verband, war die Gleichberechtigung. Heute jedoch leben wir in einer Welt, deren Strukturen wachsende Ungleichheit erzeugen, vor allen im ökonomischen Bereich. Das ist gefährlich, denn extremer Reichtum und extreme Armut unterhöhlen die Demokratie. Politische Gleichberechtigung wird bedeutungslos, wenn ein dramatisches ökonomisches Ungleichgewicht vorherrscht. Eine Gesellschaft, die auf Hierarchien und Privilegien basiert, kann sich verschiedene Maßstäbe erlauben, eine Demokratie zumindest der gängigen Definition gemäß nicht. Die Aufspaltung in Staatsbürger erster und zweiter Klasse würde sie insgesamt infrage stellen.

Diese Gefahr wird jedoch oft leichtfertig negiert, mit Floskeln wie Sozialneid oder Klassenkampf abgetan. Das ist Augenwischerei, denn wer sehen will, der erkennt die Veränderungen, die sich in den letzten beiden Jahrzehnten vollzogen haben. Was sich am deutlichsten festmachen lässt am Rückgang der Wahlbeteiligung in den meisten westlichen Demokratien. Die sinkt auf ein Niveau wie in den Zeiten vor den großen Demokratisierungsbewegungen. Dass viele Menschen vollends den politischen Prozess verlassen – darin verbirgt sich die wahre Gefahr für die Demokratie. Schon Montesquieu erkannte vor der amerikanischen Unabhängigkeitserklärung und vor der Französischen Revolution, dass Gleichgültigkeit und Trägheit die größten Gefahren für die Demokratie darstellen: »Die Tyrannei eines Fürsten in einer Oligarchie ist für das Gemeinwohl nicht so gefährlich wie die Apathie der Bürger in einer Demokratie.«[484]

Wahlbeteiligung ist keinesfalls das alleinige Maß für den Zustand einer Demokratie; für eine repräsentative Demokratie sehr wohl. Wenn nicht einmal die Hälfte der Bürger an Wahlen teilnimmt – und Wahlen sind das demokratische Minimalprogramm, das die repräsentative Demokratie anzubieten hat –, müsste das die Legitimation der Regierung infrage stellen.

Doch das stört die politische Klasse der westlichen Industrieländer nicht. Im Gegenteil, denn dieser Prozess ist durchaus vorteilhaft für sie. Sind es doch hauptsächlich die ärmeren Schichten, die sich abwenden und auf die Wahrnehmung ihrer Interessen verzichten; ein politischer Prozess, in dem sie die Vertretung ihrer Interessen aufgeben.

Mit diesem politischen Desinteresse breiter Bevölkerungsschichten hat die politische Klasse einen ihrer größten Erfolge seit Jahrhunderten erzielt. Sie haben erfolgreich einem breiten Teil der Bevölkerung de facto nicht nur das Wahlrecht entzogen, sondern ihn vollständig aus dem politischen Prozess vertrieben. Was die Oligarchien früherer Zeiten mit Gewalt durchsetzen mussten, hat die politische Klasse heute ganz einfach dadurch geschafft, dass man durch immer unsozialere Programme und ein ununterbrochenes Sperrfeuer von Politikkrisen durch die Medien die Bürger politikmüde machte. Weil sie ihre Belange ohnehin nicht mehr vertreten sehen, begeben sie sich freiwillig in eine politische Ausgrenzung wie in vordemokratischen Zeiten.

Wo diese Menschen sich aus dem politischen Prozess zurückziehen, haben die Interessen der oberen Einkommensschichten und der Wirtschaft freien Lauf. Sie haben zunehmend im politischen Bereich – und dort geht es um die Verteilung des Reichtums eines Staates sowie die Verteilung seiner Schulden – keine nennenswerte Konkurrenz oder erfahren keinen Widerspruch. Die Politik verkommt zum Dienstleister für Partikularinteressen, und Dienstleistungen sind gewinnorientiert.

Der Neoliberalismus, den der amerikanischer Professor Robert W. McChesney als »Kapitalismus ohne Boxhandschuhe«[485] beschreibt, diktiert heute trotz der Finanzkrise immer noch den politischen Diskurs und zum großen Teil das politische Handeln weltweit. Die Argumentation der Neoliberalen lautet, die Objektivität des Marktes und die intellektuelle Überlegenheit der Unternehmen und ihrer Manager würden, sofern sich beide frei und ohne Einmischung der Politik entfalten können, für die Gesamtbevölkerung weltweit mehr Wohlstand bringen. Gute Privatwirtschaft gegen böse öffentliche Hand lautet, grob charakterisiert, das Prinzip des Neoliberalismus, dessen Programm vorsieht, dass die Marktwirtschaft – also die Unternehmen und ihre Manager – die politische und ökonomische Entwicklung bestimmt, während der Staat lediglich eine Ordnungsrolle übernimmt. Das funktioniert vielleicht, wenn beide wirklich objektiv und ethisch agieren, doch die Praxis zeigt ein anderes Bild: dass nämlich hinter beidem Menschen stehen, die ein erstaunlich hohes Maß an Gier, Käuflichkeit und krimineller Energie entwickeln. Häufig im Rahmen der Legalität allerdings, denn Gesetze, die ein derartiges Handeln verbieten und unter Strafe stellen könnten, wurden öfters vorsorglich abgeschafft oder erst gar nicht erlassen.

Das jüngste Ergebnis dieser Liberalisierung der Märkte war der Beinahekollaps der Weltwirtschaft von 2007, und der angerichtete Schaden lässt sich bis heute nicht in vollem Umfang überblicken. Gleichzeitig wurden den Bürgern der westlichen Demokratien immense Schulden aufgebürdet, um den vollständigen finanziellen Zusammenbruch der herrschenden Klasse und damit angeblich der nationalen Wirtschaft zu vermeiden, was zu einer weiteren Vertiefung der gesellschaftlichen Kluft führte.

Über fast drei Jahrzehnte wurde die Welt mit dieser Ideologie überzogen. Die großen Unternehmen haben nicht nur die Geldressourcen, um die neoliberale Botschaft zu verbreiten, sondern sie haben auch die meisten wichtigen Medien in ihrem Besitz. McChesney stellt fest: »Der Neoliberalismus (…) funktioniert am besten in einer formellen parlamentarischen Demokratie, in der die Bevölkerung zugleich systematisch davon abgehalten wird, sich an Entscheidungsprozessen sinnvoll beteiligen zu können.«[486] Das hatte zwei große Auswirkungen: In der Tat sind viele Menschen durch die sensationelle Berichterstattung der Medien überzeugt, dass ihre Regierungen völlig inkompetent sind, während ihre Politiker und Parteien sich bereichern und das Volk verkaufen; und dies hat zu einer entpolitisierten, zynischen und apathischen Bevölkerung geführt.

Währenddessen stürzt sich die Wirtschaft mit einem ständig wachsenden Heer von Lobbyisten ungehindert auf die Regierungen, um dort Vorteile durchzusetzen und das Nationalvermögen in ihre Bilanzen umzuleiten. Laut Colin Crouch hat das wenig mit einer Mitbestimmungs-Demokratie zu tun: »Bei diesem Konzept der Demokratie stehen folgende Aspekte im Vordergrund: die Wahlbeteiligung als wichtigster Modus der Partizipation der Massen, große Spielräume für Lobbyisten – wobei darunter vor allem die Lobbys der Wirtschaft verstanden werden – und eine Form der Politik, die auf Interventionen in die kapitalistische Ökonomie möglichst weitgehend verzichtet. Für die wirkliche, umfassende Beteiligung der Bürger und die Rolle von Organisationen außerhalb des Wirtschaftssektors interessieren sich die Befürworter dieses Modells allenfalls am Rande.«[487]

In der Bundesrepublik verläuft die politische Entwicklung nach demselben Muster: Jahrelang werden die Bürger durch die Politik, flankiert von Kohorten von Lobbyisten, ausgedienten Politikern verkleidet als selbstlose Patrioten, PR-Experten, Herausgebern, Chefredakteuren und Journalisten, in einer massiven Propagandaoffensive unter Beschuss genommen. Die meisten dieser Aktivitäten werden direkt und indirekt von Partikularinteressen finanziert. Ihre Botschaft ist eindeutig und unüberhörbar: Die Republik befindet sich in einer Krise und benötigt dringend Reformen. Doch es geht ihnen nicht um Reformierung, sondern Deformierung des politischen Systems und damit der Demokratie selber.

Regierungswechsel haben heute kaum wirkliche Bedeutung. Die Demokratische Partei unter Bill Clinton setzte die Politik von seinen Republikaner-Vorgängern Ronald Reagan und George H. W. Bush fort. New Labour mit Tony Blair am Steuer folgte im Kern dem gleichen Pfad wie die Tories unter Margaret Thatcher. Die SPD unter der Führung von Gerhard Schröder, Frank-Walter Steinmeier und Sigmar Gabriel hat viele ihrer Stammwähler überzeugt, dass ihre ökonomische und soziale Politik sich nicht mehr von der von CDU, CSU, Grünen und FDP unterscheidet.

Auch wenn sie sich dagegenstemmen wollen, stehen Nationalregierungen den multinationalen Firmen stark benachteiligt gegenüber. Während die Politiker kaum weiter als bis zu ihren Landesgrenzen denken können oder wollen, handeln Unternehmen auf einem weltweiten Parkett. »Was sich hier entwickelt, ist ein korporativer Merkantilismus mit überwiegend stark zentralisierten Kommandowirtschaften, die miteinander verflochten sind«,[488] hat Noam Chomsky, Professor am Massachusetts Institute of Technology und politischer Aktivist, in einem Interview festgestellt.

Durch die Globalisierung werden für Nationalregierungen die Systeme und Probleme komplexer, das Agieren und Steuern von Problemfeldern schwieriger. Dafür sind die staatlichen Apparate noch nicht gerüstet. Was andererseits jedoch nicht verwundern darf, denn jahrelang wurden »aufgeblähte Beamtenapparate« angeprangert und eine schlankere Verwaltung propagiert – von den Neoliberalen. Aber die Regierungen sind dadurch nicht besser geworden, sondern nur schwächer, und so holen sie viel zu häufig Rat bei jenen ein, die sie eigentlich kontrollieren sollten: bei den Managern und Lobbyisten.

Durch die Globalisierung haben die Unternehmen sich vom Nationalstaat verabschiedet. Die Welt ist ihre Produktionsstätte und ihre Kundschaft, da berühren nationale Belange kaum noch. Sie empfinden keine Verpflichtung und keine Verantwortung mehr gegenüber ihrem Herkunftsland oder ihrer Herkunftsgemeinde, weder in sozialer noch in politischer Hinsicht. Von Demokratie ganz zu schweigen. Als »Aufstand der Eliten« hat Christopher Lasch diese Entwicklung bezeichnet. »Sie sind mehr beschäftigt mit einem reibungslosen Funktionieren des Systems als Ganzes als mit seinen einzelnen Teilen. Ihre Loyalität – wenn der Begriff nicht in diesem Kontext anachronistisch ist – ist eher international als regional, national oder lokal.«[489] Folgerichtig haben solche Firmen auch kein Problem damit, den Unternehmens- oder Produktionsstandort in eine Region zu verlegen, wo die Kosten geringer und die Renditen größer sind. Oder man benutzt eine solche Drohung als Erpressung, um im eigenen Land Regierung und Gewerkschaften in die Knie zu zwingen. Dass diese Eliten so wenig Verantwortung oder Pflicht zur Rechenschaft haben, verstärkt die Wahrscheinlichkeit, dass sie mit ihrer Macht unverantwortlich umgehen, so Lasch.[490] Die Ergebnisse sind verheerend: Asien-, Dotcom- und Subprime-Krise, die Ölkatastrophe im Golf von Mexiko, die globale Erwärmung, Fukushima.

Die Neoliberalen berufen sich gerne auf den schottischen Moralphilosophen und Ökonomen des 18. Jahrhunderts Adam Smith, der ihrer Meinung nach ein Verfechter des wirtschaftspolitischen Laisser-faire war. Allerdings ist nichts davon bekannt, dass Smith diesen Begriff überhaupt verwendete. Er wäre sicherlich ein scharfer Kritiker der Neoliberalen. Doch sie haben den wahren Geist von Smith ausradiert, genauso wie sie die Geschichte und Begrifflichkeit sozialer Gerechtigkeit und Freiheit ausradieren wollen.

Smith kritisierte vor allem die wirtschaftlichen Privilegien von Krone, Aristokratie und Partikularinteressen, die der großen Mehrheit nur Nachteile brachten, also dem Gemeinwohl schadeten. Doch ihm war klar, dass in Zivilfragen die Führung eines Staates durch Wirtschaftsinteressen im Vergleich zur Regierung keinesfalls das Gemeinwohl förderten, und kritisierte vehement die Verwaltung der East India Company in Indien.

Als brillantem Empiriker und sozialem Denker war Smith jedoch auch klar, dass das Volk gegen die herrschende Klasse immer im Nachteil sein würde, schon aufgrund eines eklatanten Mangels an Bildung und Information. »Obwohl also das Schicksal des Arbeiters mit dem des Landes aufs engste verknüpft ist, ist er doch unfähig, dieses Interesse oder dessen Verbindung mit dem eigenen zu verstehen. Zum einen lassen ihm seine Lebensverhältnisse keine Zeit, sich um die nötige Information zu kümmern, zum anderen erlauben ihm Erziehung und Gewohnheit in der Regel nicht, sich ein Urteil darüber zu bilden, selbst wenn er vollkommen informiert wäre.«[491] Deshalb, so folgerte er, werde die Stimme des einfachen Mannes nicht oder höchstens ganz selten gehört, und zwar nur dann, wenn die Herrschenden sie zur Akklamation ihrer eigenen Zwecke nutzen können.

Adam Smith wusste im Gegensatz zu seinen selbst ernannten neoliberalen Nachfolgern sehr wohl, wie wichtig bürgerliche Pflichten und Gerechtigkeit für das Allgemeinwohl sind, und forderte von jedem Bürger, entsprechend den jeweiligen Fähigkeiten, seinen Beitrag zur Unterstützung des Staates zu leisten, da er ja im Gegenzug den Schutz des Gemeinwesens genieße. Es war also ein wechselseitiges Geben und Nehmen, was Smith forderte und in der Tradition der attischen Staaten als Grundlage der Demokratie betrachtete: »Jede Steuer ist jedoch für den Bezahlenden ein Abzeichen, nicht von Sklaventum, sondern von der Freiheit.«[492]

Überdies war Smith zu sehr Philosoph, um die Tatsache zu übersehen, dass das Geld an sich wertneutral sein mochte, doch die Menschen, die es benutzen, nicht. So warnte er in bester aristotelischer Tradition in seinem von den Neoliberalen als ihre Bibel hochgehaltenen Werk *Der Wohlstand der Nationen* aus dem Jahr 1776 davor: »Alles für uns und nichts für andere, das scheint auf allen Kulturstufen die elende Maxime der Herren des Menschen gewesen zu sein.«[493]

Auf die menschliche Natur zumindest ist Verlass. Doch der Materialismus war für die Menschen der westlichen Zivilisation nie ausreichend, vor allem, wenn der Wohlstand ungerecht verteilt wird. Unsere Geschichte handelt vom Greifen nach dem Ungreifbaren, von der Verachtung etablierter Werte, davon, institutionellen Meinungen zu trotzen und sich allen Kräften, die unsere Menschlichkeit angreifen, zu widersetzen.

Sicherlich gab es Rückschläge wie Kriege, Unterdrückung, Völkermord oder Naturkatastrophen. Doch immer wieder entstanden aufs Neue ein intellektueller Hunger, Empörung und die Sehnsucht nach Neubesinnung. Ich glaube nicht wie Francis Fukuyama an das Ende der Geschichte. Sie schreibt sich trotz neoliberalen Axiomen und massiven Repressionsapparaten fort. Wir sind die Erben der Illusionen und der Hoffnung, einschließlich allen Glücks und Unglücks, das uns noch erwartet.

DANKSAGUNG

Für einen investigativen Journalisten ist eine Danksagung eher überflüssig, da die wichtigsten Namen nie veröffentlicht werden dürfen. Trotzdem gibt es viele andere, die eine wesentliche Rolle für dieses Buch spielten.

Zunächst meine Kollegin Anna Loll, mit der die Recherche über EUREF entstanden ist. Ohne sie hätte es dieses Kapitel nicht gegeben. Holger Brandenbusch leistete ebenfalls einen wichtigen Beitrag in dieser Recherche und der über Friedbert Pflüger. Silvio Duve hat zu den Recherchen für das Buch beigetragen.

Der Politikwissenschaftler Peter Lösche hat sich sehr viel Zeit genommen, um mit mir die verschiedenen Thesen dieses Buchs zu diskutieren.

Die meisten Zitate aus Deutschland sind für dieses Buch entstanden. Ich möchte allen, besonders den Bundestagsabgeordneten und dem Berliner Abgeordneten Oliver Schruoffeneger, danken, dass sie sich so viel Zeit dafür genommen haben. Ich hatte sie zu längeren Zitaten ermuntert, weg von den plakativen, inhaltslosen, aus den Medien so bekannten Kurzsätzen. Diesem Wunsch haben sie entsprochen. Ich habe versucht, ihren Bemühungen gerecht zu werden. Besonders zu erwähnen ist mein Kollege Christian Füller, der einen kurzen Aufsatz zum Thema Schulbildung in Deutschland extra für dieses Buch verfasst hat.

Dr. Michael Koß von der Universität Potsdam war so großzügig, mich zwei seiner Studien vor ihrem Erscheinen lesen zu lassen. Danke besonders an Jan Kongehl, der den reibungslosen technischen Ablauf dieses Projekts verantwortete.

QUELLEN

1 Edmund Burke, *Betrachtungen über die französische Revolution*, Verlag J. G. Hoof, Münster 2010.

2 Zit. nach: Eric Hobsbawn, Das Zeitalter der Extreme, dtv, München 1998.

3 Charles de Montesquieu, *De l'esprit des Lois*, VIII, Kapitel 1.

4 *New York Times*, »Death of the Machine«, 19.10.2007.

5 http://www.bmwi.de/BMWi/Redaktion/PDF/E/eu-vergabestatistik-2009,property=pdf,bereich=bmwi,sprache=de,rwb=true.pdf.

6 Ralf Dahrendorf, »Nach der Krise: Zurück zur protestantischen Ethik?«, *Merkur* Nr. 720, Mai 2009. Auch http://www.eurozine.com/articles/2009-05-05-dahrendorf-de.html.

7 BBC Radio 4, »What happens next as the Credit Crunch crisis continues?«, 22. Juli 2010.

8 Sighard Neckel, »Refeudalisierung der Ökonomie – Zum Strukturwandel kapitalistischer Wirtschaft«, MPIfG Working Paper 10/6, 2010, Max-Planck-Institut für Gesellschaftsforschung, S. 10.

9 Bill Moyers, *Moyers on Democracy*, Doubleday, New York 2008, S. 17.

10 Deutscher Bundestag, Drucksache 17/630, 17. Wahlperiode 02.02.2010, Unterrichtung durch den Präsidenten des Deutschen Bundestages, Bekanntmachung von Rechenschaftsberichten politischer Parteien für das Kalenderjahr 2008 (1. Teil – Bundestagsparteien).

11 Ebd.

12 Deutscher Bundestag, Drucksache 17/4800, 17. Wahlperiode 15.02.2010, Unterrichtung durch den Präsidenten des Deutschen Bundestages, Bekanntmachung von Rechenschaftsberichten politischer Parteien für das Kalenderjahr 2009 (1. Teil – Bundestagsparteien).
13 Deutscher Bundestag, Drucksache 14/5050, 14. Wahlperiode, 1999, Unterrichtung durch den Präsidenten des Deutschen Bundestages.
14 Ebd.
15 Statistisches Bundesamt, Wahlbeteiligung bei den Bundestagswahlen seit 1949 nach Ländern.
16 Statistisches Bundesamt, Telefonauskunft.
17 Deutscher Bundestag, Drucksache 17/3610 vom 03.11.2010, S. 26.
18 Zitiert aus: »Die Finanzierung politischer Parteien«, http://www.zaoerv.de/26_1966/26_1966_2_b_371_389.pdf.
19 Hans Herbert von Arnim, *Die Deutschlandakte*, C. Bertelsmann Verlag, München 2008, S. 99.
20 Ebd.
21 Deutscher Bundestag: Gesetzesentwurf 17/6291 vom 28.06.2011, S. 2.
22 Deutscher Bundestag, Drucksache 14/5050, 14. Wahlperiode, 1999, Unterrichtung durch den Präsidenten des Deutschen Bundestages, und Deutscher Bundestag, Drucksache 17/4800, 17. Wahlperiode, 15.02.2010, Unterrichtung durch den Präsidenten des Deutschen Bundestages, Bekanntmachung von Rechenschaftsberichten politischer Parteien für das Kalenderjahr 2009 (1. Teil – Bundestagsparteien).
23 CvD-Pressestelle: CvD-Pressestelle@spd.de, Anja Sprogies, an Mathew D. Rose, 26.08.2010, 14:59.
24 Deutscher Bundestag, Drucksache 17/4800, 17. Wahlperiode 15.02.2010, Unterrichtung durch den Präsidenten des Deutschen Bundestages, Bekanntmachung von Rechenschaftsberichten

politischer Parteien für das Kalenderjahr 2009 (1. Teil – Bundestagsparteien).

25 Gespräch Daniel Hohlefleisch mit Mathew D. Rose am 25.05.2011 und E-Mail Mathew D. Rose an Daniel Hohlefleisch am 26.05.2011.

26 Zukunftskongress 2010, Eine Broschüre der CDU NRW, S. 4.

27 Ebd.

28 Eberhard von Brauchitsch, *Der Preis des Schweigens,* Ullstein Verlag, München 2001, zit. nach: *Die Zeit* vom 16. September 2010, S. 23.

29 E-Mail Anja Strieder (SPD) an Mathew D. Rose am 21.07.2011.

30 http://erdgas-mobil.de/ueber-uns/mitglieder.

31 E-Mail von der Deutschen Bahn AG an Mathew D. Rose vom 31.05.2011.

32 Stellungnahme von Christian Hoose an Mathew D. Rose vom 26.10.2010 und 03.03.2011.

33 Bundesministerium des Inneren, Vierter Bericht des BMI über die Sponsoringleistungen an die Bundesverwaltung vom 7. Juni 2011, S. 4.

34 Ebd., S. 5.

35 Ebd., Anlage 2, S. 2-13.

36 Deutscher Bundestag, 17. Wahlperiode, Innenausschuss Wortprotokoll 17/12.

37 Ebd.

38 Ebd.

39 Die Steuerermäßigung beträgt 50 Prozent der Ausgaben, höchstens 825 Euro (Ledige)/1650 Euro (Verheiratete). Dieser Betrag wird von der Steuerschuld abgezogen. Konnte dadurch nicht die gesamte Spende/Mitgliederbeitrag steuerlich berücksichtigt werden, so greift der Sonderausgabenabzug. Der restliche Spendenbetrag kann in der Höhe von insgesamt 1650 Euro (Ledige)/3300 Euro (Verheiratete) im Kalenderjahr

als Sonderausgaben abgezogen werden. http://www.steuertipps.de/lexikon/parteispenden.

40 http://www.bpb.de/publikationen/CHK9LF,5,0,Bundestagswahlen.html.

41 Deutscher Bundestag: Gesetzesentwurf 17/6291 vom 28.06.2011.

42 Bundestag: Drucksache 17/4800.

43 Hans Herbert von Arnim, *Die Deutschlandakte*, C. Bertelsmann Verlag, München 2008, S. 162.

44 Blickpunkt Bundestag Spezial, »Die Abgeordneten des Deutschen Bundestages«, Redaktionsschluss 19. Juli 2010, S. 17.

45 *Kürschners Volkshandbuch Deutscher Bundestag*, 17. Wahlperiode, Stand 1. Januar 2010.

46 Die Landeshaushalte, die im Internet beim Finanzministerium einsehbar sind.

47 Fax vom Bundesministerium des Inneren an Mathew D. Rose 30.07.2010.

48 Erwin K. und Ute Scheuch, *Die Spendenkrise – Parteien außer Kontrolle*, Rowohlt Taschenbuch Verlag, Reinbek bei Hamburg 2000, S. 39.

49 Michael Hartmann, *Eliten und Macht in Europa*, Campus Verlag, Frankfurt/Main 2007, S. 142.

50 *Lobby Planet Berlin*, LobbyControl, korrigierte Auflage Juni 2010, S. 9.

51 Marco Bülow, *Wir Abnicker – Über Macht und Ohnmacht der Volksvertreter*, Econ Verlag, Berlin 2010, S. 158.

52 http://www.dhm.de/gifs/ausstellungen/bildzeug/s78.jpg.

53 Deutscher Bundestag, Ständig aktualisierte Fassung der öffentlichen Liste über die Registrierung von Verbänden und deren Vertretern, Stand: 15.07.2010, http://www.bundestag.de/dokumente/parlamentsarchiv/sachgeb/lobbyliste/lobbylisteaktuell.pdf.

54 Ebd.

55 Bundestagverwaltung, Kurzstatistik Verbände, Frau Temmler, vorzimmer.idz@bundestag.de.

56 Rudolf Speth, »Das Bezugssystem Politik – Lobby – Öffentlichkeit«, aus: Politik und Zeitgeschichte, 19/2010, Bundeszentrale für politische Bildung.

57 Ebd.

58 E-Mail von Rudolf Speth an Mathew D. Rose, 09.09.2010.

59 Franz Walter, »Diebstahl an Demokratie«, in: Spiegel Online, 03.11.2006, http://www.spiegel.de/politik/debatte/0,1518,446234,00.html.

60 http://www.opensecrets.org/lobby/index.php.

61 http://soprweb.senate.gov/index.cfm?event=getFilingDetails&filingID=ab757d9a-cd6b-4ff2-8394-c279016a39b2.

62 http://www.opensecrets.org/lobby/clientsum.php?lname=Deutsche+Telekom&year=2010.

63 http://www.opensecrets.org/lobby/clientsum.php?lname=Bayer+AG&year=2010.

64 http://www.opensecrets.org/lobby/clientsum.php?lname=Siemens+AG&year=2010.

65 *Lobby Planet Berlin*, LobbyControl, korrigierte Auflage, Juni 2010, S. 9.

66 E-Mail von Winfried Hermann an Mathew D. Rose, 27.09.2010.

67 Tom Schimmeck, *Am besten nichts Neues*, Westend Verlag, Frankfurt/Main 2010, S. 25. Dazu eine E-Mail von ihm mit dem vollständigen Text.

68 »House of Commons, Public Administration Select Committee, Lobbying: Access and Influence in Whitehall«, First Report of Session 2008–09, Volume I, 2008, S. 5.

69 Colin Crouch, *Postdemokratie*, Suhrkamp, Frankfurt/Main 2008, S. 105.

70 Zitiert aus: Thomas Leif und Rudolf Speth, *Die Stille Macht. Lobbyismus in Deutschland*, Westdeutscher Verlag, Wiesbaden 2003, S. 92.

71 Jürgen Hogrefe, »Brüssel – Eldorado der Interessenvertreter«, Dokumentation 12. Mainzer Mediendisput, Mainz 2008, S. 30.

72 Ebd.

73 StrategyOne, »Capital Staffers Index, A Trans-Atlantic Analysis of Digital Media's Impact on Shaping Policy«, November 4, 2009, S. 5.

74 Bundesrechnungshof, »Mitarbeit von Beschäftigten der Verbände und Unternehmen in obersten Bundesbehörden«, 01.04.2008, S. 7-8.

75 Bundesrechnungshof, »Mitarbeit von Beschäftigten der Verbände und Unternehmen in obersten Bundesbehörden«, 01.04.2008, S. 51-55.

76 Dietmar Jazbinsek bei einer Führung von LobbyControl am 7. Mai 2011.

77 Justin Lewis aus »The Myth of the Liberal Media: The Propaganda Model of News«, Media Challenge Foundation Challenging Media. www.youtube.com/watch?v=KYlyb7Bx91c.

78 Bill Moyers, *Moyers on Democracy*, Doubleday, New York 2008, S. 167.

79 Zitiert in: John Broke, *King George III*, Book Club Associates 1972, S. 209.

80 Institut für Demoskopie Allensbach, Allensbacher Archiv, IfD-Umfrage 10067, Februar 2011.

81 Colin Crouch, *Postdemokratie*, Suhrkamp, Frankfurt/Main 2008, S. 96.

82 http://www.wiwo.de/unternehmen-maerkte/dick-im-geschaeft-457710.

83 http://www.ringier.ch/index.cfm?id=1318&detail=true.

84 Spiegel-online, »Grüne fordern Auskunft von Gerhard Schröder«, 14.03.2011.

85 *Die Zeit*, 10.11.2005 Nr. 46/2005, http://www.zeit.de/2005/46/03_Schr_9ader_350_z.

86 E-Mail von Volker Heck (RWE, Leiter der Konzernkommunikation) an Mathew D. Rose vom 12.04.2011.

87 E-Mail von DIS AG-Sprecher Andreas Lehman an Mathew D. Rose von 06.12.2010, 16:08, und DIS Deutscher Industrie Service Aktiengesellschaft, Düsseldorf, Konzernabschluss zum 31. Dezember 2007.

88 Evonik Industries, Geschäftsbericht 2008, S. 168.

89 Deutsche Bahn Aktiengesellschaft, Berlin, Konzernabschluss zu den Geschäftsjahren 2008 (Konzernlagebericht 07.08.2009) und 2009 (Konzernlagebericht 10.06.2010).

90 SAFE ID Solutions AG, Jahresabschluss zum 31. Dezember 2009.

91 Amtsgericht München, Aktenzeichen: HRB 153155, Bekannt gemacht am: 11.05.2011, 12:00 Uhr.

92 Union Asset Management Holding AG, Frankfurt am Main, Jahresabschluss zum 31. Dezember 2009.

93 http://www.spiegel.de/wirtschaft/unternehmen/0,1518,749075,00.html.

94 Franz Walter, *Vorwärts oder abwärts? Zur Transformation der Sozialdemokratie*, edition suhrkamp, Berlin 2010, S. 70-71.

95 Joschka Fischer & Company GmbH, Berlin. Jahresabschluss zum Geschäftsjahr vom 01.01.2010 bis zum 31.12.2010.

96 Politikszene Nr. 299.

97 Joschka Fischer & Company GmbH, Berlin. Jahresabschluss zum Geschäftsjahr vom 01.01.2010 bis zum 31.12.2010.

98 http://www.andrea-fischer.de/de/profil/curriculum-vitae/index.shtml.

99 CBG (Coordination gegen BAYER-Gefahren), Brief an Andrea Fischer vom 8. September 2009, http://www.cbgnetwork.org/3076.html.

100 http://www.finanznachrichten.de/nachrichten-2010-05/16802568-swr-fernsehen-programmhinweise-von-freitag-07-05-10-woche-18-bis-donnerstag-10-06-10-woche-23-007.htm.

101 Brief Pleon, 15. Januar 2007.

102 Ebd.

103 E-Mails der DB AG an Mathew D. Rose vom 04.02.2011.

104 Volksstimme.de vom 27.03.2002: »Heyer schließt Milliardenvertrag im Alleingang ab«, *Focus* vom 22.03.2004: »EX-MINISTER/Beratervertrag verschwiegen«.

105 Magdeburger Volksstimme vom 28.03.2002: »PDS: Der Heyer-Vertrag ist für die Bahn wie ein Fünfer im Lotto«.

106 E-Mails der DB AG an Mathew D. Rose vom 04.02.2011 und 08.02.2011.

107 Information von Frau Segert (Pressesprecherin Scandlines), 08.04.2003.

108 Information von Frau Segert (Pressesprecherin Scandlines), 19.06.2007.

109 Information von Frau Segert (Pressesprecherin Scandlines), 29.08.2007.

110 Bundesanzeiger, Deutsche Bahn Aktiengesellschaft, Berlin, Konzernabschluss zum Geschäftsjahr vom 01.01.2006 bis zum 31.12.2008.

111 Bundesanzeiger, Deutsche Bahn Aktiengesellschaft, Berlin, Konzernabschluss zum Geschäftsjahr vom 01.01.2009 bis zum 31.12.2009.

112 E-Mail der DB AG an Mathew D. Rose vom 04.02.2011.

113 E-Mail von Reinhard Boeckh an Mathew D. Rose am 10.03.2011.

114 http://www.fachportal.nahverkehr.nrw.de/index.php?id=173&L=0&tx_ttnews[backPid]=99&tx_ttnews[pointer]=22&tx_ttnews[tt_news]=127&cHash=4f31bb6576&no_cache=1&sword_list[0]=kniola.

115 E-Mail der DB AG an Mathew D. Rose vom 03.03.2011.

116 E-Mail der DB AG an Mathew D. Rose vom 04.02.2011.

117 Konzernjahresabschlüsse der Deutschen Bahn AG 2007-2010.

118 Deutsche Bahn Aktiengesellschaft, Berlin, Konzernabschluss zum Geschäftsjahr vom 01.01.2008 bis zum 31.12.2008.

119 E-Mail der DB AG an Mathew D. Rose vom 04.02.2011.

120 Ebd.

121 Ebd.

122 http://www.kombiverkehr.de/web/Deutsch/Startseite/Unternehmen/Kenndaten/Zahlen,_Daten,_Fakten.

123 E-Mail von Kombiverkehr KG an Mathew D. Rose vom 25.05.2011.

124 *Lobby Planet Berlin*, LobbyControl, 3. korrigierte Auflage, Juni 2010, S. 31.

125 Deutscher Bundestag, »Amtliches Handbuch des deutschen Bundestages« (CD), 16. Wahlperiode, Stand: Februar 2009.

126 DBV Holding Aktiengesellschaft (vormals: DBV-Winterthur Holding AG), Wiesbaden, Konzernabschluss 2009.

127 Deutsche Börse Group, Frankfurt am Main, Geschäftsbericht 2009.

128 AXA-Konzern AG, Köln, Geschäftsbericht 2009.

129 IVG Immobilien AG, Bonn, Konzernabschluss zum 31. Dezember 2009 und Konzernlagebericht 2009.

130 http://www.handelsblatt.com/unternehmen/management/koepfe/gruene-kritisieren-westlb-honorar-fuer-merz/4052184.html.

131 http://www.stern.de/wirtschaft/news/ruege-vom-rechnungshof-berater-kassieren-bei-bankenrettung-ab-1671577.html.

132 http://www.bundestag.de/Mediathek/index.jsp?instance=m187&action=search&mask=search&contentArea=common&extendedSearch=true&discourser=Steinbrück&forename=Peer&fraction=alle&legislativePeriod=alle&categorie=Plenarsitzung&sortKey=zeitabsteigend.

133 Bayerisches Fernsehen »Kontrovers«, »Schatten auf dem Hoffnungsträger. Steinbrück und seine Nebeneinkünfte«, 20.7.2011.

134 ThyssenKrupp AG, Duisburg und Essen, Konzernabschluss zum Geschäftsjahr vom 01.10.2009 bis zum 30.09.2010, S. 73.

135 Fürstlich Castell'sche Bank, Credit-Casse AG, Castell/Ufr., Jahresabschluss zum 31. Dezember 2009, und Münchener Hypothekenbank eG, Geschäftsbericht 2009, http://www.muenchner-hyp.de/de.

136 http://www.european-experience.de.

137 Brief vom Secretary General der Europäischen Kommission an Günter Verheugen vom 31.08.2010.

138 https://webgate.ec.europa.eu/transparency/regrin/consultation/listlobbyists.do?letter=E&alphabetName=LatinAlphabet&d-7641134-p=7.

139 Opinion of the Ad Hoc Ethical Committee, 2 November 2010, Page 2, Nr. 7.

140 Memorandum des Kommissionspräsidenten der Commission Europeenne, Secretariat General, 31 Janvier 2011.

141 http://fleishmanhillard.com/2010/07/12/eu-policymaker-guenter-verheugen-joins-fleishman-hillards-international-advisory-board.

142 Hamburg-Mannheimer AG, Geschäftsbericht 2008.

143 ddp, »Die letzte Bastion des legalen Bestechung?« 08.05.2005.

144 Ebd.

145 E-Mail von Alexandra Klemme (ERGO Versicherungs AG) an Mathew D. Rose vom 29.03.2011.

146 E-Mail von Professor Dieter Birk an Mathew D. Rose vom 13.12.2010.

147 E-Mail von Peter Lösche an Mathew D. Rose vom 14.12.2010.

148 http://www.pkv.de/publikationen/pkv_publik/archiv/pkv-publik-nr-1-2010/weber-wechselt-ins-gesundheitsministerium.

149 E-Mail von Sabine Backus an Mathew D. Rose vom 03.03.2011.

150 http://www.bmvbs.de/DE/DasMinisterium/Staatssekretaere/StsProfKlaus-DieterScheurle/sts-prof-klaus-dieter-scheurle_node.html.

151 http://www.media-perspektiven.de/uploads/tx_mppublications/05-2010_Roeper.pdf, S. 227.

152 *Frankfurter Rundschau,* »Wir sind eine Journalismus-Manufaktur«, 02.03.2010.

153 Bill Moyers, *Moyers on Democracy*, Doubleday, New York 2008, S. 167.

154 George Bernard Shaw, The Complete Plays (Annajanska, the Bolshevik Empress) Oddhams Press 1934.

155 Václav Havel, *Summer Meditations*, Faber and Fader 1992, S. 10, (dt. Ausgabe: *Sommermeditationen*, Rowohlt Berlin, 1992).

156 Peter Kalb, *Der Kandidat*, Beltz Verlag, Weinheim 1976, S. 22.

157 Ebd., S. 43.

158 Peter Conradi, Rede vor dem Deutschen Bundestag, 10. Wahlperiode, 255. Sitzung. Bonn, Mittwoch, den 10. Dezember 1985.

159 Peter Kalb, *Der Kandidat*, Beltz Verlag, Weinheim 1976, S. 41.

160 *Frankfurter Allgemeine Zeitung* vom 23. Juni 2011, S. 5, »Allensbach-Umfrage: Die Privatisierung der Sexualmoral«.

161 E-Mail von Ulrich Kelber an Mathew D. Rose vom 09.11.2010.

162 http://www.andreas-mattfeldt.de/index.php?menu=100&fct=0&sid=0&nav=0&uid=cda3889c9a694184c576ad367754d3ab&dic_cms_site=%23ff0000%3B-1&sr=0&id=477&fnc=view.

163 E-Mail von Elvira Drobinski-Weiß an Mathew D. Rose vom 02.12.2010.

164 E-Mail von Hans-Georg v. der Marwitz an Mathew D. Rose vom 07.12.2010.

165 LobbyControl, »Nebentätigkeit der Bundestagsabgeordneten: Transparenz ungenügend«, S. 2.

166 Bundesverfassungsgericht, Pressemitteilung Nr. 73/2007 vom 4. Juli 2007, http://www.bundesverfassungsgericht.de/pressemitteilungen/bvg07-073.html.

167 Telepolis, »Geheimsache Neibeneinkünfte«, Hans Boës, 16.03.2006, http://www.heise.de/tp/artikel/22/22265/1.html.

168 Brief Thomas Oppermann an Norbert Lammert, 11.10.2010, S. 2.

169 Hinweise zur Veröffentlichung der Angaben gemäß Verhaltensregeln im Amtlichen Handbuch und auf den Internetseiten des Deutschen Bundestages, http://www.bundestag.de/bundestag/abgeordnete17/nebentaetigkeit/hinweise17.html.

170 Rhön-Klinikum AG, Konzernabschluss zum 31.12.2009.

171 Pressemitteilung des Deutschen Bundestags vom 14.04.2011, http://www.bundestag.de/presse/pressemitteilungen/2011/pm_1104141.html.

172 Deutscher Bundestag, Pressemitteilung vom 12.05.2011, »Rechtsstellungskommission setzt Beratungen über Verhaltensregeln fort«.

173 GRECO, »Dritte Evaluierungsrunde« vom 4. Dezember 2009, http://www.coe.int/t/dghl/monitoring/greco/evaluations/round3/GrecoEval3%282009%293_Germany_Two_DE.pdf.

174 E-Mail Timo Lange an Mathew D. Rose vom 06.07.2011.

175 Deutscher Bundestag, http//webarchiv.bundestag.de/agi/show.php?fileToLoad=1365&id=III8.

176 E-Mail von Alexandra Bevis an Mathew D. Rose vom 23.11.2010.

177 http://www.parlament-berlin.de/pari/web/wdefault.nsf/vHTML/C17-00275?OpenDocument.

178 http://www.friedbert-pflueger.de/I.

179 E-Mail von Friedbert Pflüger an Mathew D. Rose vom 10.03.2011.

180 http://www.friedbert-pflueger.de/I/wp-content/uploads/2010/07/Lebenslauf_Friedbert_Pfl%C3%BCger.pdf.

181 http://www.bz-berlin.de/aktuell/berlin/friedbert-pflueger-geht-unter-die-berater-article563645.html.

182 »Lebenslauf Prof. Dr. Friedbert Pflüger«, http://www.friedbert-pflueger.de/I.

183 http://www.kas.de/indien/en.

184 http://www.friedbert-pflueger.de/I.

185 http://kge-businessalliances.com.

186 http://kge-businessalliances.com/index.html.

187 http://www.aknews.com/en/aknews/3/184839.

188 http://www.peyamner.com/default.aspx?l=2&id=204025.

189 E-Mail von Friedbert Pflüger an Mathew D. Rose von 10.03.2011.

190 E-Mail von BMZ (Sebastian Lesch) an Mathew D. Rose vom 13.04.2011.

191 E-Mail von Friedbert Pflüger an Mathew D. Rose am 10.03.2011.

192 EUCERS, Newsletter Nr. 1, S. 9., http://www.eveers.eu/wp-content/uploads/Newsletter-No1.pdf, S. 10.

193 E-Mail von Friedbert Pflüger an Mathew D. Rose von 10.03.2011 und EurActiv.de, 07.01.2011, http://www.euractiv.

de/druck-version/artikel/drohender-energie--und-rohstoffimperialismus-004180.

194 http://www.rwe.com/web/cms/mediablob/de/413496/data/10122/2/rwe/rwe-konzern/Geschaeftsbericht-2010-PDF-Download-.pdf, S. 12.

195 http://www.nabu.de/imperia/md/content/nabude/umweltpolitik/hintergrund_rwe-faktenzahlen.pdf, S. 2.

196 http://www.greenpeace.de/themen/energie/nachrichten/artikel/rwe_emremichtig_emwemenig_emeemrneuerbare_energien.

197 http://www.friedbert-pflueger.de/I/wp-content/uploads/2010/04/Dr-Gro%C3%9Fmanns-Rede.pdf.

198 http://www.euractiv.de/druck-version/artikel/drohender-energie--und-rohstoffimperialismus-004180.

199 E-Mail von Friedbert Pflüger an Mathew D. Rose von 10.03.2011.

200 E-Mail von Friedbert Pflüger an Mathew D. Rose am 10.03.2011.

201 http://www.eucers.eu/wp-content/uploads/EUCERS-Newsletter-No.21.pdf.

202 http://www.euractiv.de/druck-version/artikel/drohender-energie--und-rohstoffimperialismus-004180.

203 http://www.rwe.com/web/cms/mediablob/de/413496/data/10122/2/rwe/rwe-konzern/Geschaeftsbericht-2010-PDF-Download-.pdf, S.76.

204 King's College London, Legal Compliance Academic Services Directorate an Mathew D. Rose, 08.02.2011.

205 King's College London, Legal Compliance Academic Services Directorate an Mathew D. Rose, 23. Februar 2011, und E-Mail von Friedbert Pflüger an Mathew D. Rose vom 10.03.2011.

206 E-Mail von Friedbert Pflüger an Mathew D. Rose am 10.03.2011.

207 http://www.energlobe.de/index.php?type=100&id=664#664:8:0:0:0.

208 http://www.eucers.eu/?p=599.
209 E-Mail von Volker Beck an Mathew D. Rose vom 02.02.2011.
210 Deutscher Bundestag: 17/892 vom 02.03.2010.
211 http://www.konsulat-malediven.de.
212 E-Mail von Mathew D. Rose an Christian Hoose vom 12.07.2010.
213 Schreiben Deutscher Bundestag an Mathew D. Rose vom 23. August 2010.
214 E-Mail von Büro von Stetten an Mathew D. Rose vom 18.03.2011.
215 Deutscher Bundestag: Antrag auf Ausstellung eines Hausausweises zum Betreten des Deutschen Bundestages.
216 E-Mail von Christian Hoose an Mathew D. Rose vom 22.09.2010.
217 E-Mail von Christian Hoose an Mathew D. Rose vom 08.02.2011.
218 http://www.bundestag.de/dokumente/analysen/2008/lobbyisten-register.pdf.
219 Bundestag, Drucksache 17/2486.
220 Ebd., S. 3.
221 Einladung vom 07.05.2010.
222 E-Mail von Patrick Meinhardt an Mathew D. Rose vom 10.03.2011.
223 E-Mail von René Röspel an Mathew D. Rose vom 17.02.2011.
224 E-Mail von Michael Kretschmer an Mathew D. Rose vom 28.02.2011.
225 E-Mail von Oliver Schruoffeneger an Mathew D. Rose vom 07.01.2011.
226 E-Mail von Ulrich Müller an Mathew D. Rose vom 01.06.2011.
227 Edmund Burke, A Letter to the Sheriffs of Bristol.
228 Edmund Burke, Thoughts on the course of Present Discontents.
229 Marco Bülow, *Wir Abnicker*, Econ Verlag, Berlin 2010, S. 15.

230 Ebd., S. 20.

231 Ebd., S. 21.

232 Ebd., S. 139.

233 Christian Simmert, *Die Lobby regiert das Land*, Argon Verlag, Berlin 2002, S. 36, 139.

234 Ebd., S. 36.

235 Ebd., S. 237.

236 E-Mail von Matthias Miersch an Mathew D. Rose vom 19.10.2010.

237 Siehe E-Mail von Peter Lösche an Mathew D. Rose vom 03.11.2010.

238 E-Mail von Anton Hofreiter an Mathew D. Rose, 29.09.2010.

239 Ebd.

240 Ebd.

241 Heiner Geißler, *Gefährlicher Sieg. Die Bundestagswahlen 1994 und die Folgen*, Kiepenheuer & Witsch, Köln 1995, S. 148.

242 E-Mail von Ulrich Kelber an Mathew D. Rose, 09.11.2010.

243 Interview mit Tom Schimmeck, 01.07.2010 in Heise, http://www.heise.de/tp/r4/artikel/32/32847/1.html.

244 Hermann Scheer, *Politiker*, Verlag Antje Kunstmann, München 2003, S. 9, 171, 199.

245 Hermann Scheer im Gespräch mit Mathew D. Rose am 04.10.2010.

246 Hermann Scheer, *Politiker*, Verlag Antje Kunstmann, München 2003, S. 171.

247 Ebd.

248 Gespräch mit Hermann Scheer am 04.10.2010.

249 E-Mail von Josef Göppel an Mathew D. Rose, 04.11.2010.

250 Ebd.

251 Peter Hösche, »Parteienstaat in der Krise: Überlegungen nach 50 Jahren Bundesrepublik Deutschland«, 1999.

252 Melanie Kintz, »Die Berufstruktur der Abgeordneten des 17. Deutschen Bundestages«, *Zeitschrift für Parlamentsfragen*, Heft 3/2010, S. 493.

253 E-Mail von Michael Hartmann an Mathew D. Rose vom 08.03.2011.

254 Erwin K. und Ute Scheuch, *Die Spendenkrise – Parteien außer Kontrolle*, rororo, Reinbek 2000, S.12.

255 Hans Herbert von Arnim, *Die Deutschlandakte*, C. Bertelsmann Verlag, München 2008, S. 32 und 42.

256 Hans-Georg von der Marwitz an Mathew D. Rose, 07.12.2010.

257 Ebd.

258 Antrag der Diätenkommission an LHA und LDK, Diätenregelung für GRÜNE Landtagsabgeordnete in NRW, 17. November 1989.

259 Beschluss der Landesfinanzkonferenz vom 18.09.1999 zu Sonderbeiträgen.

260 Stellungnahme von Roland Appel für Mathew D. Rose.

261 Beschluss der Landesfinanzkonferenz vom 18.09.1999 zu Sonderbeiträgen.

262 Stellungnahme von Roland Appel für Mathew D. Rose. 7. März 2011.

263 Hans Herbert von Arnim, *Die Deutschlandakte*, C. Bertelsmann Verlag, München 2008, S. 26.

264 Hermann Scheer, *Politiker*, Verlag Antje Kunstmann, München 2003, S. 233.

265 E-Mail von Jan van Aken an Mathew D. Rose vom 30.09.2010.

266 Colin Crouch, *Postdemokratie,* Suhrkamp, Frankfurt/Main 2008, S. 10.

267 Christopher Lasch, *The Revolt of the Elites*, W. W. Norton Company, New York 1996, S. 22.

268 Colin Crouch, *Postdemokratie,* Suhrkamp, Frankfurt/Main 2008, S. 38.

269 George Orwell, *1984,* Ullstein TB, Frankfurt/Berlin/Wien 1984, S. 185.

270 http://www.stlawrenceinstitute.org/vol14ed.html.

271 George Orwell, *1984,* Ullstein TB, Frankfurt/Berlin/Wien 1984, S. 200.

272 Ebd., S. 206.

273 Ebd., S. 39.

274 Ebd., S. 78.

275 Ebd., S. 199.

276 Ebd., S. 307.

277 Noam Chomsky, *Media Control – The Spectacular Achievements of Propaganda*, Seven Stories Press, New York, S. 1 – 2. (Deutsche Ausgabe: *Media Control. Wie die Medien uns manipulieren*, Piper, München 2006.)

278 George Orwell: ›The Freedom of the Press‹, First published: *The Times Literary Supplement*, September 15, 1972, http://orwell.ru/library/novels/Animal_Farm/english/efp_go.

279 http://secret-teachings.blogspot.com/search/label/Media.

280 Eric Hobsbawm, *Das Zeitalter der Extreme,* Hanser, München 1985. Zit. nach http://www.geschichtsbuch.de/?tag=hobsbawm.

281 Bill Moyers, *Moyers on Democracy*, Doubleday, New York 2008, S. 127.

282 Ebd., S. 84.

283 http://de.wikipedia.org/wiki/Datei:Bild_Verkaufte_Auflage.svg.

284 http://daten.ivw.eu/index.php?menuid=1&u=&p=&detail=true.

285 Albrecht Müller, *Meinungsmache*, Droemer, München 2009, S. 359.

286 Media Perspektiven 5/2010, S. 222, http://www.media-perspektiven.de/uploads/tx_mppublications/05-2010_Roeper.pdf.

287 Media Perspektiven 6/2010, S. 298 – 299, http://www.media-perspektiven.de/uploads/tx_mppublications/06-2010_Vogel.pdf.

288 http://www.sueddeutsche.de/wirtschaft/pro-sieben-sat-bild-dir-deinen-sender-1.1066140.

289 Tom Schimmeck, Interview in: Heise-Online, »Worunter wir gerade in den Chefetagen am meisten leiden, ist Charaktermangel«, http://www.heise.de/tp/r4/artikel/32/32847/1.html.

290 Tom Schimmeck, Mainzer Medien Disput 2009, »Preis und Wert des Journalismus«, http://www.schimmeck.de/Texte/mmdrede.htm.

291 Tom Schimmeck, *Am besten nichts Neues*, Westend Verlag, Frankfurt/Main 2010, S. 253.

292 Rudolf Speth, »Die politischen Strategien der Initiative Neue Soziale Marktwirtschaft«, Hans Böckler Stiftung, August 2004.

293 *Wirtschaftswoche Global*, 29.1.2009.

294 Ebd., S. 5.

295 epd Medien, »Remedur radikal«, http://www.epd.de/medien/medien_index_37234.html.

296 Bertelsmann-Stiftung, »Ziele«, http://www.bertelsmann-stiftung.de/cps/rde/xchg/SID-F4CC208C-3AF5C0A1/bst/hs.xsl/2086.htm.

297 Harald Schumann, »Macht ohne Mandat«, *Der Tagesspiegel*, 25.09.2006.

298 »Aufgebläht und rücksichtslos«, *Der Spiegel*, Heft 38/2008, 15.09.2008, S. 82.

299 Noam Chomsky, *Media Control – The Spectacular Achievements of Propaganda*, Seven Stories Press, New York, S. 11.

300 Tom Schimmeck, *Am besten nichts Neues*, Westend Verlag, Frankfurt/Main 2010, S. 278.

301 E-Mail von Peter Thul, Leiter Kommunikation Volkswagen AG an Mathew D. Rose, 10.02.2011.

302 http://icfw.eu/.

303 E-Mail ICFW Robert Landgraf an Mathew D. Rose vom 01.02.2011.

304 The Early Editors Club, Selbstdarstellung, http://www.early-editors.de/login.php.

305 Ebd.

306 http://www.northoff.com/de/allexthtm.htm, und E-Mail von Volker Northoff an Mathew D. Rose vom 07.02.2011.

307 Ebd.

308 http://www.northoff.com/de/alltexthtm.htm.

309 Ebd.

310 http://www.malekigroup.com/de/MalekiGroup.html?sub=management&dude=397.

311 Tom Schimmeck, Interview in: Heise-Online, »Worunter wir gerade in den Chefetagen am meisten leiden, ist Charaktermangel«, http://www.heise.de/tp/r4/artikel/32/32847/1.html.

312 politikszene Nr. 339.

313 http://danielgoffart.de.

314 http://www.hbpa.eu/downloads/12895539363939670/640/EinladungFax.pdf.

315 abgeordnetenwatch.de, Martin Reyher, Telefongespräch am 24.06.2011.

316 Alexis de Tocqueville, *Über die Demokratie in Amerika*. Teil I: Von 1835, Manesse, Zürich 1987, S. 383.

317 George Orwell, *1984,* Ullstein TB, Frankfurt/Berlin/Wien 1984, S. 270f.

318 Josiah Hotchkiss Gilbert, »Dictonary of Burning Words of Brilliant Writers«.

319 EUREF-Institut, www.euref-institut.de/fileadmin/templates/pdf/Newsletter_EUREF_Nr_1.pdf.

320 Ebd.

321 Ebd.

322 EUREF, EUREF-Institut Berlin im Messebau, S. 5, Werbebroschüre.

323 Handelsregister Berlin HRB 116792.

324 Handelsregister Berlin HRB 111801.

325 EUREF: Fakten, Daten und Zahlen, S. 1, Werbeblätter.

326 Ebd.

327 Amtsgericht Schöneberg, Grundbuch von Schöneberg, Blatt 28744, Dritte Abteilung.

328 Grundbuch Schöneberg, Blatt 28744 und Blatt 27827.

329 KONZEPT plus: EUREF, Werbebroschüre.

330 KONZEPT plus AG: Pressemitteilung »Das Europäische Energie-Forum (EUREF) tritt in die Realisierungsphase«, 10.08.2008.

331 http://www.euref.de/de/idee/europa.

332 EUREF, Kopie von einem Brief Groth an Reinhard Müller vom 15.04.2008.

333 EUREF, »EUREF-Institut Berlin im Messebau«, S. 18. Werbebroschüre.

334 Brief Groth an Müller vom 15.04.2008, S. 3.

335 EUREF, Aktennotiz – vertraulich – 24.3.09.

336 EUREF, Kopie von einer E-Mail von Dr. Markus Baumans und Reinhard Müller, 15.03.2008.

337 E-Mail von Klaus Töpfer an Mathew D. Rose vom 10.03.2011.

338 Brief von Hans-Joachim Weber an Michael Sontheimer *(Der Spiegel)* vom 27.10.2009.

330 EUREF, Gesprächsnotiz vom 27. Mai 2008.

340 Handelsregister Berlin Charlottenburg, HRB 116792, EUREF-Institut Berlin gemeinnützige GmbH, Kontoauszug vom 31.10.2008.

341 Stellungnahme Claudia Hämmerling an Mathew. D. Rose vom 26.11.2010.

342 Petersburger Dialog, »Ziele und Aufgaben«, http://www.petersburger-dialog.de/ziele_und_aufgaben.
343 EUREF Europäisches Energieforum, »Jahresbilanz und Ausblick«, Dezember 2008, S. 2, Werbeblätter.
344 Grundbuchamt Tempelhof Schöneberg, Blatt 28744 vom 21. Februar 2007, 31. Januar 2008, 19. Juni 2008, Blatt 4063 (Nordspitze) 31. Oktober 2008.
345 EUREF, Kopie von einem Brief Klaus Groth an Reinhard Müller vom 25.06.2008.
346 Bezirksamt Tempelhof-Schöneberg von Berlin, Abteilung Finanzen, Personal und Wirtschaftsförderung, Mäzenentum-Vertrag zwischen KONZEPT plus AG und Land Berlin, 04.03.2008, S. 2.
347 www.rocktreff.de und Paperpress, Nr. 471.
348 Bürgerinitiative Gasometer, »Es ist angerichtet: Vergoldeter Boden mit Grünflächenplanung nach Schöneberger Art«, September 2009, S. 4.
349 Fugro, Planung zu Bodensanierungsmaßnahmen auf der Nordfläche des ehemaligen Gaswerkes Schöneberg, 18.09.2008, S. 3.
350 Bürgerinitiative Gasometer, »Es ist angerichtet: Vergoldeter Boden mit Grünflächenplanung nach Schöneberger Art, September 2009, S. 8.
351 E-Mail von Bernd Krömer an Mathew D. Rose von 24.02.2011.
352 EUREF, EUREF-Institut Berlin im Messebau, S. 16, Werbebroschüre.
353 E-Mail von Jörn Oltmann vom 5.11.2008.
354 EUREF, EUREF-Institut Berlin im Messebau, S. 16. Werbebroschüre.
355 *Der Spiegel*, »Gutes Gelingen«, 19.12.2009.
356 EUREF, EUREF-Newsletter No. 4, S. 5. www.euref-institut.eufileadmin/templates/pdf/Newsletter_EUREF_Nr_4.pdf.

357 EUREF-Institut Berlin gGmbH an Xella Deutschland GmbH, Einladung vom 2. Juli 2009.

358 EUREF, EUREF-Newsletter No. 4, S. 5. www.euref-institut.eufileadmin/templates/pdf/Newsletter_EUREF_Nr_4.pdf.

359 EUREF, FORUM 05, 27. November 2009, http://euref-institut.eu/fileadmin/templates/pdf/forum05.pdf.

360 EUREF-Institut Berlin gGmbH an Staatssekretär Dr. Ing. Engelbert Lütke-Daldrup, 11. August 2009.

361 E-Mail Konfrontation von Michal Sontheimer (*Der Spiegel*) bei Lütke-Daldrup vom 28.10.2009.

362 Sozialdemokratische Partei Deutschlands, 7. Abteilung Schöneberg, Protokoll vom 18.08.2009, S. 2-3.

363 Gespräch mit Herrn Schnauber (Büro Abg. Pfeiffer), 21. September 2009.

364 Telefongespräch mit Frau Gebhardt aus dem Bundestagsbüro von Katharina Reiche am 5. Oktober 2009.

365 EUREF, EUREF-Institut Berlin im Messebau, S. 16, Werbebroschüre.

366 E-Mail von Simone Kemper, Chefin vom Dienst, Presse- und Informationsamt der Bundesregierung, an Mathew D. Rose, 02.02.2011.

367 E-Mail von Friedbert Pflüger an Mathew D. Rose vom 10.03.2011.

368 Telefongespräch mit Frau Fehringer, Pressestelle Bundeswirtschaftsministerium, 30. September 2009.

369 http://www.rainer-bruederle.de/aktuell/5707b489/index.html. (In der Zwischenzeit gelöscht.)

370 E-Mail von Marie-Luise Ahrens an Mathew D. Rose vom 18.06.2009.

371 E-Mail von Wolf Oehme (FDP) an Mathew D. Rose vom 22.02.2011.

372 E-Mail von Klaus Töpfer an Mathew D. Rose vom 10.03.2011.

373 E-Mail von Christian Hoose an Mathew D. Rose vom 15.06.2011.

374 »Der doppelte Momper«, *Der Spiegel* 51/2001, S. 42-44. http://www.spiegel.de/spiegel/print/d-18074076.html.

375 Roland Specker und Rita Lentz, SPD, Willy-Brandt-Haus, 5. Oktober 2001, Einladungsliste für Abendessen mit Herrn Bundeskanzler Gerhard Schröder und dem Regierenden Bürgermeister Herrn Klaus Wowereit am Montag, 8. Oktober 2001, 20.30 Uhr, im Hotel Palace.

376 Gespräch mit Michael Sontheimer vom 12. November 2009.

377 Stellungnahme von Reinhard Müller vom 11. November 2009.

378 rbb, 6.August 2009, Interview mit Reinhard Müller.

379 rbb, 6.August 2009, Interview mit Gerhard Hofmann.

380 E-Mail von Christiane Heiß an Mathew D. Rose vom 04.03.2011.

381 *Berliner Zeitung*, 16. Januar 2009, http://www.berlinonline.de/berliner-zeitung/archiv/.bin/dump.fcgi/2009/0116/berlin/0042/index.html.

382 *Tagesspiegel*, 1.7.2009 »Das ist ein Blankoscheck für den Investor«.

383 REMtec Plan, Stand 21.05.2010.

384 http://www.euref-institut.eu/index.php?id=4.

385 EUREF, Protokoll vom 30.07.2009, S. 1.

386 EUREF, Protokoll des Jour Fixe zwischen der EUREF-Institut Berlin gGmbH und der InnoZ am Donnerstag, den 30.07.2009, Brief Reinhard Müller vom 21. Juli 2009 an InnoZ.

387 EUREF, Fakten, Daten und Zahlen, S. 1, Werbeblätter.

388 Elektronischer Bundesanzeiger, »EUREF-Institut Berlin gemeinnützige GmbH, Berlin, Jahresabschluss zum Geschäftsjahr vom 01.01.2009 bis zum 31.12.2009«.

389 EUREF-Broschüre: »EUREF-Institut Berlin im Messelbau«, auch S. 2, Werbebroschüre.

390 http://www.euref-institut.eu/fileadmin/templates/pdf/Flyer_GSS_2011.pdf.

391 http://www.engelvoelkers.com/search?startIndex=0&businessArea=commercial&q=&facets=cntry%3Agermany%3Bprc_EUR%3A[*+TO+1.0E7]%3Brgn%3Aberlin%3Btyp%3Abuy%3Bbsnssr%3Acommercial%3B&pageSize=10&language=de&view=LISTE.

392 http://www.berlin.de/rubrik/hauptstadt/politik-aktuell/110223.html.

393 Stadtplanungsausschusssitzung der BVV Tempelhof-Schöneburg vom 9. März 2011. Vorstellung von Planungsgruppe.

394 EUREF, Aktennotiz, 6. Juli 2009.

395 Ottmar Edenhofer, »Es gibt Alternativen«, *Die Zeit* vom 9.4.2011.

396 EUREF Institut: Energiedialog No. 1 am 8. November 2010, Werbebroschüre.

397 http://www.euref-institut.eu/fileadmin/templates/pdf/Flyer_Symposium_final_260410.pdf.

398 E-Mail-Anfragen von Mathew D. Rose vom 19.05.2011 und 02.06.2011.

399 http://www.euref-institut.eu/fileadmin/templates/pdf/463._G_-_10.11.2010_-_Energiedialog.pdf, S. 5.

400 EUREF, »EUREF-Institut Berlin im Messebau«, S. 16, Werbebroschüre.

401 Thomas Mann, *Betrachtungen eines Unpolitischen*, aus den gesammelten Werken, S. Fischer Verlag, Frankfurt/Main 1983, S. 32.

402 Johann Wolfgang von Goethe aus: »Belagerung von Mainz«, Eintrag zum 25. Juli.

403 Eurostat, BIP und Hauptkomponenten – jeweiliger Preis, http://appsso.eurostat.ec.europa.eu/nui/show.do?dataset=nama_gdp_c&lang=de.

404 Eurostat.

405 European Commission Public Opinion, Eurobarometer Surveys, »Life satisfaction«, http://ec.europa.eu/public_opinion/cf/index.cfm?lang=de.

406 http://www.jjahnke.net/skandinavien.html.

407 Eurostat.

408 OECD Factbook 2010, Economic, Environmental and Social Statistics.

409 OECD, »Renten at a glance«, 2009, ISBN 9789264060715.

410 Eurostat.

411 *Stuttgarter Nachrichten*, »Wofür alter Adel noch gut ist«, 22.08.2009.

412 A. J. P. Taylor, *The Course of German History*, Hamish Hamilton, London 1945, S. 13.

413 Ebd., S. 71.

414 Ralf Dahrendorf, *Gesellschaft und Demokratie in Deutschland*, R. Piper & Co. Verlag, München 1965, S. 86.

415 Ebd.

416 P. G. J. Pulzer, »From Bismarck to the Present«, in: *Germany, A Companion to German Studies*, Methuen 1972, S. 377.

417 Thomas Mann, *Betrachtungen eines Unpolitischen*, S. Fischer Verlag GmbH, Frankfurt am Main 1983, S. 39.

418 E-Mail von Peter Lösche, E-Mail an Mathew D. Rose vom 03.11.2010.

419 Karl Jaspers, *Wohin treibt die Bundesrepublik?*, R. Piper & Co. Verlag, München 1966, S. 176.

420 *Der Spiegel*, 17/1966, »Lieber Spiegel Leser«.

421 Karl Jaspers, *Wohin treibt die Bundesrepublik?*, R. Piper & Co. Verlag, München 1966, S. 131.

422 Ebd., S. 130.

423 Ebd., S. 133.

424 Ebd., S. 178.

425 Ebd., S. 177.

426 WSI, »Information zur Tarifpolitik«, S. 14, http://www.boeckler.de/pdf/p_ta_jb_2010.pdf.

427 Bundesagentur für Arbeit: Bericht der Statistik der BA, November 2010, S. 4.

428 Deutsches Institut für Wirtschaftsforschung (DIW).

429 Bundesagentur für Arbeit, »Der Arbeits- und Ausbildungsmarkt in Deutschland«, Mai 2011, Monatsbericht, S. 23, http://statistik.arbeitsagentur.de/Statischer-Content/Arbeitsmarktberichte/Monatsbericht-Arbeits-Ausbildungsmarkt-Deutschland/Monatsberichte/Generische-Publikationen/Monatsbericht-201105.pdf.

430 Hans-Böckler-Stiftung, »Nicht einmal jeder zweite Anspruchsberechtigte ›stockt auf‹«, http://www.boeckler.de/320_103012.html, und Hans-Böckler-Stiftung Irene Becker und Richard Hauser, »Kindergrundsicherung, Kindergeld und Kinderzuschlag: Eine vergleichende Analyse aktueller Reformvorschläge«, S. 137 http://www.boeckler.de/pdf_fof/S-2008-/82-4-3.pdf.

431 Creditreform, Insolvenzen in Europa 2010/2011, S. 24, http://www.creditreform.de/Deutsch/Credotreform/Resse/Archiv/Insolvenzen_Europa/2010-2011/Insolvenzen_in_Europa_2010-2011_de.pdf.

432 Karl Jaspers, *Wohin treibt die Bundesrepublik?*, R. Piper & Co. Verlag, München 1966, S. 140.

433 Ebd., S. 190.

434 Destatis.

435 Karl Jaspers, *Wohin treibt die Bundesrepublik?*, R. Piper & Co. Verlag, München 1966, S. 189-190.

436 John Dewey, *Democracy and Education*, 1916, Zit. nach http://en.wikisource.org/wiki/Democracy_and_Education/Section_7.

437 E-Mail von Christian Füller an Mathew D. Rose vom 07.06.2011.

438 Ebd.

439 Horace Mann, *The Necessity of Education in a Republican Government*, S. 149, Zit. nach http://books.google.com/books?id=4AqdAAAAMAAJ&pg=PA143&hl=de&source=gbs_toc_r&cad=4#v=onepage&q&f=false.

440 Horace Mann: *Twelfth Annual Report to the Secretary of the Massachusetts State Board of Education* (1848), S. 43, Zit. nach http://usinfo.state.gov/usa/infousa/facts/democrac/16.htm.

441 E-Mail von Christian Füller an Mathew D. Rose vom 07.06.2011.

442 John Dewey, *Democracy and Education*, 1916, S. 3, Zit. nach http://en.wikisource.org/wiki/Democracy_and_Education/Section_7.

443 Thilo Sarrazin, *Deutschland schafft sich ab*, Deutsche Verlags-Anstalt, München 2010, 1. Auflage, S. 91.

444 »Klassenkampf von oben. Die gezielte soziale Desintegration«, in: Heitmeyer, Wilhelm (Hrsg.): *Deutsche Zustände*. Folge 9, Suhrkamp, Frankfurt/Main 2010, S. 267-277.

445 Sighard Neckel, »Refeudalisierung der Ökonomie – Zum Strukturwandel kapitalistischer Wirtschaft«, MPIfG Working Paper 10/6, 2010, Max-Planck-Institut für Gesellschaftsforschung, S. 13.

446 Ralf Dahrendorf, *Gesellschaft und Demokratie in Deutschland*, R. Piper & Co. Verlag, München 1965, S. 94.

447 Ebd.

448 Karl Jaspers, *Wohin treibt die Bundesrepublik?*, R. Piper & Co. Verlag, München 1966, S. 188.

449 Woodrow Wilson, Irving Dillard (Ed.), *The New Freedom*, Doubleday, Paget Company, 1913.

450 Mr. Justize Brandeis, Great American, Modern View Press, 1941, S. 42.

451 Francis Fukuyama, *The End of History and the Last Man*, 1992.

452 Speech before the 1936 Democratic National Convention, Philadelphia, Pennsylvania, June 27, 1936: »A Rendezvous With Destiny«, http://www.austince.edu/patrick/his2431/fdr36acceptancesspeech.htm.

453 Christopher Lasch, *The Revolt of the Elites and the Betrayal of Democracy*, W. W. Norton & Company, New York 1995, S. 29.

454 Ebd.

455 Colin Crouch, *Post-Democracy*, Polity Press, Cambridge 2004, S. vii, (in der dt. Ausgabe des Buches nicht enthalten).

456 C. M. Bowra, *The Greek Experience*, Readers Union Weidenfeld and Nicolson, London 1959, S. 66.

457 Pseudo-Xenophon, *Constitution of the Athenians*, E. C. Marchant, Edition, Harvard University Press 1984, Kapitel 1 (Perseus Projct).

458 Sir Stafford Cripps: Review of Negotiations with All India Congress, July 26, 1942, Columbia Branderstong System http://www.ibiblio.org/pha/policy/1942/420726a.htm.

459 Aristoteles; Gigon, Olof (übers. u. hrsg.), *Politik*, dtv, München 1981, Buch III, Kapitel VI, Seite 114.

460 Ebd., Seite 113f.

461 Vgl. Aristotle, *The Politics* VII viii, http://www.gutenberg.org/files/6762/6762-h/6762-h.htm#2HCH0076.

462 Aristoteles; Gigon, *Politik*, Buch III, Kapitel VI, Seite 210.

463 Aeschines, *Speeches*, Speech 1, Section 4.

464 Thucydides, *History of the Peloponnesian Wars*, Book 2, Chapter 4.

465 Edith Hamilton, *The Echo of Greece*, W.W. Nortont Company Inc., 1957, S. 20.
466 Simon Schama, *A History of Britain.*
467 Wolfgang Amadeus Mozart, »Die Entführung aus dem Serail«, zweiter Aufzug, erster Auftritt.
468 Kenneth Clark, *Civilization.*
469 FEDERALIST No. 35, The Same Subject Continued (Concerning the General Power of Taxation) For the Independent Journal, Alexander Hamilton.
470 Robert Yates, Notes of the Secret Debates of the Federal Convention of 1787, Taken by the Late Hon Robert Yates, Chief Justice of the State of New York, and One of the Delegates from That State to the Said Convention, Tuesday June 26th, 1787, http://avalon.law.yale.edu/18th_century/yates.asp.
471 James Madison, The Federalist Papers No. 10, November 22, 1787.
472 Robert Yates, Notes of the Secret Debates of the Federal Convention of 1787, Taken by the Late Hon Robert Yates, Chief Justice of the State of New York, and One of the Delegates from That State to the Said Convention, Monday, June 25th, 1787, http://avalon.law.yale.edu/18th_century/yates.asp.
473 Zitiert aus Robert McCaughey, *Stand, Columbia. A History of Columbia University*, Columbia University Press, New York 2003, S. 47.
474 John Dunn, *Setting the People Free – The Story of Democracy*, Grove Atlantic Limited, New York 2005, S. 54.
475 Ebd., S. 122.
476 Thomas Paine, *Rights of Man*, BiblioBazaar, 2007, S. 169.
477 John Dunn, *Setting the People Free – The Story of Democracy*, Grove Atlantic Limited, New York 2005, S. 79.
478 Martin Luther King, I Have a Dream, Address at March on Washington August 28, 1963. http://americanrhetoric.com/speeches/mlkihaveadream.htm.

479 Woodrow Wilson, *The Essential Political Writings*, Lexington Books, Lanham 2005, S. 111.

480 John Coffey, *The abolition of the slave trade: Christian conscience and political action*, Cambridge Papers, Cambridge 2006.

481 Adam Hochschild, *Bury the Chains – The British Struggle to Abolish Slavery*, McMillan, London 2005, S. 160.

482 http://www.umich.edu/~ece/student_projects/slavery/anti_slavery.html.html.

483 John Dunn, *Setting the People Free – The Story of Democracy*, Grove Atlantic Limited, New York 2005, S. 171.

484 Charles de Secondat, Baron de Montesquieu, *De l'esprit des loix, 1748 (Vom Geist der Gesetze, 1951).*

485 Aus dem Vorwort von Robert W. McChesney in: Noam Chomsky, *Profit over People*, Seven Stories Press, New York 1999, S. 8.

486 Ebd., Zit. nach http://www.hagdise.de/forum/neoliber1.pdf.

487 Colin Crouch, *Postdemokratie*, Suhrkamp Verlag, Frankfurt/Main 2008, S. 10.

488 Noam Chomsky in einem Interview mit John Nichols. »Radical Democracy«, in: Capital Times, 3. März 1997.

489 Christopher Lasch, *The Revolt of the Elites and the Betrayal of Democracy*, W. W. Norton & Company, New York 1995, S. 35.

490 Ebd, S. 41.

491 Adam Smith, *Der Wohlstand der Nationen*, Deutscher Taschenbuch Verlag, München 1978, Buch I, Kapitel II, S. 212.

492 Ebd., Book V, Chapter II, Part II, 1776, S. 927.

493 Adam Smith, *Der Wohlstand der Nationen*. Zweitausendeins/Wunderkammer, Neu-Isenburg 2009, Drittes Buch, Kap. 4, S. 483.